10대를
위한

직업의 세계

RIASEC

05

기업형(E)

스토리텔링연구소 지음

(주) 삼양미디어

C O N T E N T S

Enterprising

E

홀랜드 검사와 활용 ··· 7

LAWYER 변호사(기업형)

01 홀랜드 검사란?

세상에는 수많은 직업이 있고, 사람들은 다양한 직업에 종사하며 살아갑니다. 그런데 직업을 가진 어른들 중에서 자신이 정말 원하는 직업을 갖고 있는 경우는 의외로 드물다고 합니다. 자신의 적성과 능력에 잘 맞는 직업을 선택하여 살아간다면 일이 즐겁고, 능력을 발휘할 기회도 많아져서 삶 자체가 더욱 행복해질 수 있겠지요. 그렇지만 자신의 적성과 흥미에 맞는 직업이 무엇인지를 아는 일은 쉽지 않습니다. 이럴 때 도움을 받을 수 있는 것이 적성검사나 흥미검사입니다. 이러한 검사를 통해 자신이 좋아하고 관심 있는 것과 잘할 수 있는 것, 자신의 성격과 장점을 보다 잘 파악할 수 있습니다.

오늘날 진로와 적성을 탐색하는 검사 방법이 많이 개발되어 있는데, 그 중에서 이 책에 소개하고자 하는 것은 홀랜드 검사 방법입니다.

홀랜드 검사는 미국의 저명한 심리학자 존 홀랜드가 사람의 직업적 성격 이론에 근거하여 만든 진로 및 적성 탐색 검사입니다. 홀랜드 검사에서는 이 세상에 존재하는 모든 직업을 특성이나 종사하는 사람들의 성격에 따라 6개의 유형으로 구분하고 있으며, 6가지 진로 유형을 'RIASEC 유형'이라고 합니다. RIASEC은 R형(Realistic, 실재형), I형(Investigative, 탐구형), A형(Artistic, 예술형), S형(Social, 사회형), E형(Enterprising, 기업형), C형(Conventional, 관습형)의 앞 글자를 딴 용어입니다.

• **존 홀랜드**(John L. Holland, 1919~2008) 미국 존스홉킨스 대학 심리학과 명예교수로서 진로 발달 및 선택 이론인 홀랜드 직업적성검사를 개발했습니다. 그가 개발한 '직업적 성격 이론'은 개인의 성격과 직업적 환경과의 상호 연관성에 바탕을 두고 확립되었으며, 이 이론은 현재 전 세계의 진로 발달 및 상담 학계에서 가장 많이 이용되고 있습니다.

그의 저서 〈직업의 선택(Making Vocational Choices)〉은 진로 상담 부문에서 최고의 책으로 인정받고 있으며, 고트프레드슨과 함께 출간한 〈직업코드사전(DHOC)〉을 통하여 직업사전에 있는 거의 모든 직업을 홀랜드 코드화하였습니다. 이러한 공로를 인정받아 1995년에는 미국 심리학회에서 수여하는 '저명한 학자로서의 학술상'을 받았습니다.

그의 검사 중 특히 홀랜드 SDS(Self Directed Search, 자기탐색검사)가 가장 널리 인정받고 있으며, 그 밖에 NEO 청소년성격검사, NEO 성인성격검사 등도 많이 이용되고 있습니다.

02 홀랜드 검사의 직업 유형 6가지

홀랜드 검사에서는 6가지 유형을 기본으로 하여 검사 결과에서 가장 많이 나타나는 두 가지 유형을 자신의 성격 유형 및 진로 코드로 정합니다(예 SC형). 왜냐하면 한 사람의 유형을 한 가지 유형으로 단정할 수 없기 때문입니다. 경우에 따라 세 가지 유형을 묶어서 표현할 수도 있습니다(예 SCA형). 검사 결과에서 가장 많은 유형을 제1유형, 그 다음으로 제2유형, 제3유형이 결정됩니다.

• 홀랜드의 RIASEC 유형 모형

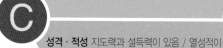

실재형 (R)

성격 · 적성 말이 적고 운동을 좋아함 /신체적 활동을 좋아하고 소박하고 솔직함 / 성실하며 기계적 적성이 높음

대표 직업 항공기정비사, 항공기조종사, 비파괴검사원, 조리사, 제과제빵사, 칵테일 조주기능사, 소믈리에, 바리스타, 경찰관, 소방관, 안경사, 응급구조사, 연극영화 및 방송기술감독, 자동차기술자, 전기기술자, 치과기공사, 통신기술사

탐구형 (I)

성격 · 적성 탐구심이 많고 논리적이며 분석적임 / 합리적이며 지적호기심이 많고 수학적 · 화학적 적성이 높음

대표 직업 미래직업트랜드 연구원, 비파괴검사원, 경영건설턴트, 경제학 연구원, 마케팅 및 여론조사 전문가, 물리학 연구원, 생물학 연구원, 심리학 연구원, 언어치료사, 의사, 치과의사, 통역가, 화학 연구원

관습형 (C)

성격 · 적성 책임감이 있고 빈틈이 없음 / 조심성이 있고 변화를 좋아하지 않음 / 계획성이 있으며 사무 능력과 계산 능력이 높음

대표 직업 공무원, 경리사무원, 공인회계사, 관세사, 보험계리사, 비서, 사서, 손해사정사, 안전관리사, 증권분석가, 출납창구사무원, 출판물편집자, 컴퓨터보안전문가(프로그래머), 텔레마케터

예술형 (A)

성격 · 적성 상상력이 풍부하고 감수성이 강함 / 자유분방하며 개방적임 / 예술적 소질이 있으며 창의적 적성이 높음

대표 직업 헤어디자이너, 메이크업 아티스트, 피부관리사, 건축설계사, 게임그래픽디자이너, 만화가, 음악가, 방송연출가, 작가, 번역가, 사진기자, 안무가, 영화배우 및 탤런트, 인테리어 디자이너, 일러스트레이터, 카피라이터

What's your **DREAM?**

기업형 (E)

성격 · 적성 지도력과 설득력이 있음 / 열성적이고 경쟁적이며 이상적임 / 외향적이고 통솔력이 있으며 언어적성이 높음

대표 직업 검사, 광고기획자, 사업가(CEO), 방송기자, 변호사, 정치가, 영업사원, 외교관, 부동산중개인, 선박항해사, 세무사, 아나운서, 연예인 매니저, 행사기획자, 호텔관리자

사회형 (S)

성격 · 적성 다른 사람에게 친절하고 이해심이 많음 / 남을 잘 도와주고 봉사적임 / 인간관계 능력이 높으며 사람들을 좋아함

대표 직업 경찰, 항공기 객실 승무원, 이미지 컨설턴트, 간호사, 레크레이션 강사, 물리치료사, 미용사, 사회복지사, 상담전문가, 영양사, 유치원 교사, 중고등학교 교사, 직업능력개발훈련 교사

03 홀랜드 검사 영역과 진행 순서

홀랜드 검사는 일선 초등학교와 중등학교에서 학교 차원에서 이루어지기도 하고, 지방
자치단체에서 청소년들을 대상으로 시행하기도 하며, 한국심리적성검사연구소 등 사설 심리
연구소에서도 시행하고 있습니다.

홀랜드 검사 영역은 크게 진로탐색검사, 적성탐색검사, 자기탐색검사(SDS)로 나뉩니
다. 검사 주최나 기관에 따라 조금씩 차이가 있지만, 검사 질문지의 주요 내용은 활동적 흥미
66문항, 직업적 흥미 84문항, 성격 72문항, 적성 유능감 66문항, 자기 평정 12문항 등으로
구성됩니다. 그 밖에 가치관에 관한 문항이나 진로코드의 전공 및 직업 찾기 문항은 검사 영
역에 따라 문항 수에 차이가 납니다.

• 홀랜드 검사의 진행 순서

1 홀랜드 직업적 성격 유형 6가지, 즉 RIASEC의 '기본적 설명과 직업 예'를 보
고 자신이 생각하는 유형의 순위를 매깁니다.

▼

2 자신이 좋아하고 잘 맞을 것 같은 학과 및 직업을 〈간편 진로코드 분류표〉를
이용하여 각각 3개씩 작성합니다.

▼

3 흥미/가치/성격/능력(유능감)/자기 평정 등 스스로 자기를 점검한다는 생각
으로 솔직하게 체크합니다.

▼

4 검사 전과 검사 후의 코드를 비교하고, 진로코드 및 유형 간의 일치도/변별
도/일관도를 알아보고, 검사 후 밝혀진 객관적인 자기유형을 알아봅니다.

▼

5 RIASEC 유형에 대해 진행자의 설명을 듣고 이해합니다. 이때 진행자는 '가치
관 검사'를 병행할 수도 있습니다.

▼

6 간편 진로코드 분류표를 보고, 자신이 좋아하고 관심이 많이 가는 직업(자신
의 진로코드를 기준으로)을 20여 개 알아봅니다.

▼

7 진행자는 〈직업정보시스템〉과 〈직업사전〉을 통해 직업 정보를 찾아보도록 합
니다.

홀랜드 검사의 결과 활용

홀랜드 검사 결과로 나온 각 유형별 성격 및 특징, 직업 활동 선호도, 적성 유능감 및 대표 직업은 다음과 같습니다.

유형	실재형(R형)	탐구형(I형)	예술형(A형)
성격 및 특징	– 남성적이고 솔직하며, 성실하고 검소하다. – 지구력이 있고, 신체적으로 건강하며, 소박하다. – 말수가 적으며 고집이 있고, 직선적이며 단순하다.	– 탐구심이 많고 논리적·분석적·합리적이다. – 정확하고 지적 호기심이 많으며, 비판적이다. – 내성적이고 수줍음을 잘 타며, 신중하다.	– 상상력과 감수성이 풍부하다. – 자유분방하며 개방적이다. – 감정이 풍부하고 독창적이며, 개성이 강하다. – 협동성이 떨어진다.
직업 활동 선호도	– 분명하고 질서정연하며, 체계적인 조작을 주로 하는 기술을 좋아한다. – 교육적이거나 치료적 활동은 좋아하지 않는다.	– 물리적·생물학적·문화적 현상의 창조적 활동에 흥미를 보인다. – 사회적이고 반복적인 활동에는 관심이 떨어진다.	– 변화와 다양성을 좋아한다. – 체계적이고 구조화된 활동에는 흥미가 없다.
적성 유능감	– 기계적·운동적인 능력은 있으나 대인관계 능력은 부족하다.	– 연구 능력이 높다. – 학구적이며, 지적인 자부심이 있다. – 수학적, 과학적 능력은 높으나 지도력이나 설득력은 부족하다.	– 미술적·음악적 능력은 있으나, 사무적 기술은 부족하다. – 상징적·자유적·비체계적인 능력은 있으나 체계적, 순서적인 능력은 부족하다.
대표 직업	엔지니어, 운동선수, 농부, 요리사, 군인, 항공기 조종사, 항공기 정비사, 전기 기계기사 등	과학자, 의사, 심리학자, 수학자, 교수, 인류학자, 지질학자, 의료기술자 등	음악가, 작가, 건축가, 방송연출가, 만화가, 무대감독, 배우, 미술가, 무용가, 디자이너 등

* **유능감** 개인이 감각과 운동 능력을 사용하고 발전시키려는 강한 내적 경향성.

사회형(S형)	기업형(E형)	관습형(C형)
– 사람들을 좋아하고, 사람들과 어울리는 것을 즐겨한다. – 친절하고 이해심이 많으며, 남을 잘 도와주고, 봉사정신이 강하다. – 감정적이고 이상주의적이다.	– 지배적이고 통솔력과 지도력이 있다. – 말을 잘하고 설득적이다. – 경쟁적이고 야심적이다. – 외향적이고 낙관적이며, 열성적이다.	– 정확하고 빈틈이 없다. – 조심성이 있으며, 세밀하고 계획성이 있다. – 변화를 좋아하지 않으며 완고하다. – 책임감이 강하다.
– 타인의 문제를 듣고 이해하는 데 흥미를 보이지만, 질서정연하고 체계적 활동에는 흥미가 없다.	– 조직의 목적과 경제적 이익을 얻기 위해 타인을 이끌고 통제하는 것을 좋아한다. – 권위를 얻거나 남에게 인정받는 활동을 좋아한다. – 관찰적, 체계적 활동에는 흥미가 없다.	– 정해진 원칙과 계획에 따라 자료들을 정리, 조작하는 일을 좋아한다. – 창의적이고 자율적이며, 모험적인 활동에는 혼란을 느낀다.
– 사회적 · 교육적 지도력과 대인관계능력은 있으나, 기계적 · 과학적 능력은 부족하다.	– 적극적이고 사회적이다. – 지도력과 언어 능력은 있으나 과학적인 능력은 부족하다. – 대인관계, 설득적인 능력은 있으나 체계적 능력은 부족하다.	– 사무적이며 계산적이다. – 회계정리 능력은 있지만 예술적인 면이나 상상하는 능력은 부족한 편이다. – 체계성 · 정확성은 있으나 탐구적 · 독창적 능력은 부족하다.
교육자, 사회복지사, 경찰, 항공기 객실승무원, 간호사, 종교지도자, 상담사, 임상치료사, 언어치료사 등	사업가(CEO), 정치가, 변호사, 영업사원, 외교관, 관리자 등	공인회계사, 행정공무원, 비서, 은행원, 컴퓨터보안전문가(프로그래머), 경제분석가, 세무사, 경리사원, 감사원, 안전관리사, 사서, 법무사 등

홀랜드 검사를 통해 자신의 적성과 흥미를 파악한 후, 미래에 갖고 싶은 직업을 정했다면 이제 그 직업을 갖기 위해 꾸준히 노력해야 합니다. 이렇게 하고 싶은 일을 일찍 준비하여 능력을 가꾸어 나간다면 꿈을 이루는 순간이 더욱 빨리 찾아올 것입니다.

변호사
—————
기업형

E

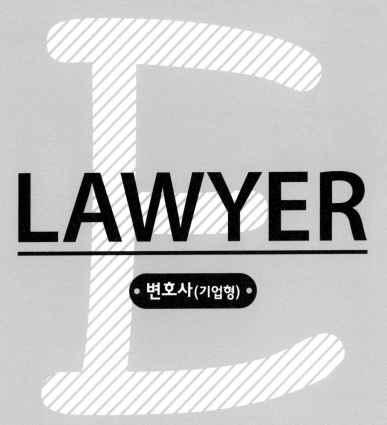

LAWYER

Piplomatic Agent

CEO(Chief Executive Officer)

Salesman

Politician

LAWYER

변호사(기업형)

세상에는 늘 이런저런 일로 사람들 사이에 분쟁이 끊이지 않습니다. 분쟁은 개인과 개인, 국가와 개인, 국가와 국가 사이에서 끊이지 않고 일어나고 있습니다. 어떤 문제가 발생했을 때 서로 한 발짝씩 물러나 원만히 타협하는 경우도 있지만, 자신의 이익만을 주장하며 충돌하기도 합니다. 이럴 때는 법의 힘을 빌려 옳고 그름을 가려야 합니다. 그렇지만 일반인은 법을 잘 모르기 때문에 소송을 위해 변호사의 힘을 빌려야 합니다. 변호사는 일을 맡긴 의뢰인이나 관청의 위임을 받아 소송에 관련된 각종 업무를 대신 처리해 주는 법률 도우미입니다.

01 변호사 이야기

1 변호사란?

만약 많은 돈을 주고 집이나 땅을 샀는데, 매매 계약서에 쓰여진 것에 비해 크기가 작을 때는 어떻게 해야 할까요? 원래의 땅 주인이 손해 본 만큼을 배상해 준다면 문제가 되지 않지만 모른 체한다면 소송을 걸어 법에 호소할 수밖에 없습니다. 그런데 법이라는 것이 결코 쉽지 않습니다. 그래서 사람들은 법에 대한 전문지식을 갖추고 있는 변호사를 찾아가 자신을 대신하여 분쟁을 해결해줄 것을 부탁합니다.

변호사는 개인 간의 다툼에 관련된 민사 사건과 범죄 사건에 관련된 형사 사건이 발생할 경우, 개인이나 단체를 대신해 소송을 제기하거나 재판에서 의뢰인을 변호해 주는 활동을 합니다. 이때 변호사는 원칙적으로 자기 의뢰인의 입장을 생각해야 합니다. 의뢰인은 궁지에 몰린 사람이기 때문에 변호사는 누구보다도 그의 편이 되어야 합니다. 의뢰인이 아무리 나쁜 짓을 했다고 해도 변호사에게만큼은 맘 편하게 말할 수 있도록 해주어야 합니다.

그렇다고 변호사가 너무 의뢰인의 입장만 고집해서도 안 됩니다. 법률 전문가로서의 공공성도 무시할 수 없기 때문에 항상 '공익'을 염두에 두어야 합니다. 누구에게나 평등해야 할 법으로부터 억울한 일을 당하거나 불리한 처벌을 받는 사람이 생기지 않도록 최선을 다해야 합니다.

2 변호사의 종류

변호사의 종류에는 민사 재판을 전문으로 하는 민사 변호사, 형사 재판을 전문으로 하는 형사 변호사, 가족들 사이의 다툼을 전문으로 하는 가사 변호사, 개인과 국가 간의 분쟁을 해결해 주는 행정 변호사, 무역을 비롯한 국가 간의 분쟁을 해결하는 국제통상전문 변호사, 돈이 없어 변호사를 고용하지 못하는 사람들을 위해 변호하는 국선전담 변호사 등이 있습니다.

Tip

변호사는 일을 맡겨준 사람, 즉 의뢰인에게 유리한 변론을 하여 최대한 손해 보지 않도록 도와줍니다. 그런데 재판을 통한 판결이 불만족스러울 수도 있습니다. 이럴 때는 다시 재판을 청구하는 항소 등의 절차도 의뢰인과 함께 준비합니다.

그런데 요즘엔 변호사의 일도 분야별로 더욱 전문화하는 경향이 있습니다. 예를 들어 의료분쟁 전문, 교통사고 전문, 특허 전문, 이혼 전문, 연예 분야 전문, 기업의 인수·합병에 대한 업무 등 특정 분야를 전담하여 법률 서비스를 제공하는 변호사가 늘고 있고, 전문 분야에서 탁월한 능력을 발휘하는 변호사들이 점점 많아지는 추세입니다. 앞으로도 점점 자신만의 분야를 특화해 확실한 입지를 굳히는 전문 변호사들이 늘어날 것입니다.

Tip

변호사는 서비스 정신을 가져야 합니다. 변호사 수가 점점 늘어나는 현실에서 서비스 정신으로 무장한 변호사가 그렇지 못한 변호사보다 사람들에게 더 인기가 있을 건 확실하니까요.

LAWYER

3 재판의 종류

재판에는 개인 간의 다툼을 해결하는 민사 재판, 죄가 있는지 없는지 판단하는 형사 재판, 정부로부터 국민의 권리를 보호하는 행정 재판, 헌법에 맞는지 판단하는 헌법 재판 등이 있고, 그 밖에 이혼이나 형제 간의 재산 다툼과 같은 가족들 사이의 다툼을 다루는 가사 재판, 선거가 잘못되었을 때 여는 선거 재판, 12세 이상 19세 미만의 청소년들이 저지른 범죄를 다루는 소년 재판 등이 있습니다.

1) 민사 재판

아파트에 사는 어떤 사람은 위층의 아이들이 매일같이 뛰고 쿵쿵거리는 것 때문에 골치가 아픕니다. 그래서 위층의 부모에게 아이들이 뛰지 않게 해 달라고 얘기했습니다. 위층에서는 알았다고만 하고 전혀 고쳐지지 않습니다. 아래층의 사람들은 점점 스트레스가 쌓여 일이 손에 안 잡힐 지경입니다. 이럴 땐 민사 재판을 통해 해결할 수 있습니다. 민사 재판은 개인과 개인 사이에 벌어지는 다툼을 해결하기 위한 재판입니다.

15

민사 재판은 대부분 돈, 부동산 등 재산을 돌려달라는 소송입니다. 이러한 소송에 대해 민사합의부 판사들은 원고가 주장하는 대로 피고가 돈을 줄 법적인 의무가 있는지를 판단합니다. 그렇지만 민사 재판에서는 강제적으로 법을 집행하기에 앞서 다툼의 당사자끼리 합의하도록 유도합니다.

2) 형사 재판

도둑질이나 강도, 살인 등과 같은 범죄를 저질러 경찰에 붙잡힌 사람들은 형사 재판을 받습니다. 국가가 법률로 범죄라고 규정해 놓은 일을 저질러서 재판을 받게 되는 것으로, 죄를 지은 피고인과 피고인을 기소한 국가기관인 검사가 소송을 벌이는 것을 말합니다. 이런 사건은 개인들끼리 해결하라고 맡겨 놓기엔 사회 전체에 위협이 됩니다. 이때 검사는 법원에 범죄에 대한 재판을 요청하고, 판사는 잡힌 사람이 죄가 있는지 없는지를 가립니다.

형사 재판은 다른 사람에게 해를 입힌 범죄자에게 벌을 주어 사회 질서를 바로잡고, 공정한 재판을 통해 억울하게 벌을 받는 사람이 없도록 하려는 데 목적이 있습니다.

참고로 살인사건의 경우 아는 사람에 의해 저질러지는 경우가 80%

에 달한다고 합니다. 아는 사람 사이에는 애정이 많은 만큼 증오심도
많기 때문입니다.

3) 행정 재판

어떤 사람이 부모님으로부터 물려받은 고향 땅을 가지고 있습니다.
부모님이 돌아가신 뒤로는 고향에 자주 못 갔고, 돈이 필요해 고향 땅
을 팔려고 내놓았습니다. 그런데 땅 한쪽에 농수로가 생겨
땅을 사려는 사람이 농수로가 들어선 자리는 빼고 사겠다
고 합니다. 그 사람은 해당 관청에 가서 따졌고, 관청에
서는 나중에 보상을 해 주겠다는 답변만 했습니다. 그
런데 몇 년이 지나도록 보상을 받지 못하였고, 그 사람
은 땅을 팔 때 농수로 부분을 제외하고 땅값을 받아 결국
손해를 보게 되었습니다.

이렇듯 개인이 국가나 지방자치단체의 활동으로 손해를
보는 경우 소송을 할 수 있는데, 이때 이루어지는 재판을 행정
재판이라고 합니다. 또한 정부에서 터무니없이 많은 세금을 물
렸을 경우에도 행정 재판으로 해결할 수 있습니다.

헌법은 국민들의 뜻을 담은 우리나라 최고의 법입니다. 그런데 어떤 법률이나 국가 기관의 활동이 헌법과 어긋나는 점이 있다면 헌법 재판으로 판결해야 합니다. 세상에 널리 알려진 헌법 재판으로는 고 노무현 대통령의 탄핵 심판, 신행정수도 건설을 위한 특별조치법, 통합진보당 해산 결정 등의 판결이 있습니다.

4 민주주의의 기본 원리, 법치주의

법은 모든 국민들이 지키기로 약속한 나라의 규범입니다. 법을 지키지 않으면 벌금을 내게 되거나 감옥에 갈 수도 있습니다. 이렇게 보면 법이 마치 국민들의 자유를 빼앗는 것처럼 보이지만, 법은 국민을 보호하기 위해 만들어진 것입니다. 법은 힘센 사람이 약한 사람을 괴롭히거나 다른 사람의 재산을 함부로 빼앗지 못하도록 해주어 사회 질서가 유지되고 모든 사람들이 권리를 보호받을 수 있습니다.

법은 생활과 관련된 여러 규범을 정해 국민들의 편의를 도모합니다. 학교 앞 도로에서는 자동차가 시속 30km 이상으로 달리면 안 된다든지, 공공장소에서는 담배를 피우면 안 된다든지, 대통령이나 국회의원을 뽑을 때에는 어떻게 해야 할지를 정하는 등 법은 국민들 생활의 모든 부분과 관련이 있습니다. 이렇게 나라를 '법에 따라 다스린다.'는 것을 법치주의라 하는데, 법치주의는 민주주의의 기본 원리입니다.

02 법조인의 세계를 찾아서

법에 종사하는 사람은 변호사 말고도 검사와 판사가 있습니다. 검사는 죄 지은 사람을 재판정에 서게 하여 벌을 받게 하는 일을 합니다. 이때 재판을 받는 사람을 피고인이라고 합니다. 변호사는 이와 반대로 재판을 받는 피고인을 도와주는 일을 합니다. 피고인의 주장을 대변하든가, 아니면 피고인이 죄는 지었지만 여러 가지 어려운 사정이 있으니 벌을 가볍게 해 달라는 변론을 합니다. 판사는 벌을 주라는 검사와 벌을 받을 일을 하지 않았다거나 그럴 만한 사정이 있었으니 봐 달라고 하는 변호사, 양쪽의 이야기를 듣고 어느 쪽 말이 맞는지 판단을 해서 결정을 내립니다.

> **Tip**
>
> 검사나 판사는 공무원입니다. 국가로부터 월급을 받기 때문에 변호사에 비해 많은 돈을 벌지는 못하지만, 권한이 무척 크고 명예로운 직업입니다. 그리고 검사나 판사를 그만두면 변호사로서 활동할 수 있습니다.

1 판결을 담당하는 판사

판사는 재판을 진행하고 판결을 내립니다. 민사 재판에서는 사람들 사이의 분쟁에 대해 판단을 내려 어느 한쪽의 손을 들어줍니다. 변호사나 증인 등이 하는 다양한 주장을 검토하여 법리에 따라 판단을 내립니다. 형사 재판에서는 피고인이 범죄자인지의 여부를 가려 법이 정한 형량대로 선고하거나 무죄를 선고합니다. 판결을 내리기 전에 판사는 변호사와 검사의 논쟁을 경청하고, 변호사 및 증인의 진술과 법정에 제출된 증거를 검토하고 추론하여 법률에 근거해 판결을 내립니다.

판사에게는 고민이 많습니다. 검사의 기소 내용이 사실인지, 피고인의 주장이 사실인지를 판단하기 위해 재판 내내 고민을 합니다. 그리고 판결을 내리는 그 순간에도 고민합니다. 무죄 판결을 내릴 때에는 피고인에게 속아 넘어간 것은 아닌지, 유죄 판결을 내릴 때는 무고한 사람에게 가혹한 형벌을 주는 것은 아닌지 고민합니다. 만에 하나 있을지도 모를 오판의 가능성 때문에 어깨가 무겁습니다.

이렇듯 유·무죄를 판단하는 것도 고민이 되고, 또 형량을 어떻게 정할지도 고민이 됩니다. 판사가 형량을 정하는 데 참고하는 원칙은 피고인이 뉘우치고 있는 정도, 전과 경력, 피해 보상 여부, 피해자가 처벌을

> **Tip**
>
> 큰 사건이든 작은 사건이든 재판을 받는 당사자들에게는 둘도 없이 중요한 사건이기에 판사는 사건 하나하나에 최선을 다해야 합니다. 판사의 판단 여하에 따라 한 사람의 인생이 나락으로 떨어질 수도 있다는 사실을 항상 염두에 두고 법률에 근거해 중심을 잃지 않고 판결을 내려야 합니다.

원하고 있는지 여부 등 매우 세세한 요소들을 참작합니다.

판사에게는 처리해야 할 사건이 너무 많습니다. 그 많은 사건 기록을 빠르게 검토하고 판단을 내린 다음 판결문과 결정문을 제때에 써낼 수 있는 능력을 갖추는 것은 참으로 어려운 일입니다. 그래서 판사의 정시 퇴근은 무척 어렵습니다. 재판이 길어질 경우에는 밤 10시까지도 법정에 앉아 있어야 하므로 판사에게 강인한 체력과 인내심은 필수적입니다.

이런 여러 가지 요인으로 인해 판사로서 일하는 것이 때로는 힘들고 버거울 수도 있지만 자긍심과 명예는 그 어떤 직업과 비교할 수 없을 정도로 큽니다.

2 죄를 밝히는 검사

검사는 범죄자를 붙잡고 죄를 밝혀 벌을 부과하는 일을 합니다. 어떤 사건이 발생하면 경찰을 지휘하여 유죄를 입증할 수 있는 증거를 모으고, 법률 문제를 검토한 후 공소를 제기하고, 재판이 진행되는 동안 공소를 유지하는 역할을 합니다. 이렇게 함으로써 범죄 피해자와 일반 국민의 인권을 보호하게 됩니다.

판사가 사무실에 앉아서 서류 검토를 하는 데 많은 시간을 보낸다면 검사는 사건 현장으로, 법원으로 바쁘게 뛰어다니면서 매일매일 수많은 사람들과 부딪치면서 일합니다. 퇴근 시간이 되어도 처리해야 할 일이 산더미같이 남아 있어 야근을 밥 먹듯이 해야 합니다. 검사 1인당 한 달에 250~300건에 달하는 사건을 처리해야 하기 때문입니다.

검사가 하는 일 중에서 가장 힘든 일은 죄를 밝히기 위해 피의자를 조사하는 일입니다. 죄 지은 사람이 순순히 자백하는 일은 거의 없으므로 낮부터 시작된 피의자와 검사의 씨름은 늦은 밤까지 계속될 때가 많습니다. 이 과정에서 그동안 수집한 증거를 바탕으로 자백을 끌어내려 합니다. 그러다 보면 저녁 식사 시간이 되고, 식사는 배달음식으로 간단히 때우기 일쑤입니다. 피의자 조사가 끝나면 계좌 추적을 통하거나 압수한 증거들을 잘 살펴 범죄의 결정적 단서를 찾아내야 합니다. 골치 아픈 사건을 만나면 일주일 정도 집에 못 들어가는 것도 다반사입니다.

이처럼 검사는 피의자를 상대해야 하고, 피의자의 숨은 범죄를 찾아내야 하는 만큼 치밀한 성격과 때로는 집요하리만치 파고드는 자세가 필요합니다. 게다가 검사는 강한 성격도 필수적입니다. 재판정에는 주로 피고인의 가족이나 지인들이 앉아 있습니다. 그리고 변호사는 피고인의 무죄를 주장하거나 형량을 가볍게 해 달라는 변론을 합니다. 그런데 검사는 피고인에게 벌을 주라고 주장합니다. 피고나 방청석에 앉아 있는 사람들에게는 검사가 악인으로 보일 수도 있습니다. 그래도 검사는 분위기에 좌우되지 않고 자신의 의지를 관철시켜야 하고, 그러자면 성격이 강해야 합니다.

3 소송을 대신해 주는 변호사

변호사의 주요 업무는 소송 대리입니다. 법원에서 민사 사건 의뢰인의 대리인, 형사 사건 변호인의 역할을 합니다. 또한 기업에 소속된 변호사는 계약서 검토, 분쟁 협상 등 기업 업무를 처리합니다.

요즘에는 소송뿐만 아니라 M&A(기업의 인수와 합병), 상사 분쟁(매매 계

약 위반으로 일어나는 분쟁), 연예 분야, 스포츠 에이전트 등의 법률 수요가 늘어나는 것과 더불어 변호사가 할 수 있는 영역도 점차 늘어나고 있는 추세입니다.

4 판사, 검사, 변호사의 자리 이동

판사나 검사를 하다가 퇴직 후에 변호사로 일하게 되는 경우는 흔합니다. 그렇다면 변호사를 하다가 판사나 검사가 될 수는 있을까요? 정답은 '예'입니다. 매년 신규 임용되는 판사나 검사에 사법연수원 수료생들이 지원하지만 일정한 자격이 있는 변호사도 지원할 수 있습니다. 또한 드물기는 하지만 판사를 하다가 검사를 할 수도 있고, 검사를 하다가 판사가 될 수도 있습니다. 이렇게 판사, 검사, 변호사의 장벽이 없어지고 자리 이동이 가능한 것을 '법조 일원화'라고 합니다.

5 법의 종류

우리나라의 법에는 헌법, 법률, 명령, 조례, 규칙이 있습니다. 이 법들은 만들어지는 과정이 각각 다르고 쓰임새도 차이가 있습니다.

헌법은 나라의 법 중 가장 높은 법입니다. 헌법에는 우리나라 정치의 기본 원리와 대통령, 국회, 법원에 대한 기본적인 내용들이 적혀 있습니다. 또 자유권, 평등권과 같은 국민의 기본권도 들어 있지요. 그래서 법률이나 조례와 같은 법들은 헌법에 어긋나면 안 됩니다. 너무도 기본적이고 중요한 법이기 때문에 헌법을 고치려면 국민 투표를 거쳐야 합니다.

법률은 국회에서 만든 법으로 민법, 상법, 형법 등이 있습니다. 민법은 재산, 가족, 상속, 호적 등과 관련한 개인의 권리에 대한 법을 말합니다. 개인들 간에 다툼이 있을 때에는 민법을 적용합니다. 상법은 기업이나 상거래에 대한 내용을 담고 있는 법이고, 형법은 범죄와 형벌에 대한 법입니다. 물건을 훔친 사람이 어떤 벌을 받을 것인지를 결정할 때에는 형법을 적용합니다.

명령은 행정부에서 만드는 법으로, 법률보다 아래에 있습니다. 대통령이나 국무총리, 그리고 여러 행정 각부가 만들 수 있습니다.

조례는 지방 의회가 만든 법규로, 해당 지역에만 적용되는 법입니다. 예를 들어 서울시 조례라면 서울시에서만 적용되고, 경기도 조례라면 경기도에서만 적용됩니다.

규칙은 지방자치단체의 장이 자신의 권한에 속하는 일을 하면서 만들 수 있는 법입니다. 법 중에서 가장 낮은 법이라 할 수 있습니다.

6 법원의 종류

법원은 법을 판단하고 심판하는 장소로 우리나라의 최고 법원은 대법원입니다. 그 밑에 고등 법원이 있고, 고등 법원 밑에 전국 각지에는 지방 법원과 그 지원이 있습니다. 삼심제에서 1심을 맡는 건 지방 법원이고, 2심은 고등 법원, 3심은 대법원에서 맡아 합니다. 특별한 재판을 하는 법원으로는 특허와 관련된 재판을 하는 특허 법원, 가사 재판과 소년 재판을 담당하는 가정 법원, 행정 재판을 담당하는 행정 법원이 있습니다. 헌법 재판은 헌법재판소에서 맡아서 합니다.

03 역사, 책, 영화 속에서 만나는 변호사

1 관련 책

1) 〈세상을 바꾼 법정〉 마이클 리프, 미첼 콜드웰 지음. 궁리. 2006

이 책은 미국 사회를 커다랗게 바꿔 놓은 8개의 재판 내용을 다루고 있습니다. 책에 소개된 8개의 재판은 당시 미국 사회에 엄청난 영향을 끼쳤고, 그 영향력은 다른 나라에까지 미쳤습니다. 사회를 그 이전과는 완전히 다른 모습으로 바꿔 놓았다고 할 수 있습니다. 특히 아무런 관심도 받지 못하는 작은 사건으로 시작된 재판이 아무도 예상하지 못했던 커다란 변화를 일으키는 모습은 감동과 스릴을 느끼게 합니다. 이 재판들은 오늘날까지도 논쟁의 대상이 되고 있고, 여전히 소설이나 영화의 소재로 쓰이고 있습니다.

이 책에서는 각각의 사건에 대해 어떻게 일어났는지, 법정에서 어떤 변론이 이루어졌는지, 그리고 판결문은 어떤 내용이었는지를 자세히 보여 줍니다. 저자의 말처럼, '내가 만약 이 재판에 참가했다면 어떤 결론을 내렸을까' 하고 스스로 질문을 던지면서 읽으면 좋습니다.

2) 〈몬스터〉 월터 딘 마이어스 지음. 창비. 2008

이 책은 강도 살인 사건의 범인으로 지목되어 재판을 받는 소년의 이야기를 다루고 있습니다. 농구와 영화를 좋아하는 평범한 10대 소년 스티브는 강도 살인 사건이 벌어진 편의점 근처에 있다가 체포되어 재판을 받게 됩니다. 스티브가 체포된 까닭은 편의점 강도 살인 사건 용의자로 지목된 흑인들이 범죄 현장의 망을 보기로 한 공범으로 스티브를 지목했기 때문입니다. 스티브는 무죄를 주장하지만 결국 구속되어 감옥에 갇히고, 욕설과 폭력이 난무하는 감옥 생활의 끔찍한 현실을 이겨 내기 위해 일기와 시나리오를 쓰게 됩니다.

스티브의 재판 과정은 고스란히 시나리오로 기록되고, 스티브는 이와 별도로 일기를 쓰면서 자신이 겪은 일과 복잡한 심경의 변화를 적어 나갑니다. 그런데 놀랍게도 시나리오와 일기는 서로 다른 이야기를 하고 있고, 진실은 미궁에 빠집니다. 스티브는 결국 무죄로 풀려나지만, 유·무죄를 쉽게 판단할 수 없는 진실의 복잡함은 책을 덮은 뒤에도 강한 여운을 남깁니다.

소설의 제목이자 시나리오의 제목인 '괴물(monster)'은 재판 도중 검사가 주인공을 지칭했던 말로, 저자는 소설의 결말을 독자들에게 맡겼습니다. 그렇기 때문에 읽는 사람에 따라서 스티브가 누명을 쓴 것인지, 아니면 범죄를 저질렀는지 다른 결론을 도출해 낼 수 있는 흥미진진한 소설입니다.

3) 〈청소년의 법과 생활〉 법무부 지음. 법무부. 2014

청소년들이 생활 속에서 접할 수 있는 법적 문제들과 개념들을 알기 쉽게 설명한 책입니다. 청소년의 삶이라고 해서 법과 전혀 상관없을 수 없습니다. 반드시 재판을 한다든지 법적 처벌을 받는 일이 아니더라도 법과 관계된 일들이 많습니다.

이 책에서는 청소년들이 일상생활에서 경험하는 다양한 문제들, 예를 들어 학교에서의 두발 단속, 왕따 문제, 아르바이트 급료 문제 등 구체적인 사례를 들어 알기 쉽게 설명합니다. 또한 법의 기본적인 개념과 원리를 설명해서 일상생활 속의 법적 문제를 해결할 수 있는 힘을 길러 줍니다.

2 관련 영화

1) 〈그래도 내가 하지 않았어〉

도쿄의 복잡한 전철 안에서 취직을 위해 면접을 보러 가던 주인공 청년이 성추행범으로 몰립니다. 경찰서에 끌려간 후 청년은 경찰, 국선 변호사, 검사, 판사를 차례대로 만나게 됩니다. 처음에 경찰서로 끌려갈 때만 해도 청년은 자신이 범죄를 저지르지 않았으니 별일 없을 거라고 생각했습니다. 하지만 현실은 그렇지 않습니다. 경찰은 밤낮으로 수십 명이 넘는 치한을 상대하는데 그 중에 자기 죄를 인정하는 사람은 한 명도 없습니다. 게다가 목격자가 없는 경우 피해자의 증언이 중요한

데 피해자는 충격을 받아서 당시의 일을 정확하게 기억하지 못하는 경우가 많습니다. 결국 청년은 재판을 받고 그 과정에서 범죄자로 한 번 지목된 사람이 무죄를 증명하기가 얼마나 어려운지 절감합니다.

무고한 시민이 범죄자로 몰려 자신을 지키기 위해 싸우는 이 영화를 통해 공정한 사법제도를 위해서는 어떤 고민과 노력을 해야 하는지 생각해 보게 됩니다.

2) 〈일급살인〉

실제 있었던 일을 바탕으로 만든 이 영화는 가벼운 절도죄를 지은 주인공이 억울한 누명을 쓰고 지하 감옥에 갇혀서 권력의 횡포를 겪으며 살인자로 변해 가는 과정을 보여 줍니다.

1938년 3월, 미국 샌프란시스코 만에 자리한 악명 높은 알카트라즈 교도소의 지하 독방에 3년간 갇혔던 한 죄수가 지하 독방을 나오자마자 교도소 식당에서 200명이나 되는 목격자 앞에서 사람을 죽이고 일급 살인죄로 기소됩니다.

죄수는 자신의 처지를 공감해주는 국선 변호사에게 신뢰를 느끼고 자신의 이야기를 털어놓습니다. 그런데 놀랍게도 그가 감옥에 들어온 계기는 굶주린 여동생에게 먹을 것을 사주려고 단돈 5달러를 훔친 일이었습니다. 훈방 조치를 받을 수도 있었던 그는 운 나쁘게도 음모에 휘말려 독방에 갇혔던 것입니다.

그를 지하 감방에 가두게 한 배경에는 교도소 부소장과 연방정부라는 거대한 권력이 도사리고 있었습니다. 결국 젊은 변호사의 헌신적인 노력으로 억울한 그 남자는 무죄를 인정받게 됩니다.

교도소는 원래 범죄를 저지른 사람들이 자신이 지은 죄를 반성하고 사회에 돌아갈 수 있도록 하기 위해 만들어진 곳입니다. 이 영화를 보면 수감자들의 인권이 철저하게 무시되는 것이 얼마나 잘못된 것인지 알 수 있습니다.

참고로 바다 위 섬에 지어졌던 알카트라즈는 1963년에 폐쇄됐고, 오늘날에는 한 해 평균 100만 명이 넘는 사람들이 찾는 관광 명소가 되었습니다.

3) 〈레인 메이커〉

이 영화는 한 초보 변호사가 대기업을 상대로 재판을 진행하며 겪는 냉혹한 현실을 다루고 있습니다. 법대를 갓 졸업한 한 초보 변호사가 백혈병으로 죽어 가는 아들을 둔 어머니로부터 의뢰를 받습니다. 그 어머니는 아들의 의료비 지급을 거부하는 보험회사로부터 보험금을 받을 수 있도록 재판을 진행해 달라고 합니다. 하지만 상대는 보험금을 지급하지 않기 위해 법을 교묘히 피해 가기로 유명한 거대한 보험회사입니다. 그 회사 측 변호사는 경험이 풍부하고 재판에서 자주 이기기로 소문이 자자한 일류 변호사입니다. 게다가 보험회사는 재판에서 이기기 위해 협박, 도청 같은 불법적인 일도 서슴지 않습니다. 그렇지만 재판은 불의에 굴하지 않고 헌신적으로 싸운 신출내기 변호사의 승리로 끝이 납니다.

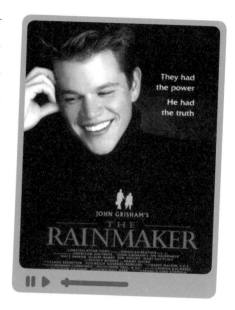

이 영화는 현실에서 법이 어떻게 적용되고 있는지를 보여주고, 법이 약자를 보호할 수 있으려면 변호사나 검사, 판사의 역할이 얼마나 중요한지를 생각해 보게 합니다.

04 법정의 모습

영화나 드라마를 통해 재판하는 모습을 종종 볼 수 있습니다. 익숙하다고 느껴지는 그 모습들을 지금부터 자세히 살펴보기로 합니다.

법정의 정면을 보면 커다란 책상 같은 것이 있고 그 뒤에 의자가 놓여 있습니다. 이것을 '법대'라고 하는데 법대는 판사가 앉는 자리입니다. 판사는 재판을 주재하고 결정하는 사람으로 검은색 가운, 즉 법복을 입습니다. 재판을 할 때는 판사 한 명이 앉아 있을 때도 있고, 세 명이 앉아 있을 때도 있습니다.

그리고 검사, 변호사, 원고, 피고, 증인 등이 나와서 재판을 합니다. 그런데 민사 재판과 형사 재판 재판정은 약간 다릅니다.

1 민사 재판의 법정 모습

개인 간의 법적 다툼이 있을 때 벌어지는 민사 재판에는 판사, 원고, 원고 측 변호사, 피고, 피고 측 변호사, 증인이 나오고, 서기, 속기사, 법정경위 등이 재판을 도와줍니다.

그러면 민사 재판에서 맡은 각각의 역할을 알아보겠습니다.

먼저 판사는 재판을 진행하고 판결을 내리는 일을 합니다. 변호사나 증인이 하는 주장을 검토하여 법률적 판단을 내립니다.

원고는 소송을 제기한 사람을 말하고, 원고 측 변호사는 원고를 대리하여 변론을 합니다. 피고는 원고의 소송을 받은 사람이고, 피고 측 변호사는 피고를 대리하여 변론을 합니다. 마지막으로 증인은 해당 사건에 대한 증언을 하는 사람입니다.

그 밖에 재판 진행 상황을 기록하는 서기, 증인의 증언 내용을 기록하는 속기사, 법정 안에서 질서를 유지하도록 책임지는 법정경위가 재판을 지원해 줍니다.

2 형사 재판의 법정 모습

형사 재판은 국가가 개인의 범죄를 인정하고 형벌을 과하는 재판입니다. 형사 재판에서 검사는 범죄를 수사하여 법원에 재판을 청구합니다. 재판에서는 피고인이 어떠한 범죄를 행했다는 것을 증명하여 공방을 펼칩니다. 즉 검사가 피고인에게 벌을 주라고 주장하면, 변호사는 그 사람이 죄를 짓지 않았다거나 그 벌은 너무 무겁다고 변론합니다. 판사는 검사와 변호사의 주장을 듣고 최종적으로 결정을 내립니다.

형사 재판정의 모습을 살펴보면 재판정 정면의 법대에 판사가 앉아

Tip

합의 재판에서는 판사 3인으로 구성되고, 단독 재판에서는 판사 1인으로 구성됩니다. 합의 재판의 경우 가운데 앉은 판사를 재판장, 양쪽 2인을 배석판사라고 합니다.

Tip

형사 재판에서의 판사 구성은 민사 재판과 마찬가지로 합의 재판에서는 판사 3인으로, 단독 재판에서는 판사 1인으로 구성됩니다.

있고, 법대 앞 한편에는 검사가 앉아 있고, 한편에는 변호사와 피고인이 앉아 있습니다. 이때 판사와 검사는 법복을 착용합니다. 그 밖에 서기, 속기사, 증인, 법정경위 등의 역할은 민사재판과 같습니다.

05 변호사는 무슨 일을 할까?

1 변호사의 하루

예전에는 변호사들이 각자 개인 법률사무소를 열어 일하는 경우가 많았습니다. 그래서 재판 준비는 물론 재판과 관계없는 사무실 운영에 필요한 일까지 해야 했습니다.

요즘은 법무법인이라는 로펌에서 여러 변호사가 모여서 일하는 경우가 많습니다. 법무법인은 회사인데 보통 회사와는 조금 다릅니다. 보통 회사에는 회장이나 사장이 있지만, 로펌에는 회장이나 사장 대신 파트너들이 있습니다. 파트너들은 회사를 함께 만든 사람들입니다. 그리고 파트너 밑에서 일하는 변호사들이 있는데, 이들은 파트너가 되는 것을 목표로 열심히 일합니다.

1) 개인 법률사무소 변호사의 하루

출근해서 의뢰인 상담이 있으면 상담을 하고, 아니면 재판과 관련된 서류를 검토하거나 변론 내용을 작성합니다.

민사 소송은 대부분 돈과 관련된 것들이 많습니다. 개인 간의 소송은 상담 시간이 비교적 짧지만 공사대금반환 청구소송, 하자담보 책임소송 등 개인과 회사 간, 회사와 회사 간에 이루어지는 소송은

Tip
로펌에 고용된 변호사들은 연봉을 많이 받지만, 밤을 새거나 주말에도 쉬지 않고 일해야 하는 경우가 많습니다.

Tip
변호사는 의뢰인에게 무조건 재판을 할 것을 건의하진 않습니다. 소송 내용을 검토해 보고 재판에서 불리할 것 같으면 의뢰인에게 승소할 가능성이 없으니 합의할 것을 권유합니다. 반대로 유리하다면 승소할 가능성이 있으니 재판을 하도록 권유하면서 준비 사항과 앞으로 진행될 사항을 알려 줍니다.

내용이 매우 복잡하여 상담 시간이 한 의뢰인당 2~3시간씩 걸립니다.

재판이 있는 날에는 법정 변론 서면 준비 등 필요한 서류를 가지고 법원으로 향합니다. 재판은 보통 1시간 정도 진행되며 증언 발언이 있는 날이면 좀 더 길어지기도 합니다. 자주 있는 일은 아니지만, 지방 사건을 수임했을 경우 해당 지방 법원까지 내려가는 경우도 있습니다. 재판이 끝난 뒤에는 다시 사무실로 들어와 의뢰인을 만나거나 재판 기록을 검토합니다.

퇴근 시간이 되어 저녁식사 약속이 있으면 사람들과 식사를 하고, 약속이 없는 날은 간단히 저녁 식사를 마친 다음 다시 사무실로 들어와 서류 작업을 하고 10시쯤 귀가합니다. 주말에는 편히 쉬어 보려고 하지만 밀린 서류 작업 때문에 집으로 일거리를 가져오는 경우도 있습니다.

Tip

때로는 외국에 있는 의뢰인들과 화상으로 상담을 해야 할 때도 있습니다. 화상을 통한 상담은 공간을 뛰어넘는 방법이지만 대부분의 변호사들은 화상회의를 별로 좋아하지 않습니다. 의뢰인과 대면하여 눈을 마주 보고 하는 상담과는 달리 답답한 스크린 속에서 계속되는 의뢰인의 얘기를 듣고 있으면 지루할 수 있기 때문입니다.

2) 대형 로펌 소속 변호사의 하루

대형 로펌이 맡는 사건의 경우 M&A(기업 인수 합병) 등 대형 프로젝트가 많아서 일이 복잡하고 수임료도 거액입니다. 그만큼 재판에 필요한 준비 과정이 복잡하고 경쟁 로펌의 움직임까지 신경 써야 하는 등 챙겨야 할 일이 많아 스트레스가 매우 큽니다.

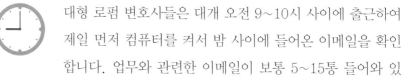

대형 로펌 변호사들은 대개 오전 9~10시 사이에 출근하여 제일 먼저 컴퓨터를 켜서 밤 사이에 들어온 이메일을 확인합니다. 업무와 관련한 이메일이 보통 5~15통 들어와 있는데, 이메일에 대한 답장을 보내는 데 30분~1시간 정도 소요됩니다.

이메일 내용을 토대로 하루 일정을 정하고, 예약한 의뢰인과 상담을 합니다. 대부분 큰 사건이라서 한 건 상담하는 데 1시간 이상 걸립니다.

 동료 변호사들과 점심 식사를 마치고 1시에 사무실로 들어옵니다. 오전부터 점심때까지 들어온 이메일을 확인하고 다시 의뢰인들과 상담을 합니다. 큰 사건일 경우에는 아침부터 저녁까지 하루 종일 회의가 이어지는 경우도 있습니다.

이런저런 상담이 마무리되면 관련 소송 문서를 검토하거나 작성해야 합니다. 금새 저녁이 되고, 사무실 근처에서 간단히 저녁을 해결한 다음 다시 사무실로 들어와 서류 작성을 마무리합니다. 그러면 대개 저녁 8~9시쯤에 일을 끝내고 퇴근을 합니다. 또한 우리나라와 시차가 다른 나라의 의뢰인과 국제전화를 해야 할 때는 자다가 일어나 새벽에 일어나 전화를 해야 할 때도 있습니다.

M&A 등 큰 사건을 맡게 되면 밤샘 작업을 밥 먹듯이 해야 하고, 며칠 동안 집에도 못 들어갈 정도로 일이 바쁘게 돌아갑니다. 그래서 그 사건이 마무리되면 녹초가 되어 움직이기가 힘들 정도입니다.

이렇듯 대형 로펌의 일이 힘들고 스트레스도 많지만 고액의 연봉에 다양한 일을 빠른 시간 안에 배울 수 있어 사법연수원을 졸업한 신참 변호사들은 1순위로 대형 로펌에 들어가려고 합니다.

2 변호사에게 필요한 마음가짐

검사나 경찰관의 경우 사건에 몰두하다 보면 범인에 대한 어떤 확신을 갖게 됩니다. 그리고 그 범인을 꼭 잡아 벌을 주어야 한다는 의지도 갖게 되지요. 하지만 이러한 확신이 맞아떨어질 때도 있지만 간혹 빗나갈 때도 있습니다.

이럴 때 변호사의 역할이 중요합니다. 변호사는 검사나 경찰과는 반대로 피고인의 입장에서 변론을 해야 합니다. 비록 피고인이 흉악한 범죄의 용의자라 하더라도 변호사만은 피고인의 말을 잘 들어주고, 이해

31

하려 노력해야 합니다. 즉 선입견 없이 공정하게 들어주는 열린 마음이 필요합니다. 이렇듯 피고인의 입장에서 충실히 변론을 준비하다 보면 억울하게 처벌받는 사람이 줄어들 것입니다.

3 최고의 변호사가 되기 위해서는

모든 직업이 그렇겠지만 변호사 역시 최고가 되기 위해서는 남다른 노력이 필요합니다. 변호사가 되었다고 해서 노력하지 않고 가만히 있으면 사회 변화에 따라가지 못하고 뒤처질 수밖에 없습니다. 변호사 자격증을 딴 뒤에도 끊임없이 법전을 들여다보고 다양한 책을 읽어야 합니다. 다양한 독서를 통해 우리 사회에서 어떤 사건이 벌어지고 있고, 거기에 어떤 법률이 적용될 수 있을지, 그리고 사람들은 그 일에 대해 어떻게 생각하는지 알 수 있습니다.

변호사가 지녀야 할 가장 중요한 덕목은 성실함과 책임감입니다. 변호사가 수임하고 있는 사건들은 그 사건을 의뢰한 사람들의 입장에서는 일생에서 가장 중요한 사건일 수 있습니다. 다른 사람의 인생을 좌우할 수 있는 중요한 일을 맡고 있다는 책임감과 사명감을 가지고 업무에 임해야 합니다.

마지막으로 스트레스 관리를 잘해야 합니다. 어떤 직업을 갖고 있든 일을 하다 보면 누구나 스트레스를 받게 마련입니다. 일이 지겹고, 그만두고 싶은 마음이 생길 수도 있고, 어디론가 훌쩍 떠나고 싶을 때도 있습니다. 이런 마음을 다잡기 위해서는 평상시 일에서 오는 스트레스를 잘 관리하여 슬럼프가 찾아와도 지혜롭게 극복할 수 있어야 합니다.

4 전문 변호사 시대

요즈음 새내기 변호사들은 대형 로펌에 들어가고 싶어 합니다. 그래야 안정적이고 높은 수입이 보장되고, 실력도 쌓을 수 있기 때문이지요. 그동안 대형 로펌들은 사법시험 2차 성적과 연수원 성적을 합산한 성적순으로 변호사들을 뽑아 왔습니다. 그런데 최근 변화가 일고 있습니다. 변호사 자격증에 +알파가 필요한 시대가 된 것입니다. 즉 공학에 뛰어난 지식을 갖고 있거나 언론학 박사 출신, 기업 경영을 아는 변호사, 외국어 능력이 탁월한 변호사 등 다른 분야의 전문지식을 갖춘 변호사를 뽑는 경향이 있습니다. 이렇게 하는 까닭은, 사회가 복잡해지고 경제가 세계화되는 추세 속에서 다양하고 전문적인 지식을 갖춘 변호사들이 필요해졌기 때문입니다.

06 변호사가 되기 위해 필요한 능력

1 다양한 책을 많이 읽어 상식을 키웁니다

변호사가 되려면 공부를 많이 해야 한다는 사실은 누구나 알고 있습니다. 법학대학원인 로스쿨은 경쟁률이 치열해서 들어가려면 공부를 정말 많이 해야 합니다. 또한 로스쿨에 들어가서도 배우는 내용이 어렵고, 변호사나 판사, 검사가 되려면 자격시험에 합격해야 합니다.

이렇게 되기 힘든 변호사이지만 어릴 때부터 책을 많이 읽으면 가능성이 한결 높아집니다. 책을 많이 읽어야 법률을 이해할 수 있는 상식이 풍부해지기 때문입니다. 역사, 경제, 시사를 다룬 논술 관련 서적이나 고전 작품들, 학습 만화도 좋습니다.

2 토론을 자주 해서 논리성을 기릅니다

재판정에서 변호사와 검사는 서로 반대되는 주장을 펼치며 판사를 설득합니다. 이런 모든 것이 토론 과정에 따라 이루어지고, 누가 좀 더 논리적이고 근거가 타당하냐에 따라 승리하게 됩니다. 따라서 변호사가 되려면 토론에 익숙해져야 합니다.

토론 실력은 갑자기 생기는 것이 아니므로 어릴 때부터 토론하는 습관을 기르는 것이 중요합니다. 부모님이나 친구들과 토론을 자주 하다 보면 논리적인 사고력을 키울 수 있습니다. 토론을 잘하는 요령 중 하나는 가장 하고 싶은 말을 맨 처음에 하는 것입니다. 내 생각은 이렇다

하는 것을 이야기하고 나서 그 근거를 차근차근 대는 것입니다.

또한 변호사는 말을 쉽게 해야 합니다. 법률과 관련된 용어는 어려운 것들이 많고, 사건도 복잡한 경우가 많은데 변호사는 이런 걸 쉽게 풀어서 사람들이 알아듣기 쉽게 얘기해야 합니다. 타고난 이야기꾼이 아니라고 해서 걱정할 필요는 없습니다. 연습을 많이 하면 말솜씨가 좋아집니다.

3 상대방의 말을 경청하는 습관을 들입니다

토론에서 중요한 건 자신의 주장을 펼치는 것보다 상대방의 말을 경청하는 것입니다. 자기는 상대방의 말을 안 들으면서 상대방한테는 내 말을 들으라고 해서는 안 됩니다.

상대방이 말을 할 때 단순히 듣기만 하는 것이 아니라 나와 생각이 같은지 아니면 다른지를 파악하고, 다르다면 어떤 점이 다른지를 생각해 보아야 합니다. 상대방의 말이 끝나면 궁금한 점이나 모르는 점을 묻고, 나와 생각이 다른 점을 얘기합니다.

내가 얘기할 때는 듣는 사람의 입장을 생각해야 합니다. 이때 '내가 하는 말을 내가 듣고 있다면 어떨까?' 하고 생각해 보면 더욱 효과가 큽니다. 아무리 옳은 말을 하더라도 듣는 사람이 지겨워서 안 들으면 아무런 효과가 없기 때문이지요. 이런 식으로 토론을 거쳐 올바른 결론을 도출해 내도록 합니다.

4 수학, 역사, 영어를 공부하고 글쓰기 연습을 합니다

토론을 잘하려면 국어나 사회를 잘하는 게 유리할 거라고 생각하기 쉽습니다. 그러나 실제로는 수학을 잘하는 사람이 사법시험에 합격할 확률이 높다고 합니다. 왜 그럴까요? 법은 굉장히 논리적이기 때문이고, 다른 사람의 주장을 분석하는 데는 논리적인 사고가 필요한데, 이러한 사고력은 수학적 사고력과 매우 비슷합니다.

또한 역사 공부를 하면 좋습니다. 법은 역사 속에서 발전해 왔기 때문입니다. 누군가에 의해 하루아침에 이루어진 것이 아니지요. 법전에는 수천 년에 걸쳐서 이루어진 인류의 문화가 밑바탕에 깔려 있기 때문에 역사를 알면 법을 공부하는 데 큰 도움이 됩니다.

그리고 영어를 비롯한 외국어 공부도 필수입니다. 로스쿨에 들어가거나 사법시험을 보려면 영어가 필요하고, 변호사가 되고 나서도 국제적인 사건을 맡으려면 영어를 잘해야 합니다. 또 외국의 법전이나 판례를 참고하려 해도 영어가 필요하고, 영어를 잘하면 유학을 떠나서도 유리합니다.

마지막으로 법학은 언어를 다루는 학문이므로 글쓰기를 잘 하면 유리합니다. 글을 잘 쓴다는 것은 자기 생각을 논리적으로 잘 표현한다는 말이니 법률가로서 꼭 필요한 소질입니다.

5 다양한 경험과 열린 마음이 필요합니다

변호사는 변호를 의뢰하는 다양한 의뢰인을 만나야 합니다. 변호사는 사람들 사이에서 벌어지는 일을 다루기 때문에 불우한 환경에서 자란 사람, 나쁜 짓을 저지른 사람, 도둑질을 했거나 심지어 살인을 한 사람까지 만날 수 있습니다. 이렇게 많은 사람을 만나서 일을 잘해 내려면 다양한 경험이 도움이 됩니다.

변호사는 선입견 없는 열린 마음을 갖는 게 중요합니다. 예를 들어 자신의 의뢰인이 사기사건으로 소송을 당해 찾아왔는데, 변호사가 의뢰인을 사기꾼이라는 선입견을 가지고 대한다면 제대로 된 판단을 할 수 없고, 성공적인 변론도 불가능합니다.

6 봉사활동에 적극적으로 참여합니다

봉사활동은 어려운 사람을 돕는 것이지만 봉사하는 당사자도 많은 걸 배울 수 있습니다. 봉사활동을 하다 보면 다른 사람과 세상을 폭넓게 이해할 수 있습니다. 변호사가 되기 위해서는 로스쿨이나 사법시험을 거쳐야 하지만 봉사활동도 꼭 필요한 과정입니다.

07 변호사의 장단점

1 장점

1) 돈과 명예가 따릅니다

변호사는 고소득 전문직이라고 말합니다. 실제로 일반 회사원보다 수입이 많고, 사회에서 존경받는 직업으로 명예도 얻을 수 있어서 직업 만족도가 93%에 이른다고 합니다. 변호사 열 명 중 아홉 명 이상이 자신의 직업에 만족한다는 뜻입니다.

2) 보람을 느낄 수 있습니다

변호사가 되면 어려운 처지에 있는 사람, 억울한 피해를 본 사람을 법률적으로 도와줄 수 있습니다. 억울한 누명을 쓴 사람을 위해서 진실을 밝히고 억울한 부분을 해명해 줍니다. 죄를 지은 사람이라 하더라도 법정에서 그 사람이 왜 죄를 짓게 되었는지를 설명하여 벌금이나 교도소에 가는 기간을 줄일 수 있게 합니다. 이처럼 변호사는 약자들을 위해 일

할 수 있어서 보람을 느끼게 되며, 그 때문에 매력이 있는 직업으로 여겨집니다.

3) 나이 들어서도 일할 수 있습니다

회사원이나 공무원은 나이가 들어 정년이 되면 그만둬야 하지만, 변호사는 정년이 따로 없습니다. 경험이 많을수록 유리하기 때문에 열정이 있고 건강만 허락하고 의뢰인이 일을 맡겨 주는 한 계속할 수 있습니다. 로펌이나 기업에 소속된 변호사의 경우 더 나은 조건을 찾아서 자리를 옮기거나 단독으로 사무실을 여는 등 약간의 변화는 있을 수 있지만, 기본적으로 변호사는 '죽을 때까지' 일할 수 있는 직업입니다.

2 단점

1) 업무 스트레스가 높습니다

변호사는 일반 회사원에 비해 돈도 많이 벌고, 명예도 있고, 보람도 있지만 그만큼 힘들고 스트레스가 많은 직업입니다. 형사 사건을 맡게 되면 해당 사건이 일어나게 된 배경 등을 조사하기 위해 경찰서, 구치소, 교도소 등으로 피의자 또는 피고인을 접견하러 가거나 경찰이나 검찰의 수사기록을 검토하기 위해 놀아다녀야 합니다. 그 밖에 법정 출석, 출장 등으로 근무시간이 일정치 않은 편입니다. 특히 전문 법무법인(로펌) 변호사의 경우에는 개별 변호사보다 근무시간이 긴 편이고, 사건의 난이도에 따라 소송에 대한 심적 부담이 큽니다.

2) 다양한 의뢰인을 상대해야 합니다

변호사는 기본적으로 의뢰인 편에서 일을 해야 하고, 의뢰인의 말을 잘 경청해야 하지만, 의뢰인의 말을 있는 그대로 믿어서는 안 되는 경우가 있습니다. 따라서 의뢰인과 상담할 때는 정직하게 말을 하는 건지, 아니면 어떤 사정으로 거짓말을 하는 것인지 다시 한 번 살펴봐야 합니다. 의뢰인의 말만 믿고 변론을 준비했다가 나중에 거짓말이 드러나면 낭패를 당하게 됩니다.

변호를 맡았던 사건이 재판에서 지게 되면, 간혹 의뢰인에게 멱살잡이를 당하는 수도 있습니다. '많은 돈을 주고 당신에게 맡겼는데, 어떻게 질 수 있느냐?'는 것이지요. 하지만 변호사 입장에서도 억울하긴 마찬가지입니다. 열심히 준비하고 치밀한 논리로 무장해 여러 번의 공방을 펼쳤지만, 결국 판사는 상대방 손을 들어주었기 때문입니다. 재판에서 진 것도 억울하고 의뢰인의 부탁을 들어주지 못한 것도 마음이 아파 슬럼프에 빠지기도 합니다. 그러므로 간혹 찾아오는 슬럼프를 지혜롭게 극복하는 훈련도 필요합니다.

3 변호사의 수입

변호사는 개인 사업가라고 할 수 있습니다. 사업을 하는 사람들의 수입이 천차만별이듯 변호사의 수입도 천차만별입니다. 매년 수많은 새내기 변호사들이 쏟아져 나오는 오늘날, 사무실 임대료만 간신히 내고 있는 변호사도 있고 한 해에 수억 원에서 수십억 원의 돈을 버는 변호사도 있습니다. 또 수입과 관계없이 시민단체에서 박봉을 받으며 일하는 변호사도 있습니다. 그렇지만 대부분의 변호사들은 일반 회사원에 비해 많은 돈을 벌고 있습니다.

4 전망

전국에서 활동하는 변호사 수가 만여 명이 훌쩍 넘는 요즘, 변호사도 예전처럼 고수익을 보장하는 직업은 아닙니다. 하지만 우리나라는 선진국에 비해 아직도 인구에 비해 변호사 수가 적은 편이고, 사회가 복잡다단해짐에 따라 법률적으로 처리해야 하는 경우가 많은 만큼 변호사의 미래는 다른 직업에 비해 밝다고 할 수 있습니다.

변호사 인력 수급

2010 10,300명
2015 14,100명
2020 18,800명(예상)

Tip

사회가 발전할수록 사람들 간의 다툼도 많아지게 마련입니다. 예전엔 억울한 일이 있어도 대부분 참았고, 사회가 단순하여 사실 싸울 일도 적었습니다. 하지만 사회가 복잡해지고 다변화하는 요즘엔 분쟁이 점점 많아지고 있고, 그에 따라 변호사도 더 많이 필요해지고 있습니다. 현재 우리나라의 변호사 수는 OECD 국가에 비해 부족한 수준이라 변호사의 고용 상황은 앞으로도 좋을 것으로 보입니다.

사회가 다변화함에 따라 변호사의 업무도 다양화·전문화되고 있습니다. 따라서 개인 사무실을 열기보다는 대형 로펌에서 근무하는 변호사가 늘고 있으며, 행정기관 및 기업체, 금융기관 등에서도 능력 있는 전문변호사의 채용을 더욱 늘릴 것으로 보입니다.

그러나 한편으론 법률 시장이 개방됨에 따라 경쟁이 더욱 치열해지고 인터넷 등을 통한 법률 지식의 대중화로 본인 소송이 쉬워지면서 변호사의 고용 환경이 위축될 가능성도 있습니다. 전체 민사 본안사건 중 변호사 대리소송이 매년 증가하고 있으나, 상당수의 민사소송이 당사자 본인 또는 변호사 아닌 자의 소송대리에 의해 처리되고 있고, 변리사, 법무사, 세무사 등과 업무가 유사하거나 중복되는 경우가 있어 이들과의 경쟁도 불가피해 보입니다.

그럼에도 불구하고 변호사는 여전히 고급 전문직이고 업무 영역이 포괄적이어서 직업으로의 유망성은 계속 유지될 것으로 보입니다. 또한 정부에서 추진하고 있는 사법 개혁, 법률시장 개방 등과 함께 앞으로 업무의 전문화가 심화되고 업무 영역의 확대 및 다양화도 계속될 것으로 예상됩니다.

08 변호사가 되기 위한 과정

1 중·고등학교 시절

현재의 중고생들이 변호사가 되려면 대학 졸업 후 반드시 로스쿨(법학전문대학원)을 거쳐야 합니다. 사법시험이 2016년까지만 치러지고 2017년부터는 폐지되기 때문입니다.

로스쿨 입학시험은 법학지식을 묻

는 게 아니라 사고력과 논리력을 테스트하는 적성검사가 큰 부분을 차지합니다. 아울러 학부 성적(대학교 4년 동안의 성적), 어학 실력(주로 영어), 사회봉사 경력 등이 로스쿨 입학 전형에 포함되고 있습니다.

따라서 미래의 직업으로 변호사를 꿈꾸는 중고생이라면 학교생활에 성실하고, 다양한 책을 많이 읽어야 하며, 집과 학교에서 토론을 생활화하는 습관을 들여 종합적인 판단력과 논리력을 길러야 합니다. 또 대외활동이나 사회봉사 활동 등에도 적극적이어야 합니다. 대외활동이나 봉사활동을 통해 건전한 사회인으로 자랄 수 있고, 더불어 사는 사회공동체 의식을 기를 수 있기 때문입니다. 더불어 어학 실력을 꾸준히 갖춘다면 금상첨화가 될 것입니다.

2 사법시험(사법고시) 합격

변호사가 되기 위한 방법으로 로스쿨에 들어가지 않고, 시법시험에 합격하는 방법이 있습니다. 사법시험은 학력에 제한 없이 치를 수 있고, 합격한 후 2년간 사법연수원 과정을 수료하여 변호사가 되는 방법입니다.

사법시험은 일정 점수 이상의 공인영어점수 취득, 대학법학과목 35학점 이상 이수해야 응시 가능합니다. 1차 시험은 4지선다형으로 합격 시에 그 다음해까지 유효하고, 2차 시험은 논술, 3차 시험은 면접입니다. 사법시험을 3차까지 합격하면 사법연수원에서 2년 간 생활하게 되는데, 사법시험 2차 시험의 성적과 연수원에서의 성적을 합산하여 대

개 상위 약 150명이 판사와 검사가 되고, 나머지 인원과 지망자는 변호
사가 됩니다.

그러나 사법시험은 2009년 로스쿨 제도의 도입으로 2017년부터 폐지
될 예정입니다. 따라서 현재의 중고등 학생들에게는 해당되지 않습니다.

3 로스쿨(법학전문대학원) 졸업 후 변호사 시험 합격

4년제 대학 이상의 학력을 가진 사람이 법학전문대학원인 로스쿨
에 입학하여 3년간 수학한 후 시험을 통과하면 변호사가 되는 방법입
니다.

전공과 관계없이 4년제 대학을 졸업한 사람은 누구나 시험을 봐서 로
스쿨에 들어갈 수 있습니다. 로스쿨에 입학하기 위해서는 'LEET(법학적성
시험)'을 통과해야 합니다. 이 시험은 법학 교육을 받을 수 있는지 기본적
소양이나 잠재적 적성을 살피는 시험으로, 언어이해능력, 추리능력, 논
술능력 등을 평가합니다. 이 LEET 성적과 학부 성적(GPA), 공인 외국어
시험점수, 사회봉사활동 경력 및 면접 등을 종합적으로 평가하여 입학
여부를 결정하는데, 세부적인 내용은 각 대학의 재량에 따라 다릅니다.

로스쿨에 들어가려면 성적도 좋아야 하지만 논리적으로 생각할 수 있
는 능력도 중요합니다. 그리고 공부만큼 중요
한 것이 사회에 대한 관심입니다. 도서관에 앉
아 공부만 하기보다는 다양한 분야에 관심을
갖고 봉사활동 같은 걸 열심히 해야 합니다.
그리고 책임감 있고 성실해야 합니다.

다음은 우리나라 법학전문대학원 목록
입니다.

로스쿨마다 전문 분야가 특화되어 있
으므로 잘 알아보고 선택해야 합니다.
입학하기 전에 어떤 분야를 공부하고 싶
은지 진지하게 고민해 본 후 학교를 선
택하는 것이 좋습니다.

Tip

로스쿨제도(법학전문대
학원제도)는 2009년부
터 새롭게 도입되었습
니다. 따라서 법학전문
대학원의 첫 졸업생이
배출된 2012년 이후부
터는 로스쿨을 졸업하
고 변호사 시험에 합격
한 사람도 변호사 자격
을 취득하게 되었지요.
이전의 사법시험 제도
는 2017년부터 폐지될
예정이니, 변호사가 되
려면 로스쿨에 어떻게
입학하는지부터 알아봐
야 합니다.

국내 법학전문대학원과 특화 분야	
대학원	특화 분야
강원대학교	환경
건국대학교	부동산
경북대학교	IT
경희대학교	국제 기업
고려대학교	국제
동아대학교	국제 상거래
부산대학교	금융, 해운, 통상
서강대학교	기업, 그 중에서도 특히 금융
서울대학교	국제, 공익 인권, 기업 금융
서울시립대학교	조세
성균관대학교	기업
아주대학교	중소기업
연세대학교	공공 거버넌스, 국제 기업, 의료 과학 기술
영남대학교	공익과 인권
원광대학교	생명과학
이화여자대학교	생명 · 의료, 젠더
인하대학교	물류, 지적재산권
전남대학교	공인 인권
전북대학교	동북아
제주대학교	국제
중앙대학교	문화
충남대학교	지적재산권
충북대학교	과학기술
한국외국어대학교	국제
한양대학교	국제 소송, 지식 문화 산업, 공인 · 소수자의 인권

로스쿨은 기존의 법과대학과 사법연수원
을 합쳐 놓은 역할을 합니다. 법대에서 주로

이론을 배웠고, 사법연수원에서 실무 교육을 받았다면 로스쿨은 두 가지 모두를 해결하는 제도입니다. 법과대학의 교수들이 주로 법학 연구를 한 사람들이라면 로스쿨에서는 판사나 검사, 변호사 등 실무를 거친 사람이 학생들을 가르치기도 합니다. 전직 검사가 형법을 가르치거나 FTA 등 국제협상에 직접 참여했던 사람이 국제법을 가르치기도 합니다. 정말 살아 있는 강의를 들을 수 있지요.

4 변호사 자격증 취득과 취업

변호사 자격을 얻은 뒤에 변호사 사무실을 열고 싶다면 대한변호사협회에 변호사 자격을 등록해야 합니다. 입회하고자 하는 지방변호사회를 거쳐 등록 신청을 해야 하지요. 아니면 로펌(법률사무소) 등에 취업하거나 대기업과 같은 회사의 사내 변호사로 일할 수 있습니다. 또 입법부, 행정부, 학교 등에서도 일할 수 있지요. 최근에는 일반 기업체나 금융기관의 법률 리스크 관리를 위해서도 많이 채용되고 있습니다. 그 외에도 시민단체에서도 일할 수 있고, 국회의원 보좌관 등 다양한 분야로 진출할 수 있습니다.

09 변호사의 마인드맵

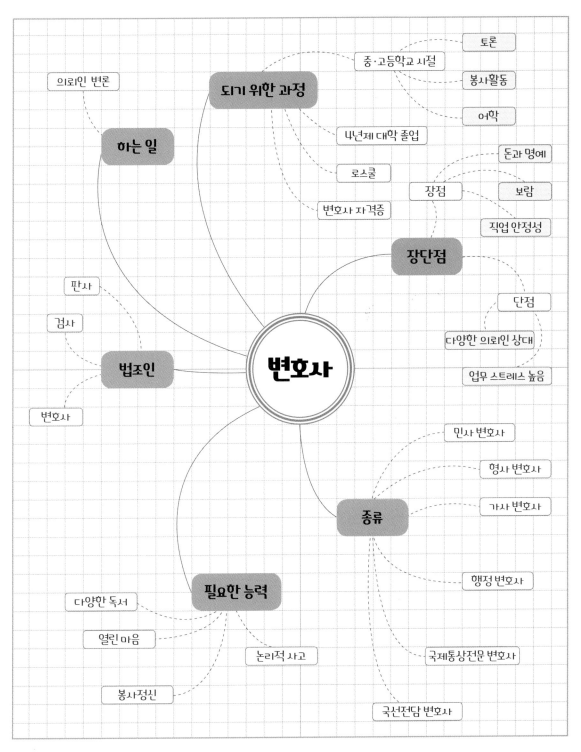

10 변호사와 관련하여 도움 받을 곳

● 대법원(http://www.scourt.go.kr) 법원에서 이루어지고 있는 재판은 공개가 원칙이라서 누구나 신청하면 방청할 수 있습니다.

법원은 대법원과 각급 법원으로 이루어지는데, 대법원은 대법원장과 대법관 13명으로 구성돼 있습니다. 각급 법원은 고등법원과 지방법원, 지원이 있고 특허법원, 가정법원 같은 특수법원이 있습니다.

● 헌법재판소(http://www.ccourt.go.kr) 헌법재판소는 우리나라 최고 법인 헌법과 관련된 재판이 이루어지는 곳입니다. 학생들은 헌법재판소의 대심판정을 견학할 수 있습니다.

법원이 헌법에 어긋난 법률을 심판해 달라고 요청하면 헌법재판소에서 그것에 대한 결정을 하고, 국가기관과 지방자치단체 등 공공기관 간에 벌어지는 권한이나 권한의 행사에 관한 다툼을 해결합니다. 국회나 대통령도 헌법재판소의 결정 사항을 변경할 수 없습니다. 유명한 헌법 재판으로는 고 노무현 대통령 탄핵심판, 신행정수도건설을 위한 특별조치법, 통합진보당 해산 결정 등의 판결이 화제가 되었습니다.

● 법무부(http://www.moj.go.kr) 법무부는 법무에 관한 사무를 관장하는 중앙행정기관으로 검찰, 교도소, 구치소, 소년원, 출입국 관리, 외국인 정책 등에 관한 업무가 이루어지는 곳입니다. 법과 관련된 여러 가지 정보를 제공하고 있으며, 그 밖에 사법시험 응시자격, 시험 방법, 과목, 기출 문제 등의 정보도 제공하고 있습니다. 판사, 검사, 변호사 등 법조인이 되고 싶은 사람이라면 유익한 정보를 얻을 수 있습니다.

● **검찰청**(http://www.spo.go.kr) 검찰청은 국가의 형벌권을 행사하기 위해 범죄를 수사하고 수사한 범죄에 대한 재판을 진행하는 곳입니다. 20인 이상 단체는 검찰청 견학이 가능한데, 대검찰청 공보담당관실에 문의하면 됩니다.

검찰청의 종류는 대검찰청, 고등검찰청, 지방검찰청의 3가지가 있습니다. 대검찰청에는 검찰총장이, 고등검찰청과 지방검찰청에는 검사장이 있어 사무를 관장하고 소속 공무원들을 지휘·감독합니다.

● **법제처**(http://www.moleg.go.kr) 행정 각 부의 입법 활동을 범정부적이고 종합적인 관점에서 총괄하고 조정·지휘하는 법제 전문 중앙행정기관입니다. 행정부의 각 부서에서 필요한 법률이나 명령을 심사하기도 하고, 국민에 대한 잘못된 행정 처분을 바로잡아 주기도 합니다. 법령이 알기 쉽게 설명되어 있고, 법령에 관련된 질문을 할 수도 있습니다.

● **대한법률구조공단**(http://www.klac.or.kr) 법률 지식이 부족하면서도 경제적으로 어려워 법적 보호를 제대로 강구하지 못하는 사람들에게 무료로 법률 상담을 해주는 기관입니다. 주요 업무는 전 국민을 대상으로 무료 법률 상담을 해 주고, 일정한 대상자들에 대해 화해·조정 및 소송 대리, 형사 무료변호 등 국민의 기본권을 옹호하고 법률 복지 증진에 힘쓰고 있습니다. 대한법률구조공단은 법률 복지의 최후 보루라고 할 수 있습니다. 이곳은 어렵고 힘든 사람들이 마지막으로 오는 곳으로, 법률적으로 도움이 필요할 때 찾으면 좋습니다.

● **사법연수원**(http://jrti.scourt.go.kr) 사법연수원은 사법시험에 합격한 사법연수생과 예비 판사, 법관, 군법무관 등 법조인들이 법에 관해 더 연구하고 배우는 곳입니다. 이곳에서는 법률 상담 사례에 대한 정보를 찾아볼 수 있습니다.

11 유명한 변호사

1 이태영(1914~1998)

우리나라 최초의 여성 변호사이자 정치인, 여성운동가입니다. 이태영은 일제강점기에 독립운동을 하였고, 대한민국 건국 초기의 야당 정치인인 정일형의 부인이며, 역시 정치인인 정대철의 어머니이기도 합니다.

1931년 평양 정의고등보통학교를 졸업한 후에 모교와 평양여자고등학교에서 교사로 근무했습니다. 1932년 이화여자전문학교 가사과에 입학하여 수석으로 졸업했으며, 1945년 광복 후에는 법조인에 뜻을 두고 서울대학교 법과대학에 들어가 공부를 마쳤습니다. 연이어 법과대학 대학원에 진학하였고, 1952년 제2회 사법시험에서 최초 여성 합격자가 되었고, 이어서 최초의 여성 변호사가 되었습니다. 변호사로서 활동하면서 공부를 계속하여 서울대학교 대학원에서 법학석사와 박사 학위를 받았습니다.

이태영은 변호사로 활동한 직후인 1952년부터 여성운동과 가족법 개정운동, 호주제 폐지 운동을 벌였습니다. 1956년 여성법률상담소(한국가정법률상담소의 전신)를 세우고 여성에 대한 불평등과 가정폭력 상담 해결, 유교적 인습에 저항하였습니다. 그 구체적인 방법으로 호주제도 폐지와 동성동본 금혼령 폐지 운동을 했고, 가족법 개정 캠페인과 홍보 활동을 하는가 하면, 정부에 탄원서와 진정서를 제출했습니다.

이태영의 헌신적인 노력으로 1989년에 일부 가족법 개정이 이루어졌으며, 병으로 가정상담소장직을 은퇴할 때까지 호주제도의 위헌성과 위법성을 주장하며 호주제 폐지 운동에 매진했습니다. 또한 여러 후배 여성운동가들을 지도하고 가르침을 주었습니다. 이태영이 바라던 호주제 폐지는 1998년 그녀가 숨을 거둘 때까지 이루어지지 않았으나 마침내 2005년에 폐지되기에 이릅니다.

2 조영래(1947~1990)

조영래는 대구에서 출생하였고, 경기고등학교와 서울대학교 법과대학을 졸업했습니다. 1971년 사법시험에 합격하여 변호사가 되었습니다. 조영래는 얼마든지 풍족하고 부유하게 살 수 있었지만, 소외 받는 이웃을 변호하며 평생을 살았습니다.

경기고등학교 3학년 때 한일회담 반대 시위를 주도하여 정학 처분을 당했고, 서울대학교 법과대학에 입학한 후에는 한일회담 반대, 삼성재벌 밀수 규탄, 6 · 8부정선거 규탄, 3선개헌 반대, 교련 반대 등을 위한 학생운동을 주도하였습니다. 1971년 사법시험에 합격하여 사법연수원에 있을 때에는 서울대생 내란음모사건으로 구속되었습니다. 1년 6개월간의 복역 후 출소하였으나 민청학련사건과 관련하여 6년 여 동안 수배를 받으며 피신생활을 하였습니다. 이 기간 동안 민주화운동에 전력을 다하면서, 전태일 정신의 계승을 위하여 3년 여의 각고 끝에 〈전태일 평전: 어느 청년노동자의 삶과 죽음〉을 집필했습니다.

1980년 3월 수배가 해제되면서 복권되어 사법연수원에 재입학하여 1982년 수료한 후에 변호사 활동을 시작했습니다. 변호사가 된 이후에는 망원동 수재 사건의 집단소송, 이경숙 사건 등의 노동 · 빈민 · 공해 · 학생관련사건 변론에 전력했습니다. 한겨레신문 논설위원 및 동아일보 객원 편집위원을 역임하였던 조영래 변호사는 1990년에 세상을 떠났습니다. 그의 사후에는 오랫동안 민주화 운동에 투신하며 인권 변호 활동에서 뛰어난 능력을 발휘했던 그의 글을 모아 유고집으로 〈진실을 영원히 감옥에 가두어 둘 수는 없습니다〉가 출판되었습니다. 조영래의 삶은 법을 공부하려는 사람들에게 소중한 지침이 될 것입니다.

정의의 여신, 디케

세계 곳곳의 법원 건물 앞에는 한 여인의 동상이나 부조가 있습니다. 그 여인은 양쪽 눈을 두 건으로 가린 채 한 손에는 저울을, 한 손에는 칼을 들고 있습니다. 이 여인은 그리스 신화에 나오는 법과 정의의 여신 디케(Dike)입니다.

디케는 왜 이런 모습을 하고 있을까요? 두 눈을 두건으로 가린 것은 여론이나 이해 관계에 얽매이지 않고 공정하게 판결하겠다는 의지를 표현한 것입니다. 저울은 양 쪽에서 주장하는 내용들을 달아보며 한쪽으로 기울어지지 않는 공평한 판단을 하라 는 뜻이고, 칼은 정의를 실행하라는 것을 뜻합니다. 아무리 현명한 판단을 했더라도 실행이 되지 않으면 아무 소용이 없기 때문입니다.

법조인들은 디케의 동상을 보며 진실을 찾기 위해 최선을 다하려는 마음가짐을 배웁니 다. 사건의 진실이 내 생각과 다를 수 있다는 것, 어떤 주장이 맞는 것인지 쉽게 판단해서 는 안 된다는 것을 명심한다면 훌륭한 법률가가 될 수 있을 것입니다.

12 알아두면 좋은 법률 상식

●**사법부의 독립** 공정한 재판을 위해 사법부는 행정부나 입법부로부터 자유로워야 합니다. 이것을 '사법부의 독립'이라고 합니다. 만약 법관 들이 행정부나 입법부로부터 자유롭지 못하다면, 행정부나 입법부의 횡포를 막을 수 없을 것입니다. 국민들의 권리를 보호하고 정의를 지 키기 위해선 법관들이 양심에 따라 자유롭게 판결을 내릴 수 있어야 합니다.

●**삼심제** 법은 모든 사람에게 똑같이 적용되고, 법의 뜻에 맞게 재판을 해야 합니다. 우리나라에는 법원이 공정하게 재판을 하도록 하는 삼심 제가 있습니다. 말 그대로 세 번까지 재판을 받을 수 있게 하는 제도입 니다. 즉 지방 법원의 판결에 따를 수 없다면 고등 법원에서 다시 재판 을 받고, 고등 법원의 판결에도 따를 수 없다면 대법원에서 다시 재판 을 받도록 하는 과정을 말합니다. 삼심제는 잘못된 판결 때문에 억울한 일을 당하는 사람이 없도록 만든 제도입니다.

● **국민사법참여제도(배심원제도)** 우리나라는 2008년 1월부터 일반 국민이 형사 재판에 참여하여 의견을 내놓는 '국민사법참여제도'가 실시되고 있습니다. 모든 재판에 다 적용하지 않고 일부 사건에서만 이 법을 적용합니다.

이 제도는 미국처럼 배심원들이 죄가 있나 없나를 결정하는 것은 아닙니다. 살인사건 등의 중요한 형사 사건에서 피고인이 배심재판을 받고 싶다고 신청을 하면 배심원들이 법정에 와서 양쪽 의견을 듣게 됩니다. 그러고 나서 유·무죄를 판단합니다. 그러면 판사가 배심원들이 내린 결정을 참고하여 판결을 내립니다. 이때 배심원들은 판사에게 죄가 있나 없나와 어느 정도의 벌을 받아야 하는지에 대해 의견을 제출할 수 있고, 판사는 배심원들의 의견을 존중하여 결정을 내리는 것입니다. 이를 '권고적 효력'이라고 하는데, 권고적 효력은 배심원들의 의견을 판결에 반드시 반영해야 할 의무는 없습니다.

● **청소년보호법** 미래의 희망인 청소년들을 유해한 환경에서 보호하여 건전하게 자랄 수 있도록 하기 위해 만든 법률입니다. 1997년 3월에 만들어진 이 법률은 폭력적이고 선정적인 유해 매체, 해로운 약물 등이 청소년에게 유통되는 것을 막고, 청소년이 유흥업소 등에 출입하는 것 등을 규제하는 내용을 담고 있습니다. 또 청소년에게 가해지는 폭력과 학대로부터 구해내는 것도 목표로 하고 있습니다. 그리하여 청소년이 건전한 인격체로 성장할 수 있도록 합니다.

Tip

만 20세 이상의 대한민국 국민이라면 누구나 배심원이 될 수 있습니다. 그러나 배심원은 공적인 업무를 수행하기 때문에 금치산자 등 국가공무원법에서 정한 공무원이 될 자격이 없는 사람은 제외됩니다. 또, 다른 배심원에 영향을 줄 수 있는 변호사 등 법률 업무에 종사하는 사람이나 배심원 직무 수행이 어려운 군인, 경찰 등 일정 직업을 가진 사람도 제외됩니다.

●**아동복지법** 18세 미만의 아동(청소년 포함)이 건강하게 출생하여 행복하고 안전하게 자라나도록 그 복지를 보장함을 목적으로 하여 만들어졌습니다. 1961년 처음 만들어졌고, 1981년과 2008년 두 차례에 걸쳐 개정되었습니다.

이 법의 내용을 살펴보면, 아동은 자신 또는 부모의 성별과 연령, 종교, 사회적 신분, 재산, 장애 유무, 출생 지역, 인종 등에 따른 어떠한 종류의 차별도 받지 않고 자라나야 하며, 안정된 가정환경에서 행복하게 자라나야 합니다. 또한 아동에 관한 모든 활동에서 아동의 이익이 최우선적으로 고려되어야 합니다.

국가와 지방자치단체는 아동의 건강과 복지증진을 위하여 노력하여야 하고, 그 시책을 시행하여야 합니다. 아동의 보호자는 아동을 성장 시기에 맞추어 건강하고 안전하게 양육하여야 합니다. 모든 국민은 아동의 권익과 안전을 존중해야 한다는 내용을 담고 있습니다.

●**소년법** 이 법은 19세 미만의 청소년이 죄를 지었을 경우 엄벌 대신 교육을 통해 건강한 사회의 일원으로 복귀시킬 것을 목적으로 하여 만들어진 법입니다. 1958년에 만들어진 이후 1988년 전문이 개정되었고, 이후 수차례 개정되었습니다.

이 법의 내용을 살펴보면, 소년범은 똑같은 범죄를 저질렀어도 성인 범죄자에 비해 가벼운 벌을 받습니다. 아직 어리니까 교육·교화가 쉽고, 미래가 창창하며, 범죄 습관도 깊게 들지 않았으므로 가능하면 처벌하지 않고 어떻게든 교화해서 다시는 그런 일을 하지 않도록 하는 것을 목적으로 두고 있습니다. 청소년들이 저지르는 범죄의 대부분은 남의 물건을 훔치는 절도입니다. 이런 청소년들이 경찰서에 잡혀 오면 부모님을 오시라고 해서 상담하고 용서해 주는 경우가 많습니다.

소년범은 다시 10세 이상 14세 미만의 '형사 미성년자'와 만 14세 이상 만 19세 미만의 '범죄소년'으로 나누고 있습니다. 14세 미만의 소년들은 '형사 미성년자'로 형벌 부과 대상이 아닙니다. 반면 14세 이상의 소년 중 중범죄를 저지른 소년범은 성인범과 유사한 형사 처벌을 받기도 합니다.

●**사형제도** 현재 전 세계적으로 선진국을 중심으로 사형제도가 폐지된 나라들이 많습니다. 우리나라는 사형제도가 아직 폐지되지 않았고, 실제로 사형선고도 내려지고 있습니다.

사형선고는 중요한 재판이므로 대개 지방법원, 고등법원을 거쳐 대법원에서 내려집니다. 대법원에서 사형이 확정되면 사형 집행을 기다리게 됩니다. 검찰에서 집행할 때가 되었다고 판단하면 법무부 장관에게 결재를 요청하고, 법무부 장관이 승인하면 사형 집행이 결정됩니다. 하지만 실제로는 사형 집행은 너무나 중대한 문제이기 때문에 대통령의 최종 결정이 있어야 사형 집행이 이루어집니다.

현재 전 세계적으로 사형제도 폐지에 대한 논란이 끊이지 않고 있습니다. 국가가 국민의 생명을 빼앗는 일은 없어져야 하고, 사형을 시킨다고 해서 범죄율이 줄어드는 것도 아니라는 주장입니다. 실제로 사형제도를 폐지한 나라에서 범죄율이 늘어난 사례는 없다고 합니다. 그러나 우리나라 국민들은 사형제도가 유지되어야 한다고 생각하는 사람들이 더 많습니다. 나쁜 짓을 했으면 벌을 받아야 하는 것이 사회 정의에 마땅하고, 가해자의 인권보다는 피해자의 인권이 우선시되어야 한다는 주장이지요.

현재 선진국을 중심으로 사형제도가 폐지되는 나라가 점점 늘고 있지만 우리 정부는 국민들의 법 감정을 무시할 수 없어 사형제도를 쉽게 없애지는 못하고 단지 사형 집행을 연기하고 있습니다.

Tip

우리나라는 1997년 12월에 흉악범 23명의 사형이 집행된 이후로 사형 집행이 이루어진 적이 없습니다. 그런데 10년 이상 사형 집행이 이루어지지 않으면 사형을 폐지한 국가로 인정받습니다. 우리나라가 여기에 해당합니다.

●**범죄인 인도조약** 다른 나라에서 범죄를 저지르고 우리나라로 도망하여 온 범죄자에 대해 그 나라가 인도할 것을 요구하면 그에 응해야 한다는 조약입니다. 반대로 우리나라에서 죄를 짓고 다른 나라로 도망간 범죄자를 우리 정부가 인도해 달라는 요구도 가능합니다.

일반 국제법에서는 다른 나라에 범죄인을 인도할 의무가 없기 때문에 두 나라 간에 특별히 조약을 체결하여 서로 범인 체포를 돕기로 하는 조약입니다. 이 조약은 두 개의 국가가 서로 승인해야 성립됩니다.

변호사 장규배 | 법률사무소 푸른시내

어렸을 때부터 사람들 사이의 다툼에 끼어들어서 해결하기를 즐겨 했던 시골 소년이
10년 만에 변호사 시험에 합격해서
'소셜 엔지니어'로서 사회의 분쟁을 해결해 가는 이야기

Q1 청소년기를 어떻게 보냈는지 궁금합니다.

선생님 말씀에 집중하는 학생이었습니다. 공부도 좋아해서 열심히 했고, 탁월하게 잘하지는 않았지만 상위권이었습니다. 저는 자존심, 자긍심이 강한 편이었고, 열심히 하면 무엇이든 해낼 수 있다고 생각하는 긍정적인 학생이었습니다. 혼자 생각하는 것과 책 읽는 것

도 좋아했습니다. 시골이라서 특별히 놀 만한 것도 없고 텔레비전도 없었기 때문에 형님들이 보던 책들을 읽으면서 시간을 보냈지요. 지금 생각하면 어렸을 때 잘 놀지 못한 것이 조금은 아쉽습니다.

하지만 어렸을 때 읽었던 책들은 제가 변호사로서, 또 한 인간으로서 어떻게 살아야 하는

지 많은 영향을 줬습니다. 인문학은 삶의 방향을 제시해 주거든요. '아름다운 인간으로 사느냐, 저급한 인간으로 사느냐?' 또는 '멋진 변호사로 살 것인가? 쓰레기 같은 변호사로 살 것인가?'와 같이 자신의 철학을 갖는 데는 인문학이 많은 영향을 준다고 생각합니다.

Q2 변호사를 선택하게 된 배경을 말씀해 주세요.

고등학교 때는 소설가나 시인이 되고 싶었습니다. 재수를 하면서 진로를 다시 생각하게 되면서 형과 많은 이야기를 나눴는데, 형이 법대를 추천했습니다. 저는 평소 제도와 사람에 관심이 많고, 사람들 사이에 문제가 생겼을 때 돕고 싶은 마음이 강했거든요. 제 적성과 법대가 잘 맞는다고 생각해서 선택하게 되었습니다.

사법고시에 합격한 후에는, 판사는 지역을 계속 옮기면서 일해야 하는 것이 부담스럽고 검사는 꼭 필요한 직업이지만 누군가의 잘못을 밝혀야 한다는 것이 적성에 안 맞아서 변호사를 선택하였습니다.

Q3 변호사 준비를 얼마나 했고, 공부할 때 어려운 점은 무엇이었나요?

대학부터 계산하면 15년 동안 공부했고, 본격적인 고시공부만 따지면 10년 정도 준비했습니다. 변호사 시험이 3차까지 있기 때문에 한번 떨어지면 2년 정도가 소요됩니다. 중간에 취업도 생각해서 공기업에도 지원해 보는 등 우여곡절이 많았습니다. 2010년에 1,2차를 동시에 합격하여 변호사가 되었습니다.

사법고시 준비를 하면서 처음 5년은 하나도 힘들지 않았습니다. 그러나 계속 떨어지면서 고민이 많아졌지요. 공부 자체보다는 미래에 대한 불안감 때문이었습니다. 공부하면서 좋은 시기를 다 보내는 것도 고민이 되고, '과연 합격할 수 있을까?' 그리고 '합격해도 변호사가 나에게 맞는 직업일까?' 등등 고민이 한도 끝도 없었습니다. 무엇보다도 사법고시는 합격을 못 하면 그냥 0이잖아요. 중간이 없기 때문에 스트레스가 더 컸습니다. 그래도 모의시험을 볼 때마다 성적이 꾸준히 올랐기 때문에 제 스스로 가능성이 있다고 생각해서 버틸 수 있었습니다.

Q4 변호사에 대한 사람들의 가장 큰 오해는 무엇이라고 생각하세요?

첫째, 변호사는 모두들 돈을 잘 벌 것이라고 생각하는데, 꼭 그렇지만은 않습니다. 수입이 좋은 변호사도 있지만 최근에는 일반 직장인들보다 더 못 버는 변호사도 있습니다. 변호사 사무실을 내면 임대료나 직원 월급 등 매달 지출되는 고정 비용이 많기 때문에 실제 수입이 생각보다 적을 때가 많습니다.

둘째, 변호사는 모든 법을 잘 알 거라고 생각하는데, 변호사도 그때그때 법전을 찾아보고 확인해야 하는 경우가 많습니다. 특히 새로운 법률에 대해서는 변호사도 공부해야 합니다.

셋째, 모든 변호사가 다 말을 잘하는 건 아닙니다. 언변이 유창하지 못한 변호사들도 있습니다. 그러나 형사소송의 경우에는 말을 많이 하기 때문에 이 분야에 특화된 변호사는 말을 잘할 가능성이 높습니다.

넷째, 변호사에게 사건을 의뢰하면 소송에서 반드시 이길 거라고 생각하는데, 현실적으로 불가능합니다. 양쪽 모두 변호사를 고용하기 때문에 이기는 쪽이 있으면, 당연히 지는 쪽도 있습니다. 누가 봐도 명백히 지는 사건의 경우엔 변호사에게 맡겨도 이기기 힘듭니다. 단 변호사가 붙으면 이길 사건은 깔끔하게 이기고, 가망성이 전혀 없는 사건도 맥없이 지기보다는 치열하게 공방이 오고가면서 좀 더 유리한 쪽으로 판결을 얻을 수 있습니다.

Q5 자신의 전문 분야와 선택하게 된 이유를 말씀해 주세요.

변호사는 기본적으로 모든 분야를 다 할 수 있습니다. 저는 의도적인 것은 아니지만, 개업 후에 부동산과 경매에 대한 소송을 많이 하고 있습니다. 변호사가 되기 전에 공인노무사 자격증을 따둔 것이 도움이 되는 것 같습니다. 또 산재 등 노동 쪽 사건에도 관심이 많습니다.

Q6 한국에서 가장 흔한 소송은 뭔가요?

2000만 원 이하를 소액사건이라고 하고, 2000만 원 이상 1억 원 미만의 사건을 단독 사건이라 합니다. 소액사건은 판사가 판결 이유를 잘 안 씁니다. 단독사건은 판사 한 명이 판단하고, 1억 원 이상부터는 합의부 관할입니다. 단독 사건 중에는 크지 않은 공사비 등 대여금, 손해배상 등이 제일 많은데, 우리나라에서는 이런 소송이 가장 흔합니다.

Q7 맡기 꺼려지는 사건이 있나요?

사건보다는 의뢰인이 누구냐에 따라 달라집니다. '소송이 사람의 생명에 직결되어 있는데, 소송의 결과는 알기 어렵고, 변호사 비용은 주기 어렵다'와 같은 경우에는 소송을 맡기가 부담스럽지요. 또한 의뢰인이 소송 결과에 너무 집착해도 부담스럽습니다. 사건만 놓고 볼 것이 아니라 의뢰인과 함께 봐야 합니다.

Q8 소송을 준비하는 데 시간은 얼마나 걸리나요? 소송을 준비하면서 가장 공들이는 부분을 말씀해 주세요.

보통 6~7개월 걸립니다. 소송을 제기하면, 법원에서 소송 사실을 우편으로 알립니다. 그러면 당사자가 사실관계를 확인하고 주변에 물어봐서 답변서를 제출하면 법원에서 재판 날짜를 잡습니다. 법원에서 재판 날짜를 잡은 후에도 증거와 증인을 제시하는 데 시간이 오래 걸립니다. 재판이 끝나면 바로 끝나는 것이 아니라, 판결 선고일을 잡아서 선고를 해야 끝이 납니다. 예전에는 서류를 직접 법원에 내야 해서 시간도 많이 걸리고 인건비도 많이 들었습니다. 지금은 전자소송 덕분에 법원 홈페이지를 통해 확인할 수 있으므로 시간이 많이 단축되었습니다.

소송에서는 증거가 가장 중요합니다. 예를 들어 돈을 빌려주고 못 받았다는 소송을 내면 증거에만 집중합니다. 빌려준 내역과 차용증 등에만 집중하지 다른 것은 신경 쓰지 않습니다. 형사소송은 민사소송과는 조금 달라서 법원에서 논쟁을 많이 하는 편입니다. 민사는 서류로 치열하게 오고가지요. 그러나 모든 소송에서 가장 중요한 것은 증거입니다.

Q9 변호사로서 가장 힘들 때와 희열을 느낄 때는 언제인가요?

사건은 잘 안 풀리고, 서면도 잘 안 풀리는데 의뢰인이 보챌 때 정신적으로 가장 많이 힘듭니다. 변호사들은 노동 강도가 높기 때문에 일이 쌓여서 주말에도 일을 해야 하는 경우가 많은데 이럴 때는 체력적으로 힘듭니다.

희열을 느낄 때는 힘든 사건이 결과가 좋게 나올 때입니다. 우리나라 소송 중에서 상당수는 심각한 일이라기보다는 서로 감정이 상해서 소송을 내는 경우가 많습니다. 이런 경우 중간에 잘 조정하면 사건이 원만히 해결되기도 합니다. 특히 이혼사건의 경우에는 실제로 이혼할 마음이 없는데 섭섭한 마음에 감정이 상해서 내는 경우가 많거든요. 제가 중간에서 말을 잘해 서로의 섭섭함을 풀어주어서 해결된 경우도 많았습니다.

이런 점에서 변호사는 좋은 직업이라고 생각합니다. 어떤 유명한 변호사가 '변호사는 소셜 엔지니어라'고 말했는데, 정확한 표현이라고 생각합니다. 변호사는 사회의 분쟁을 잘 해결할 수 있는, 특화된 직업이라고 생각합니다.

Q10 변호사를 하기에 적합한 성격이 있나요?

변호사가 되려면 무엇보다도 사람들 만나는 것을 좋아해야 합니다. 즐기지는 않더라도 최소한 사람 만나는 것이 스트레스로 느껴져서는 안 됩니다. 또한 사람들의 분쟁에 끼어들어서 중재하는 것을 즐기는 사람이면 더욱 좋겠지요.

저는 6남매의 대가족에서 성장했습니다. 어렸을 때부터 사람들 만나는 것을 좋아하고, 사람들 사이의 분쟁에 끼어들어서 이야기를 들어주고 해결해 주는 것을 좋아했습니다. 앞에서 말했듯이 저는 제도에도 관심이 많았기 때문에 변호사를 선택하게 되었습니다. 덧붙여 사람들이 살아가는 방식에도 관심이 많다면, 변호사로서 아주 적합한 성격이라고 생각합니다.

Q11 사법고시는 완전히 없어지나요? 로스쿨 시대가 열리면 어떤 변화가 있을까요?

사법고시 1차는 2016년에, 2차는 2017년이면 완전히 끝납니다. 바야흐로 로스쿨의 시대가 열리는 건데, 저는 로스쿨 외에 다른 제도가 보완돼야 한다고 생각합니다. 로스쿨 시대가 열리면 변호사 수가 많아져서 경쟁도 과열되고 질 좋은 서비스를 보장할 수 없게 됩니다. 변호사들은 사무실을 유지하기 위해서 최소한 한 달에 몇 건 이상의 사건을 수임해야 하기 때문에 무리하게 소송을 제기하는 일들이 많아질 수 있습니다. 이 과정에서 법적 브로커들의 활약이 더 커질 수밖에 없습니다. 법적 브로커들은 본인은 책임을 안 지고 수수료만 받으면서 무리한 소송을 부추기는 사람들인데, 이 브로커에 고용되는 변호사들도 많아질 것은 너무도 뻔한 일입니다.

하지만 예전처럼 변호사가 되어서 돈을 많이 벌겠다는 생각만 버리면, 변호사로서 할 일

57

은 많습니다. 변호사 사무실을 개업하는 대신 국가기관이나 사기업에 취업할 수도 있습니다. 무슨 사업을 하든지 법률을 검토할 사람이 필요하고, 법에 저촉될 때 해결해야 할 사람이 필요합니다. 지금까지의 변호사 역할이 사후 분쟁에 초점이 맞춰져 있었다면, 이제는 사전 분쟁에 초점이 맞춰지면서 많은 인력이 이동될 가능성이 큽니다.

Q12 변호사를 꿈꾸는 청소년들이 어떤 경험을 쌓으면 좋을까요?

되도록 다양한 경험을 했으면 좋겠습니다. 건전하게 잘 놀고, 친구들끼리 여행도 다녀보길 권합니다. 여행지에서는 마음도 넓어지고, 다양한 시각을 가질 수 있거든요. 취미생활도 하고, 너무 경직되지 않는 삶을 살면서 봉사활동도 했으면 좋겠습니다. 이러한 경험들은 단순히 변호사뿐만 아니라 자신의 삶에도 많은 도움이 될 것입니다.

그리고 책을 많이 읽어야 합니다. 변호사는 설득력 있는 글과 깔끔한 문장에 능해야 하는데, 이를 위해서는 사고력이 뒷받침돼야 합니다. 사고력을 키우기 위해서는 사람에 대한 이해가 필요한데, 문학 작품이 적합하다고 생각합니다. 개인적으로 조정래 작가의 소설처럼 사회 이슈가 될 만한 소설들을 많이 읽기를 권하고, 베스트셀러보다는 스테디셀러를 읽을 것을 권합니다.

또 변호사에게는 사람의 마음을 꿰뚫어 볼 수 있는 능력이 필요합니다. 예를 들어 의뢰인이 '이혼하고 싶다'고 말하지만, 내면은 '상대

방이 따뜻한 마음만 보이면 이혼하고 싶지 않다'일 수 있거든요. 변호사는 대화를 하면서 '의뢰인이 진짜 원하는 것이 무언인지' 진의를 파악해야 합니다. 진의를 파악하면, 소송이 오고가는 도중에 저절로 해결되는 경우가 많습니다. 이런 능력을 키우는 데도 다양한 독서와 경험이 도움이 됩니다.

Q13 변호사를 꿈꾸는 청소년들에게 조언 부탁 드립니다.

저는 시골에서 태어난 평범한 학생이었고 고등학교 때까지 변호사를 꿈꾼 적도 없지만, 지금은 변호사로 일하고 있습니다. 물론 변호사가 되기 위해선 공부도 많이 해야 하고, 과정이 마냥 쉬운 것은 아닙니다. 저도 오랜 시간이 걸렸고 우여곡절도 많았습니다. 하지만 변호사가 되기 위해서 머리가 아주 뛰어나거나, 처음부터 공부를 잘할 필요는 없다고 생각합니다. 저도 공부하면서 계속 부족한 점을 보완해 나갔습니다.

그리고 변호사라고 해서 모든 법률에 뛰어날 필요도 없습니다. 이제는 분업이 가능하기 때문에 각자가 원하는 분야를 선택하여 일하면 됩니다. 다만 사람들에게 받는 스트레스를 이겨내고 노동 강도를 이겨낼 수 있는 체력은 필요합니다. 삶. 이웃, 제도에 관심이 있는 사람에게는 변호사만큼 좋은 직업이 없습니다. 변호사가 되기를 꿈꾸는 청소년들은 미리부터 두려워하지 말고, 꿈을 이루기 위해서 계속 노력하면 좋은 변호사가 될 수 있을 거라고 생각합니다.

외교관
───
기업형

E

Lawyer

DIPLOMATIC AGENT

CEO(Chief Executive Officer)

Salesman

Politician

DIPLOMATIC AGENT

외교관(기업형)

지구촌에는 200개가 넘는 나라가 있습니다. 그런데 나라마다 환경과 문화, 언어가 다르다 보니 종종 오해와 다툼이 일어나곤 합니다. 이럴 때 각국의 외교관은 국가 간의 요구를 조정하고 문제를 해결하기 위해 노력합니다. 즉 국가 간에 무역, 군사, 정치 등 다양한 문제가 발생했을 때 국가를 대표하여 자신이 외교관으로 근무하고 있는 나라와 대화하고 교섭하는 일을 합니다.

01 외교관 이야기

1 외교관이란?

DIPLOMATIC
AGENT

외교관은 외무공무원으로 주로 외무고등고시에 합격(시험은 2013년을 끝으로 폐지되었고, 2014년부터는 국립외교원을 통해 선발하고 있음)해 임용된 공무원을 말합니다. 외교관은 직업의 이름으로 고시에 합격한 5급 사무관(2등서기관)부터는 외무관이라 부르고, 7급 외무영사직이나 9급 외무공무원은 외무행정관이라 부릅니다. 외무행정관은 외무관들의 업무를 보필하고 주로 사무적인 일을 하게 됩니다. 일반적으로 외교관을 가리킬 때는 5급 사무관 이상의 외무관을 뜻합니다.

과거에는 외교관이 주로 다른 나라가 무력으로 침략하는 것을 막아내거나 국가 간의 문제가 생겼을 대 이를 해결하는 역할을 했습니다. 그러나 오늘날에는 우리나라의 안전과 이익을 위해 다른 나라의 정책을 바꾸게 하는 등 국가 정책에서 중요한 역할을 담당합니다.

요즘 같은 세계화 시대에는 나라 살림의 모든 영역이 외교와 관계를 맺고 있습니다. 특히 우리나라처럼 무역으로 국민소득의 대부분을 올리는 나라는 활발한 외교 활동으로 교역이 점점 확대되면 국민소득이 상승하는 효과가 나타나므로 외교관의 역할이 참으로 중요합니다.

그럼 지금부터 외국 공관에 머물며 일을 하는 외교관의 업무를 자세히 살펴보도록 합니다.

Tip

외교관이 부임하여 머무는 나라를 주재국이라고 합니다. 외교관은 국내 외교부에 근무하면서 외교 정책 결정에 참여하는 외교관과 세계 각국에 상주하고 있는 공관에 근무하면서 본부(외교부)의 지시를 받아 주재국과 교섭하는 외교관이 있습니다.

2 외교관이 하는 일

1) 주재국에서 우리나라를 대표하여 활동합니다

외교관은 우리나라를 대표하는 국가공무원으로 주재국의 국가 행사에 우리나라를 대표하여 참석함으로써 그 나라와 좋은 관계를 유지하는 일을 합니다. 우리나라와 긴밀한 관계를 맺고 있는 미국이나 중국 등의 중요한 국가 행사에는 대통령이 직접 참석하는 경우도 있지만, 대부분의 행사에는 각국 외교관이 대통령을 대신하여 참석합니다. 그리하여 두 나라가 평화롭고 우호적인 협력 관계를 유지하도록 노력합니다.

2) 우리나라의 이익을 위해 일합니다

외교란 나라들끼리 정치적·문화적·경제적 관계를 갖는 활동을 말합니다. 외교관은 다른 나라와의 정치적·문화적·경제적 관계에서 우리나라에 이익을 가져올 수 있도록 노력합니다. 만약 부임해 있는 나라에서 우리나라에 대해 불합리하게 일 처리를 하면 그것을 시정하라고 요구할 수 있습니다. 예를 들어 일본이 우리나라와 관련한 역사 왜곡을 했다면 일본 거주 외교관은 일본 문부성에 관련 내용의 부당함을 따지면서 수정하라고 요구할 수 있습니다. 또는 주재국과의 무역에서 우리나라에 불리한 조건으로 거래가 이루어진다면 이에 대한 의견을 내놓아 거래 조건을 조율할 수 있습니다.

그 밖에도 인권·환경·군사 등 국제적인 문제들에 관해 우리 정부를 대신해 입장을 밝히거나 요구하는 일을 합니다.

3) 외국에 나가 있는 우리 국민이나 기업을 보호합니다

외교관의 가장 중요한 임무는 주재국에 있는 우리나라 국민을 보호하는 일입니다. 특히 치안이 불안한 이라크나 아프리카 등 내전 국가에 파견되어 있는 외교관은 시시각각 변하는 상황을 잘 파악해 전쟁이 일어날 기미가 보이면 그곳에 거주하는 교민들이 무사히 대피하거나 탈출할 수 있도록 조치를 취합니다. 혹시라도 잘못된 판단으로 교민들이 위험에 처하지 않도록 항상 긴장하며 최선을 다합니다.

또한 주재국 교민의 처우를 개선하도록 노력하고, 그 나라를 여행 중인 우리 국민들의 안전을 지키는 일을 합니다. 주재국 교민을 대상으로 출생신고나 혼인신고를 해주고, 여권을 발급해 주거나 연장해주는 일도 합니다. 또 각종 증명서 발급 등 우리 국민들이 외국 생활을 하는 데 필요한 모든 일을 처리해 줍니다. 그리고 주재국에 진출한 우리 기업들의 경제적 활동을 지원하기도 합니다.

4) 주재국의 정보를 수집하여 우리 정부에 보고합니다

외교관은 주재국의 정치, 경제, 생활 정보 등을 수집하고 분석해서 우리 정부나 기업에 알립니다. 만약 부임한 나라에 대통령이 새로 선출되었다면 새 대통령에 대해 가능한 많은 정보를 모아서 우리 정부에 보고합니다. 그러면 우리 정부는 그 나라와 앞으로 어떤 방법으로 외교 관계를 펼쳐 나갈지 결정하는 데 참고하고, 나중에 우리나라 대통령이 그 나라 대통령을 만나 회담할 때 활용합니다.

한 걸음 더 나아가 그 나라에서 보이는 변화들, 특히 정치, 경제, 생활 정보 등을 수집하고 분석하여 보고서를 작성함으로써 우리 정부나 기업이 현명하게 대처할 수 있도록 합니다. 그러자면 그 나라의 중요한 모임에 자주 참석하여 주요 인사들을 접하면서 정보를 모아야 합니다.

5) 주재국에 우리나라의 좋은 점을 알립니다

외교관은 우리나라와 주재국을 잇는 다리 역할을 합니다. 우리나라를 주재국에 알리고 주재국의 정치, 경제, 문화 등을 우리나라에 소개하지요.

파티나 세미나를 열어 우리나라의 음식, 문화 등을 알리거나 우리나라 가수를 초청하여 콘서트를 열기도 합니다. 또는 주재국의 어려운 사람을 도우면서 주재국의 국민들이 우리나라에 좋은 인상을 가질 수 있도록 노력합니다.

3 외교관이 되려면

외교관은 기본적으로 외국어 구사 능력이 있어야 하고, 해외에서 우리나라를 대표하는 일을 하므로 확고한 국가관과 책임의식이 있어야 합니다. 외국의 정치, 역사, 문화에 대해 폭넓게 알아야 하며, 원만한 인간 관계를 유지할 수 있는 능력과 협상 능력이 필요합니다.

외교관이 되려면 예전에는 외무고시에 합격해야 했지만 2013년부터는 국립외교원 선발시험을 통해 될 수 있습니다. 국립외교원은 일반 전형, 지역 전형, 전문 분야 전형으로 나누어 다양한 외교 인재를 모집합니다.

국립외교원 선발시험에 합격하면 1년 동안의 교육 과정을

불가침권
치외법권

거친 뒤 최종 종합 평가에 따라 외교관에 임용됩니다. 외교관에 임용되면 일정 기간 연수를 받은 후에 특정 국가에서 해외 어학연수를 받습니다. 그 후에는 외교부에 근무하다가 해외로 파견되어 각 나라의 주재관에서 근무합니다.

4 외교관이 가진 특권

외교관은 한 나라를 대표하는 중요한 역할을 하는 만큼 '불가침권'과 '치외법권'이라는 특권이 주어집니다. 이런 특권은 전 세계 모든 나라의 외교관에게 주어지며, 국제법으로 정해져 있어 모든 나라가 지켜야 하는 약속입니다. 이런 특권이 주어짐으로써 외교관들은 불편함이 없이 업무를 수행할 수 있습니다.

1) 불가침권

외교관이 신체와 명예를 침해당하지 않을 권리를 말합니다. 외교관은 어떠한 정치적 상황에서도 체포되어서도 안 되고 억류당해서도 안 됩니다. 주재국에서 우리 외교관의 생명을 위협해서도 안 됩니다.

2) 치외법권

외교관이 잘못을 하거나 실수로 주재국의 법에 어긋나는 일을 하더라도 주재국의 법 적용을 받지 않는데, 이것을 치외법권이라고 합니다. 외교관의 거주지, 서류, 재산은 수색하거나 압류할 수 없습니다. 따라서 외교관이 작성한 문서나 전화 또는 문자 메시지 같은 통신 내용을 주재국에는 알 수가 없습니다. 범죄를 저지르는 등 중대한 사고가 생기거나 정치적 갈등이 생겨 추방당할 상황에서도 외교관에게는 이 같은 특권이 적용됩니다.

5 직업 전망

외교관은 청소년들이 선망하는 직업 순위에서 상위에 있습니다. 또한 2013년 한국직업능률개발원이 학부모 상대로 조사한 자녀의 직업 선호도 순위에서도 외교관은 초등학생 자녀를 둔 부모들에게 9위, 중학생 자녀 학부모에게는 7위를 기록했습니다.

미래는 국제관계를 얼마나 잘 유지해 나가느냐에 따라 나라의 운명이 달라진다고 해도 과언이 아닙니다. 매년 국제 교류가 증가하고 있고, 우리나라 국민의 해외 진출과 해외 여행객이 늘어남에 따라 외교관의 업무 영역은 더 늘어날 것으로 전망됩니다.

그런데 우리나라의 국제적 위상이 올라가면서 외교관의 업무가 크게 늘어난 것에 비해 외교관의 숫자는 부족한 편입니다. 제한된 인력으로 일을 하다 보니 업무량이 무척 많아서 스트레스가 큽니다.

이처럼 외교관은 고된 업무에 시달리고, 성과에 대한 보상보다 실패에 대한 책임이 훨씬 큰 직업입니다. 그러나 외교관은 여전히 국가의 중추적 역할을 하는 의미 있는 직업이어서 만족도는 높은 편입니다.

02 역사, 책, 영화 속에서 만나는 외교관

1 역사 속 외교 이야기

1) 서희의 담판

우리 역사상 가장 성공적인 외교관을 꼽으라면 고려시대에 거란과 담판을 한 서희라고 할 수 있습니다. 서희는 993년 거란의 대군이 쳐들어 왔을 때, 큰 싸움 없이 거란군을 물리쳤을 뿐만 아니라 강동 6주를 확보하였습니다.

당시 막강한 군사적 힘을 자랑했던 거란의 침입에 고려의 왕 성종은 어떻게 대응해야 할지 고민에 빠졌습니다. 고려의 대신들은 입을 모아 거란의 요구를 들어주어야 한다고 했지요. 하지만 서희의 생각은 달랐습니다. 거란이 고려를 침입한 진짜 의도는 고려와 외교 관계를 맺고 싶기 때문이라고 파악했기 때문입니다. 당시 고려는 거란과 적대 관계인 송나라와 가까운 사이였고, 거란이 발해를 멸망시켰기 때문에 발해를 같은 민족이라 여겼던 고려로서는 거란과 관계를 맺는 것을 꺼려했습니다. 서희는 자신이 거란군을 상대하겠다고 나섰습니다.

서희는 성종의 허락을 얻어 거란 장수 소손녕을 만났습니다. 이때 서희는 복잡한 국제정세를 잘 이용하였습니다.

먼저 거란의 사신인 소손녕이 물었습니다.

"고려는 우리 거란과 국경을 맞대고 있으면서도 우리는 멀리하고 바다 건너 송나라와 친하게 지내는 까닭은 무엇이오?"

이에 서희가 답했습니다.

"압록강 안팎은 본래 우리의 영토인데, 그 사이에 여진이 끼어들어 우리가 그 곳으로 다니기란 바다보다 어렵소. 국교가 통하지 못하는 것은 여진 때문이오. 만일 여진을 몰아내고 성을 쌓아 길이 통하게 된다면 어찌 국교가 통하지 않겠소?"

서희는 거란이 공격해 온 의도를 고려를 송두리째 손에 넣으려고 한 것이 아니라, 다만 고려와 송나라의 관계를 끊는 데 있다는 것을 알고 있었기 때문에 이런 지혜로운 외교를 펼칠 수 있었습니다.

그 후, 거란은 압록강 서쪽에 다섯 성을 새로 쌓아 고려로 통하는 길을 냈습니다. 고려는 서희로 하여금 군사를 이끌고 동쪽의 여진족을 몰아내고 6곳에 성을 쌓게 했는데, 이것이 강동 6주입니다.

서희의 뛰어난 외교술 덕분에 고려는 싸우지도 않고 거란의 침입을 막았을 뿐만 아니라, 여진의 손에 들어가 있던 압록강 일대를 고려 영토로 만들 수 있었습니다.

2) 광해군의 중립외교

▲ 광해군 재위 때의 일을 기록한 광해군 일기. 조선시대에 왕의 재위 기간에 있었던 일을 기록한 것은 '실록'이라고 하지만 광해군은 폐위되어 '일기'라고 불립니다.

조선시대의 임금 광해군은 명분과 실리 사이에서 나라를 구한 중립외교를 펼친 것으로 유명합니다.

임진왜란이 끝난 뒤에 우리나라에 구원군을 보내 주었던 명나라는 점차 쇠약해졌고, 북쪽의 여진족이 세운 후금이 점차 세력을 넓혀 명나라를 위협할 정도에 이르렀습니다. 그러자 명나라는 임진왜란 때 구원군을 보내준 것을 얘기하면서, 후금을 물리칠 수 있게 조선에서도 구원군을 보내 줄 것을 요구했습니다.

당시 임금이었던 광해군은 후금의 승리를 예측했기에 강력히 거부했으나, 조선의 관료들은 광해군의 뜻을 '천륜을 어기는 일'이라며 반발했고, 광해군은 어쩔 수 없이 13,000여 명의 구원군을 명나라에 보내기로 결정합니다.

이때 광해군은 총사령관인 강홍립에게 후금과 싸우는 척하다가 금세 항복하라는 명령을 내립니다. 그리고 후금의 왕 누르하치에게 조선의 입장을 전달하게 합니다. 광해군의 예상대로 명나라는 후금에게 대패했고, 조선은 전쟁의 위기에서 벗어날 수 있었습니다.

하지만 광해군은 명나라와의 의리를 중요시하는 신하들에 의해 왕위에서 쫓겨났고, 인조가 왕위에 올랐습니다. 인조는 후금을 적대시하면서 명나라를 돕겠다고 선언했으며, 결국 후금의 침략을 받게 되는 정묘호란과 병자호란을 맞게 됩니다. 이 두 번의 전쟁으로 임진왜란이 끝난 지 얼마 안 된 조선 백성들은 또다시 고통의 나락으로 떨어지고, 인조 자신도 청나라(후금이 청나라로 나라 이름을 바꿈) 황제 앞에 세 번 절하고 아홉 번 머리를 조아리는 예를 올리는 치욕을 당합니다. 조선이 후금의 신하의 나라가 될 것을 맹세하고, 소현세자를 비롯한 수많은 조선의 백성들이 청나라로 끌려가게 됩니다.

광해군이 계속 왕위에 머무르면서 지혜로운 중립외교를 펼쳤다면, 조선은 외적의 침략을 받지 않아도 되었을 것이고, 백성들도 도탄에 빠지지 않았을 것입니다. 이 사건을 통해 나라가 위기에 처했을 때 정치 지도자의 역할이 얼마나 중요한지를 알 수 있습니다.

2 관련 책

1) 〈나의 직업 외교관〉 청소년 행복연구실 지음. 동천출판. 2014

사람들은 외교관이 무슨 일을 하는지 막연하게 알고 있는 경우가 많습니다. 전 세계 곳곳을 돌아다니며 나라를 대표하여 외교 활동을 하는 사람 정도로 생각합니다. 이 책에서는 익숙한 듯 잘 모르는 외교관이라는 직업에 대해 소개하고 있습니다.

처음 내용은 외교와 외교관에 대한 내용을 담고 있습니다. 외교의 역사와 함께 외교관이 갖고 있는 특권과 면제 등에 대해 소개하고 있습니다. 다음으로 외교 활동이 어떻게 이루어지는지에 대한 내용을 다루었으며, 외교의 다양한 분야에 대한 설명과 공공외교 및 문화외교에 대해 설명하고 있습니다.

세 번째는 직업으로서의 외교관에 대해 소개하고 있습니다. 외교관의 역할과 외교부의 조직, 업무 등에 대한 내용, 그리고 주재관 현황, 보수 등 외교관에 대해 가장 궁금한 사항들을 소개하고 있습니다. 마지막으로 외교관이 되는 길을 알려 줍니다. 외무고시가 폐지되면서 새롭게 등장한 외교관 후보자 선발제도에 대해 자세히 설명되어 있으며, 해외 주재관 선발 방법에 대한 내용도 알 수 있습니다.

따라서 미래의 직업으로 외교관을 꿈꾸는 청소년들이 이 책을 읽는다면 외교관이 하는 일을 구체적으로 파악하게 되어 외교관이라는 직업에 대해 좀 더 현실적인 접근을 할 수 있을 것입니다.

2) 〈지도 밖으로 행군하라〉 한비야 지음. 푸른숲. 2005

이 책은 세계 여행을 하여 '바람의 딸'로 불리는 한비야가 월드비전(긴급 구호 활동과 개발 사업을 하고 있는 민간 구호 단체)에서 5년간 세계긴급구호 팀장으로 활동하면서 겪은 일을 정리한 보고서입니다. 한비야는 정식 외교관은 아니지만 민간 외교관으로서 활발히 활동했습니다.

내전이 한창인 아프가니스탄을 시작으로 굶주림에 죽어 가는 아이들이 있는 말라위와 잠비아, 다이아몬드 채굴을 위해 어린이들이 착취당하는 시에라리온과 라이베리아, 전쟁이 끊이지 않는 이라크, 내전 중인 네팔, 분쟁 지역인 팔레스타인과 이스라엘, 지진해일이 휩쓸고 간 남아시아, 그리고 감자 씨앗을 전해 주기 위해 북한을 방문한 이야기 등이 실려 있습니다.

긴급구호가 필요한 나라를 돌아다니며 그곳에서 사랑과 도움을 펼치고 돌아온 한비야의 이야기가 감동적으로 소개되고 있습니다. 또한 그녀 특유의 따뜻함과 적극적인 삶의 태도는, 세상이 더 이상 먹고 먹히는 정글의 법칙만으로 돌아가지 않는다는 사실을 깨닫게 해 줍니다. 그리고 가슴을 뛰게 하고 피를 끓게 만드는 일을 하는 것이 얼마나 마음 뻐근한 일인지 온몸으로 보여 줍니다.

이 책을 통해 청소년들은 지구 한쪽에는 고통으로 힘들어하는 사람들이 너무도 많다는 사실을 알게 되고, 그들을 도와줄 수 있는 방법을 생각해 볼 수 있습니다. 또한 복잡한 국제정세에 대해 더 많은 사실도 알게 되므로 외교관이 되고자 하는 청소년들은 꼭 한번 읽어 봐야 할 책입니다.

3) 〈반기문, 나는 일하는 사무총장입니다〉 남정호 지음. 김영사. 2014

이 책은 우리나라 최초의 유엔 사무총장이 된 반기문에 대한 모든 것을 담고 있습니다. 현재 반기문은 사심 없고 겸손한 자세로 솔선수범하며, 온화한 인품과 넘치는 에너지로 유엔 조직을 강력하게 이끌어가고 있습니다.

그렇지만 반기문이 처음부터 사람들에게 환영받았던 건 아닙니다. 그가 유엔에 입성한 직후에는 회원국의 압박과 내부의 반발, 세계 언론의 날선 공격에 시달렸습니다. 하지만 반기문은 첨예한 대립을 조율하는 중용, 자신을 먼저 바꾸는 솔선수범, 온화한 카리스마 등 아시아적 가치로 사람들에게 감동을 주었고, 마침내 강력한 신뢰와 지지를 얻어 재선에 성공했습니다.

모든 외교관들의 꿈이라 할 수 있는 유엔 사무총장이 되었고, 유엔 역사상 최고의 사무총장이라는 평가를 받고 있는 반기문의 노력과 그 과정에서 드러난 능력과 리더십을 배울 수 있는 책입니다.

3 관련 영화와 드라마

1) 〈콘스탄트 가드너〉

2005년에 독일과 영국에서 제작된 영화입니다.

적극적이고 열정적인 성격의 인권운동가 테사와 정원 가꾸기가 취미인 조용하고 온화한 성품의 외교관 저스틴은 첫눈에 반해 사랑에 빠집니다. 케냐 주재 영국 대사관으로 발령을 받은 저스틴과 함께하기 위해 테사는 결혼을 결심하고, 그곳에서 둘은 곧 태어날 아이를 기다리며 평온하고 행복한 시간을 갖습니다. 그러나 거대 제약회사 쓰리비의 음모를 파헤치려는 테사와 그녀의 변화를 이해하지 못하는 저스틴은 충돌하고, 테사의 유산으로 두 사람의 갈등은 깊어 갑니다.

그러던 어느 날 UN 관계자를 만나기 위해 동료와 함께 로키로 떠났던 테사는 싸늘한 주검이 되어 돌아오고, 대사관 측에서는 테사가 여행 도중 강도의 습격을 받아 사망한 것이라 얘기하며 사건을 서둘러 종결지으려 합니다.

하지만 아내의 죽음을 받아들일 수 없어 괴로워하던 저스틴은 배후에 음모가 있음을 직감하고 아내의 죽음을 둘러싼 비밀의 단서들을 찾아갑니다. 거대 제약회사와 정부가 수백만 민간인 환자들을 대상으로 불법적인 실험을 하고 있다는 사실을 알게 된 저스틴은 그 자신마저 죽음의 위협에 놓이게 됩니다. 그러나 저스틴은 포기하지 않고 국가의 이익이나 회사의 이익을 앞세우며 추악한 짓을 서슴지 않는 제약회사나 정부기관과 싸우며 그들의 비리를 하나하나 파헤쳐 갑니다.

재미와 작품성을 모두 갖춘 이 영화는 베니스영화제를 비롯한 세계 유수의 영화제에서 수상하였고, 2006년 아카데미 시상식에서는 여자 주인공이 여우조연상을 수상했습니다.

2) 〈외교관 쿠로다 코사쿠〉

2011년 일본 후지 TV에서 방영된 드라마로, 일본의 외교관이 미국의 샌프란시스코, 멕시코, 일본 등 세계 각지를 돌아다니며 테러리스트에 맞서 싸우는 내용을 담고 있습니다.

주인공 쿠로다 코사쿠는 '내국인 테러 대책실' 소속의 외교관으로 전 세계 대사관을 옮겨 다니며 생활하고 있습니다. 주변의 태도에 전혀 개의치 않고 오직 '국민의 생명을 지킨다'는 사명감에 따라 행동합니다.

쿠로다 코사쿠는 1년 전 이탈리아 아말피에서 일어난 사건을 해결한 후, 볼리비아를 거쳐 이번에는 샌프란시스코에서 일어난 사건을 계기로 일본으로 돌아옵니다. 이 드라마는 일본, 미국 샌프란시스코, 멕시코를 배경으로 하고 있으며, 우리나라 배우 이병헌이 한국계 미국인 존역을 맡아 화제가 되기도 했습니다. 존은 쿠로다의 오랜 친구이자 정보원으로, 샌프란시스코에서 쿠로다와 재회하여 정보를 제공하는 역할을 합니다.

이 드라마는 기괴한 사건 해결을 주축으로 외교의 어두운 부분을 조명하고 있어서 화려해 보이는 외교관의 이면을 만날 수 있습니다.

03 외교관은 무슨 일을 할까?

1 외교관이 일하는 곳

Tip

해외 공관 근무자가 모두 외교부 직원으로만 구성되는 것은 아닙니다. 다른 부처에서 해당 국에 파견된 공무원들도 '주재관'이라는 이름으로 함께 일합니다. 주재관들은 해당 국가에서 일하는 동안 외교관 신분을 부여받고 공관장의 지휘·감독을 받습니다.

외교관은 국내 외교부에 근무하는 외교관과 세계 각국에 있는 공관에서 근무하는 외교관으로 나누어집니다. 해외에 파견된 외교관이 일하는 곳에는 대사관, 총영사관, 대표부가 있습니다.

2014년 현재 우리나라 외교부는 전 세계 161개의 해외공관을 유지하고 있습니다. 이 중 대사관이 113개, 총영사관이 43개, 대표부가 5개입니다.

외교부에 적을 두고 있는 직원은 2013년 8월 현재 2,100여 명인데, 외무고시 출신과 특채, 7급 공무원 공채 등을 통해 외교부에서 일하는 직원을 모두 합한 숫자입니다. 이 중 외교, 영사, 외교정보 기술직 등 외교관이라는 직함을 가질 수 있는 인원은 모두 1,600여 명입니다.

1) 대사관

Tip

대사관의 직급은 서기관 → 참사관 → 공사 → 대사 순으로 올라가는데, 외무관 이외의 외무 행정관은 일반적으로 3등서기관 보직을 받습니다.

대사관은 각 나라의 수도에 있으며, 수장의 직급은 대사입니다. 대사관에서 하는 일은 우리 정부를 대표해서 상대 국가와 협상을 하거나 외국에 나가 있는 우리나라 국민을 보호합니다. 주재국과의 외교적 문제 등을 해결하고, 그 나라의 정치·경제·사회 전반에 관한 다양한 정보

를 파악하여 우리 정부나 기업에 알려 줍니다.

대사관에 근무하는 주재관이 부여받게 되는 대외직명은 대사, 공사, 참사관, 1등서기관, 2등서기관, 3등서기관 등입니다.

2) 총영사관

총영사관은 재외 국민(국외에 거주하고 있으나 우리나라 국적을 유지하고 있는 사람)이 많이 거주하는 곳에 설치되어 있습니다. 주로 경제·정치적으로 중요한 외국의 도시에 있습니다.

총영사관에서는 외국에 나가 활동하는 우리 국민의 안전과 이익을 도모하고, 여권을 비롯한 각종 증명서를 발급해 주는 등의 행정 업무를 처리합니다. 총영사관의 수장은 영사이며, 총영사관에 근무하는 주재관이 부여받게 되는 대외직명은 총영사, 영사, 부영사 등이 있습니다.

> **Tip**
> 총영사의 직급은 대사에 준하고, 영사는 1등서기관(참사관), 부영사는 2등서기관에 준하는 직급입니다.

3) 대표부

대표부는 유엔 본부, WTO 등 국제기구 사무국이 있는 곳에 있습니다. 대표부는 우리나라를 대표하여 유엔 국제기구에 관한 일을 담당합니다. 대표부에서 일하는 외교관의 직급은 2등서기관, 1등서기관, 참사관, 공사, 대표 등이 있습니다.

2 외교관의 순환근무

우리나라의 외교관은 보통 2년, 혹은 3년을 주기로 국내와 해외를 오가며 순환근무를 하도록 되어 있습니다. 국내에서 근무할 때는 '외무공무원'이라는 직업명을 갖게 되며, 다른 중앙부처 공무원들과 동등한 대우를 받으며 일합니다. 그러다가 해외에서 근무할 때는 재외공관에서 근무하게 되며 우리나라를 대표하는 자격을 지닌 공무원으로서 외교와 관련된 업무를 수행하게 됩니다.

재외공관에 근무하는 외교관에게는 집이 제공되고, 수당이 추가되어 국내에서 받는 월급보다 훨씬 많은 급여를 받게 됩니다. 또한 자녀들의 학비도 전부 제공됩니다.

> **Tip**
> 외교관들은 규정에 따라 국가기밀 엄수, 품위 유지 등의 의무를 지니고 있으며, 업무의 효율과 신분에 대한 안전과 원활한 외교 활동을 위해 외교관으로서 여러 면책과 특권을 누리고 있습니다.

하지만 외교관은 순환보직이라 원하는 나라에서 근무하고 나면 다음에는 원하지 않는 나라에서도 근무해야 합니다. 대부분의 외교관이 가고 싶어 하는 나라는 미국, 캐나다, 유럽 각국, 중국, 일본, 동남아시아 등지이며, 피하고 싶어 하는 나라는 아프리카에 위치한 나라들, 이라크 등 전쟁이 자주 일어나는 나라들, 중앙아메리카 등 치안이 불안한 나라 등입니다.

3 해외 근무 외교관의 일과

해외에서 근무하는 외교관의 일과는 딱히 정해져 있지는 않습니다. 어떤 날은 하루 종일 공관에서 업무를 보지만, 어떤 날은 그 나라를 찾아온 우리나라 공무원 또는 기업인들을 안내합니다. 아니면 주재국의 공무원이나 기업인 등을 만나느라 바쁘게 움직일 때도 있습니다.

그렇지만 외교관이 매일 빼놓지 않고 하는 일이 있습니다. 그건 바로 세계 각국에서 쏟아지는 신문을 읽으며 국제정세가 어떻게 돌아가는지 파악하고, 우리나라에서 온 지시 사항을 확인해서 처리하는 일입니다.

외교관은 주재국의 국경일이나 기념일 등의 리셉션에 참석하기도 합니다. 리셉션이란 국가나 기관에서 베푸는 공식 파티를 말합니다. 리셉션에는 주재국의 주요 인사들과 다른 나라의 외교관들이 많이 참석하므로 리셉션을 통해 다른 나라의 외교관이나 정치인, 기업인들과 친분을 쌓고, 정보를 얻기도 합니다.

때로는 우리나라의 문화와 전통을 알리기 위해 대사관에 파티를 열어 주재국의 주요 인사들과 다른 나라 외교관들을 초대하기도 합니다.

이런 모임을 통해 각국 외교관들은 타국에서의 힘든 생활에 대해 얘기를 나누고 정보도 교환합니다. 외교관 부인들은 음식 만드는 법이나 아이들의 교육에 대한 의견도 나눕니다. 그러다 보면 서로 친해지고, 이런 친분 관계는 나중에 중요한 업무를 처리할 때도 큰 도움이 됩니다.

또한 대사관에서 열리는 파티보다 훨씬 규모가 큰 한국 관련 축제(페스티벌)를 개최하기도 합니다. 주재국에 거주하는 교민들과 힘을 모아 한국 음식 맛보기, 민속무용 공연, 민속놀이 체험, 태권도 시범 등을 준비하고, 때로는 세계적인 인기를 끌고 있는 가수를 초청하여 공연하기

Tip

우리나라 외교관이 주최한 파티에서는 우리나라 전통 음식을 대접하고, 전통 공연을 보여 주기도 하면서 우리나라를 알리는 일을 합니다. 파티를 준비하기 위해 외교관은 한인회 등을 통해 교민들 중에서 음식 솜씨가 뛰어난 사람을 섭외하고, 초대장을 만들어서 보냅니다.

도 합니다. 한국 축제에 많은 사람들이 참석하고, 텔레비전 등에서 방영을 하면 우리나라는 주재국 국민들에게 좋은 이미지로 남게 됩니다.

외교관은 우리나라와 주재국 사이에 무역 협상이 이루어질 경우에도 참석합니다. 우리나라에서 협상에 참여할 사람들이 오면 외교관은 그동안 수집한 주재국에 대한 다양한 정보를 협상 팀에 제공하며, 협상을 성공적으로 이끌기 위해 그들과 의논합니다. 그리고 협상이 시작되면 그동안 쌓아 둔 인맥을 바탕으로 하여 주재국 인사들을 설득하기도 합니다.

이처럼 외교관은 상황에 따라, 필요에 따라 다양한 업무를 수행합니다.

Tip

큰 규모의 한국 관련 페스티벌을 준비하는 데 필요한 비용은 주재국에 수출을 원하는 우리 기업들이나 외교부, 문화체육관광부 등에서 지원해 줍니다.

04 외교관이 되기 위해 필요한 능력

1 애국심과 책임감

외교관은 국가를 대표하여 외교 정책을 수립하고 수행하는 일을 합니다. 개인이나 기업의 이익을 위한 것이 아니라 국가에 봉사하는 직업입니다. 따라서 외교관은 애국심과 책임의식이 있어야 합니다.

2 논리력과 분석력

외교관은 나라 사이의 중요한 일을 처리하기 때문에 외교관의 판단에 따라 나라의 미래가 달라질 수도 있습니다. 외교관은 각종 국제회의나 모임에서 명확한 의견을 밝히며 상대 국가를 설득할 수 있어야 하는데, 그러기 위해서는 주어진 상황을 논리적으로 생각하고 분석할 줄 알아야 합니다. 상대방이 무엇을 원하는지, 상대 국가가 어떤 상황에 처했는지를 분석한 뒤에 논리성을 갖춰 상대를 설득한다면 유리한 합의를 이끌어 낼 수 있습니다.

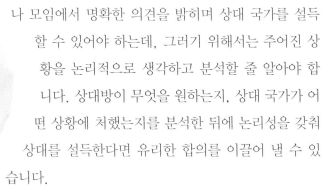

그래서인지 외교관이 되기 위해 반드시 입학해야 하는 국립외교원 입학시험에서는 논리력과 분석력을 요구하는 시험 문제가 출제됩니다. 1차 시험에서 언어와 함께 공직 적격성 평가(PAST)를 실시하는데, 공직 적격성 평가에서는 언어 논리, 자료 해석, 상황 판단 영역을 치름으로써 업무 수행에 필요한 기본 사고력과 판단력을 평가합니다.

그런데 논리력과 분석력은 갑자기 생기는 것이 아니므로 어릴 때부터 책을 많이 읽고 토론하는 습관을 길러야 합니다. 부모님이나 친구들과 토론을 자주 하다 보면 논리적인 사고력을 키울 수 있습니다.

3 의사소통 능력

외교관의 주요한 업무 가운데 하나는 외교적 사안에 대해 다른 나라와 협상하는 일입니다. 따라서 다른 나라 사람과 원만한 관계를 유지하고, 우리나라에 도움이 되는 결과를 얻을 수 있도록 외국어와 의사소통 능력을 높여야 합니다. 언어와 함께 문화도 익히면 더욱 좋습니다. 문화에 대한 이해는 의사소통을 원활하게 하는 데 많은 도움이 됩니다.

또한 상대방의 말을 진지하게 경청할 수 있어야 합니다. 이때 단순히 듣기만 하는 것이 아니라 나와 생각이 같은지 아니면 다른지를 파악하고, 다르다면 어떤 점이 다른지를 생각해 보아야 합니다. 그리고 상대방의 말이 끝나면 궁금한 점이나 모르는 점을 물어야 합니다.

또 자신이 얘기할 때는 듣는 사람의 입장을 생각해야 합니다. 아무리 옳은 말을 하더라도 듣는 사람이 지겨워하면 아무런 효과가 없기 때문이지요.

4 사교성과 적응력

외교관이 되려면 매사에 긍정적이고 사교적인 성격이 유리합니다. 늘 외국을 돌아다녀야 하기 때문에 새로운 환경에 잘 적응할 수 있는 긍정적인 사고방식이 필요하고, 다양한 사람들을 만나야 하기 때문에 사교성도 필요합니다. 이렇게 많은 사람을 만나서 일을 잘해 내려면 선입견 없는 열린 마음을 가져야 하고, 자신과 다른 점을 인정할 수 있어야 합니다.

또한 외교관은 이 나라 저 나라 옮겨 다니면서 생활해야 하기 때문에 현지 적응력이 뛰어나야 합니다. 국내 근무는 별 문제가 없지만 외국에 나가게 되면 음식이나 자연 환경이 다르고, 문화가 다르기 때문에 한동안 적응 기간이 필요하며, 적응 기간이 빠를수록 업무를 잘할 수 있습니다. 적응이 빠르다는 것은 그만큼 환경과 문화에 대한 이해가 높다는 것을 뜻하므로 평소에 공부를 많이 하고 지식을 넓혀가는 노력을 해야 합니다.

5 외국어 능력

외교관은 외국에서 생활하면서 외국인을 상대하며 일을 해야 하기 때문에 외국어 능력이 필수입니다. 기본적으로 자신이 체류하는 국가의 언어를 알아야 하고, 영어나 프랑스어, 중국어 등 외교가에서 기본적으로 쓰이는 언어를 자유자재로 구사할 수 있어야 합니다. 그러므로 장차 외교관이 되고 싶은 사람은 어릴 때부터 어학을 열심히 공부해야 합니다.

6 역사 능력

역사 공부도 열심히 해야 합니다. 우리나라를 대표하여 국제무대에서 활동하기 때문에 한국사를 잘 알아야 할 뿐 아니라 다른 나라 사람들을 만나 소통하기 위해서는 그들의 역사를 아는 것도 중요합니다. 그러니 한국사와 세계사 공부를 열심히 해 두면 좋습니다.

7 상식과 교양

외교관은 여러 나라를 순차적으로 돌아가면서 근무해야 하므로 다른 나라의 문화와 전통을 알아야 하고, 국제정세를 잘 파악해 대비할 수 있어야 합니다. 따라서 세계 여러 나라의 정치 · 경제 · 사회 · 역사 · 문화에 대해 폭넓게 이해하는 상식과 교양을 갖추어야 합니다. 그러자면 어릴 때부터 책을 많이 읽어야 하는데, 특히 역사 · 경제 · 시사를 다룬 논술 관련 서적이나 고전 작품들이 좋습니다.

05 외교관의 장단점

1 장점

1) 세계를 무대로 일합니다

외교관은 직업의 특성상 세계 여러 나라를 돌아다니며 나라를 대표하여 일을 하기 때문에 보람과 자부심이 매우 큽니다. 특히 자신의 외교적 성과로 국가에 큰 이익을 가져왔다면 그보다 더한 보람은 없습니다.

또한 해외에서 살아가는 교민들의 어려움을 해결해 주거나 그들의 처우를 개선하기 위해 노력하여 좋은 결과를 얻었을 때도 뿌듯함이 큽니다.

외교관은 여러 나라를 돌아다니며 다양한 사람을 만나야 하기 때문에 이곳저곳 돌아다니는 것을 좋아하고 사람 만나기를 좋아하는 사람에게 잘 맞는 직업입니다.

2) 외국 유학의 기회가 주어집니다

외무공무원에 임용되면 누구나 외국 유학의 기회를 가질 수 있습니다. 임용 초기 2년간 해외 대학에서 연수를 합니다. 업무 특성상 외국어를 반드시 익혀야 하고 외교 업무에 대한 전문성을 키워야 하기 때문이지요. 또한 외교관으로서 어느 정도 경력을 쌓은 뒤에도 본인이 원하면 해외 연수 프로그램을 통해 다시 유학을 할 수 있습니다.

3) 해외 근무 시 다양한 혜택이 주어집니다

외교관들이 해외 근무를 하게 되면 봉급 외에 해외 근무 수당을 받습니다. 위험한 국가나 오지에서 근무하게 되면 별도의 수당을 따로 받습니다. 또한 현지에서 거주하는 주택을 제공받으며, 국가를 대표하는 외교관의 품위를 유지할 수 있을 정도의 보수를 받습니다. 그리고 해외 근무를 하는 동안 자녀들의 현지 학비도 보조받습니다. 자녀들이 부모와 함께 거주하며 조기 해외유학을 통해 국제화 교육을 받을 수 있다는 것은 외교관에게 주어지는 최대의 혜택이라 할 수 있습니다.

2 단점

1) 업무량이 많습니다

1990년대 이후 우리나라의 국제적 비중이 급격히 커지면서 외교관의 업무도 그에 비례하여 폭증하고 있습니다. 하지만 현재 외교관의 숫자는 국제적 위상이 높아진 것에 비해 턱없이 부족한 형편입니다. 제한된 인력으로 넓은 지역을 담당하다 보니 외교관들의 업무량은 감당하기 어려울 정도로 많아졌습니다. 또한 해외에 거주하는 재외국민의 수가 날로 급증한 것도 재외국민 보호의 의무를 가진 외교관들의 업무 부담을 가중시키고 있습니다.

2) 책임감과 스트레스가 큽니다

외교관은 나라를 대표하는 사람으로 외국에서 그에 해당하는 특권을 가지지만 일상적인 일들을 포함해서 담당해야 할 업무량이 많고, 책임감도 큽니다. 외교관의 선택이나 행동에 따라 우리나라와 다른 나라의 관계가 달라질 수도 있기 때문입니다. 외교관이 어떤 결정을 하느냐에 따라 국가 이익에 도움이 되거나 이익을 잃을 수도 있어서 그로 인한 긴장과 업무에서 오는 스트레스가 많습니다.

또한 외교관은 자신이 파견되는 국가뿐만 아니라 주변 국가와 그 국가와의 관계도 잘 알아야 합니다. 그리고 알아야 하는 사항이 계속 늘어나고 자주 바뀌기 때문에 외교관이 되고 난 뒤에도 꾸준히 공부해야 합니다.

3) 위험한 나라에 파견되기도 합니다

세계를 무대로 일을 하는 외교관이라는 직업은 분명 매력적임에 분명합니다. 하지만 수시로 나라를 옮겨 다녀야 하고, 가고 싶지 나라에도 가야 합니다. 이라크나 아프리카처럼 내전이 끊이지 않은 나라에는 테러와 납치 등이 심심찮게 이루어지고 있습니다. 근무하는 내내 폭탄 소리, 총 소리, 헬리콥터 소리를 들으며 긴장하며 살아야 합니다. 이런 곳에는 당연히 가족을 데리고 갈 수 없으니 혼자서 외롭게 살아야 합니다. 내전 등 위험한 상황이 발생하면 혼자 도망가는 것이 아니라 지역 교민과 우리나라 여행객을 안전하게 대피시켜야 합니다. 따라서 투철한 국가관과 사명감이 없다면 쉽지 않은 직업입니다.

4) 아프리카 등 오지에서도 근무해야 합니다

외교관은 여러 곳을 옮겨 다녀야 해서 안정된 생활을 하기가 어렵습니다. 특히 아프리카처럼 먼 지역으로 가면 언어, 기후 조건, 환경의 차이로 생활에 적응하기가 힘듭니다. 심지어 전기나 물 등이 갖추어지지 않은 나라에도 가서 생활해야 하므로 불편함이 크고, 치안이 부재한 곳에서 안전을 위협 받으며 살아가기도 합니다. 하지만 어떠한 경우에도 나라를 대표하는 사람으로서 품위를 잃으면 안 됩니다. 그래서 강한 책임감이 필요한 직업입니다.

5) 자녀 교육이 힘듭니다

직업으로서 외교관의 가장 큰 장점으로 꼽혔던 외국 근무도 이제는 사정이 달라졌습니다. 한국이 세계 10위권의 경제대국으로 성장하면서 해외 근무지의 약 90% 정도는 한국보다 생활 여건이 좋지 못한 곳이 되었습니다. 자녀들의 해외 유학은 교육적으로 장점인 동시에 장애물이 되기도 합니다. 나라를 옮겨 다니며 근무해야 하기 때문에 자녀들이 바뀐 환경에 적응하기 힘들어 하는 경우가 많고, 친구 관계나 정서적 측면에서도 부작용이 생길 수도 있습니다.

06 외교관이 되기 위한 과정

1 중·고등학교 시절

외교관이 되려면 외국어를 잘하고, 전 세계 여러 나라의 경제나 정치, 문화를 잘 알아야 합니다. 또한 다른 나라 사람들을 만나 설득하려면 논리력이 필요하고, 보고서 등을 작성하려면 글쓰기도 잘해야 합니다.

따라서 외교관이 되고 싶은 청소년들은 중·고등학교 시절부터 영어를 비롯한 외국어 공부를 열심히 하는 것은 물론 국어와 사회 공부에도 신경 써야 하고, 무엇보다도 다양한 책을 읽어 상식을 넓혀야 합니다.

그리고 기회가 되면 동아리 활동을 하면 좋습니다. 청소년위원회나 학생회, 독서회, 토론반, 봉사활동 등을 통하여 경험을 많이 하면 도움이 됩니다.

2 대학교 시절

외교관이 되려면 대학에서 국제학과나 외교학과, 정치외교학과를 전공하면 유리합니다. 이런 학과에 진학하면 나라 사이의 관계와 그 관계를 어떻게 맺어야 하는지 등을 배울 수 있습니다. 아니면 영어, 중국어, 프랑스어, 스페인어 등 외국어 관련 학과에 진학하여 다른 나라의 언어와 문화를 공부하는 것도 좋습니다.

또한 매일매일 신문을 읽으면서 국제 정세를 파악하고, 세계 각 나라에 대한 정보를 모으는 것도 좋습니다. 더불어 세계문학 작품을 읽는 것도 도움이 됩니다. 문학 작품에는 그 작품의 배경이 되는 나라의 역사와 문화, 사고방식, 정서 등이 담겨 있기 때문입니다.

그리고 국제와 외교 관련 동아리에 가입하여 활동하면 국립외교원에 들어가는 데 도움이 되는데 특히 사이버 외교사절단 반크에 가입하여 활동하면 좋은 경험을 할 수 있습니다. 반크는 한국을 알고 싶어 하는 사람들에게 이메일을 통해 한국에 관한 모든 것을 알려 주는 사이버 관광 가이드이자 사이버 외교사절단입니다.

3 국립외교원 입학

과거에는 외교관이 되려면 외무고시에 합격해야 했습니다. 외무고시는 사법고시, 행정고시와 함께 '3대 고시'로 불리는 어려운 관문이었습니다. 그런데 한해에 20~30명을 선발해온 외무고시는 2013년을 마지막으로 폐지됐습니다. 그리고 2014년부터는 외교관 후보자 선발시험에 합격한 인원을 국립외교관에서 1년 동안의 교육 후 외교관으로 임용하고 있습니다. 2015년의 경우 총 37명을 선발하여 34명이 외교관으로 임용될 예정입니다.

국립외교원에서는 일반 전형, 지역 전형, 전문 분야 전형으로 나누어 다양한 외교 인재를 모집하고 있습니다.

일반 전형은 실무 능력을 갖춘 외교 인력 선발을 목표로 하며, 3차에 걸쳐 시험이 치러집니다. 1차에서는 영어, 공직 적격성 평가(PAST), 제2외국어, 한국사를 봅니다. 2차에서는 전공 평가 시험과 학제통합 논술시험을 치르고, 3차에서는 인성 면접과 역량 면접을 봅니다. 공직 적격성 평가란 공무를 수행할 때 필요한 자질과 능력을 갖추었는지 검증하기 위해 종합적 사고력을 측정하는 시험입니다.

지역 전형은 특정 지역의 상황을 잘 이해하고 지역 언어에 능통한 인재를 선발하는 것을 목표로 하고 있습니다. 지역 전형에서는 특정 지역을 중동, 아프리카, 라틴아메리카, 러시아와 독립국가연합(CIS), 아시아 지역으로 구분하고 있습니다.

전문 분야 전형은 특정 분야에 전문화된 인재를 특채 형식으로 선발하는 것을 말합니다. 이 전형은 전문 분야에서 필요한 인원만 뽑기 때

> **Tip**
>
> 국립외교원에 입학한 후에는 1년간 논리력과 발표 능력, 외국어 능력, 전문지식 등을 쌓으면서 외교관으로서의 잠재성을 종합적으로 평가받습니다.

문에 매년 인원이 달라질 수 있습니다. 최근 들어 경제특성 전문가들을 특채하기 시작했고, 에너지 전문가와 국제법 전문가들도 채용하고 있는 등 특채 제도가 활성화되고 있습니다.

1년 동안의 교육 과정을 거친 뒤 최종 종합 평가에 따라 외교관에 임용됩니다.

4 외교관 임용 후

Tip

해외 공관은 대사관, 영사관, 대표부, 분관, 출장소를 모두 포함하여 전 세계 173개에 이릅니다.

외교관으로 처음 임용되면 사무관으로 임명됩니다. 정규 사무관이 되면 2~3년의 해외 어학연수를 할 기회가 주어지며, 연수가 끝난 후 인사 발령이 납니다. 인사 발령 후에는 일정 기간 동안 외교부에 근무하면서 훈련을 받고, 그 후에 해외 공관에 파견됩니다. 이때부터 해외 공관 근무와 본부(국내 외교부) 근무를 번갈아 하면서 각 분야의 업무를 두루 경험합니다.

Tip

외교부는 생활 여건과 국가적 중요도 등을 기준으로 재외 공관을 가·나·다·라 4개 지역으로 자체 분류하고 있습니다. '가' 지역이 가장 선호하는 지역이고, '라' 지역이 가장 기피하는 지역입니다. 따라서 '가' 지역에서 근무를 했다면 그 다음은 거의 예외 없이 '라' 지역에서 근무를 해야 합니다. 다만 외교부가 분류한 지역별 국가 중요도는 상대방 국가와의 관계를 감안해 절대 외부에 공개하지 않습니다.

그런데 어느 나라에서 근무하느냐에 따라 생활 여건과 업무 여건이 크게 달라지므로 외교관들이 선호하는 지역과 기피하는 지역이 뚜렷이 갈립니다. 선호하는 지역은 미국, 캐나다, 유럽, 오스트레일리아, 중국, 일본, 동남아시아 등이며, 기피하는 지역은 아프리카, 중동(서남아시아), 중앙아메리카 등입니다.

모든 외교관이 선호하는 지역에서 근무할 수는 없기 때문에 외국 공관 발령을 받을 때는 선호 지역과 기피 지역을 번갈아 가면서 근무합니다. 선호 지역에서 3년 정도 근무한 이후에는 위험 지역이나 오지 등에서 1~2년 근무하는 식입니다. 기피 지역은 위험하고 불편하기 때문에 가족들은 국내에 남겨 두고 혼자 가는 경우가 대부분입니다. 그래서 기피 지역의 근무 기간은 1년 또는 길어야 2년 정도입니다.

이렇게 여기저기 옮겨 다니면서 열심히 경력을 쌓아 나가다 보면 20~25년 후에는 자신의 전문 분야가 정해져 그 분야의 전문가가 될 수 있습니다.

5 외교관의 꽃, 대사

흔히 해외 주재 공관의 대사를 '외교관의 꽃'이라 부릅니다. 대사는 국가를 대표해 상대국과의 정치·경제·문화 등 전반적인 관계를 책임지는 자리이기 때문입니다. 대사의 정식 명칭도 '특명전권대사'로 '국가의 특명을 받아 전권을 행사한다.'는 의미를 담고 있습니다. 특명전권대사가 되려면 외교관 생활 25년 이상의 경력이 필요합니다.

대사로 내정되면 주재국에 파견 임명 동의를 뜻하는 '아그레망'을 요청하고, 이후 대통령으로부터 '신임장'을 받아 현지에 부임합니다. 현지에 가서는 주재국 최고 국정 책임자에게 신임장을 전달하며 자신의 부임을 정식으로 알리고 동의를 구하는 의식을 가지는데, 이것을 '신임장 제정식'이라고 합니다. 대사의 임기는 정해져 있지 않지만 보통 2~3년입니다.

> ### Tip
>
> 특명전권대사는 반드시 외교관 출신만 되는 건 아닙니다. '특임 공관장'이라는 이름으로 대사직을 대외적으로 개방해 각계 전문가를 발탁하기도 합니다. 특히 외교적으로 중요한 국가의 경우에는 양국 관계를 고려해 직업 외교관이 아닌 정치적으로 비중 있는 인물을 대사로 보내는 경우가 많습니다. 흔히 '4강 대사'로 불리는 미국·중국·일본·러시아에는 이 같은 비외교관 출신 대사가 발탁되는 경우가 흔합니다.

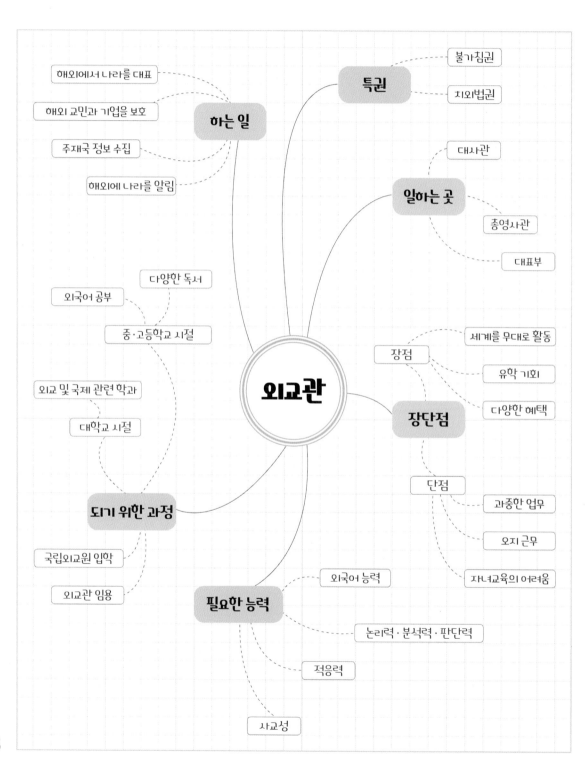

08 외교관과 관련하여 도움 받을 곳

1 직업 정보를 얻을 수 있는 기관

● 외교부(http://www.mofa.go.kr) 서울 종로구 정부종합청사 별관에 자리해 있습니다. 대한민국의 외교와 관련한 사무를 관장하는 중앙행정기관으로, 1948년 정부 수립과 함께 외무부로 발족했습니다. 외교부는 국민과 더 활발히 소통하고 교류하기 위해 견학 프로그램, 학교 방문 강연, 외교관 외국어 교실 등을 운영하고 있습니다.

먼저, 매달 실시하는 견학프로그램을 통해 외교부 및 외교관에 대해 궁금한 사항을 현직 외교관을 만나 질문하고 이야기 나눌 수 있도록 '외교관과의 대화' 시간을 마련, 운영하고 있습니다. 또 국립외교원 내에 자리한 외교 사료관에는 외교와 관련한 기록물과 사료가 전시되어 있어 일반인들이 언제든지 방문하여 관람할 수 있습니다.

또 외교부는 전국 중·고등학교를 직접 방문하여 국제무대와 외교부에 관심을 갖고 있는 학생들과의 만남의 장을 마련하고 있으며, 2011년 3월부터 형편이 어려운 아동·청소년들을 대상으로 무료 외국어 교육을 실시하고 있습니다.

이렇게 다양한 프로그램 중 자신이 관심 있는 분야를 신청하여 체험해 보길 권합니다.

● 주한 대사관이나 문화원 우리나라에 있는 각국의 주한 대사관이나 문화원에서는 자국을 알리기 위한 다양한 프로그램을 운영하고 있습니다. 그 나라에 대한 정보뿐만 아니라 언어를 배울 수 있는 강좌와 재미있는 체험 프로그램을 운영하고 있으니 관심 있는 국가의 대사관이나 문화원의

프로그램에 참석한다면 미리부터 국제 감각을 익힐 수 있을 것입니다.

● 고용노동부 워크넷(http://www.work.go.kr) 한국고용정보원에서 운영하는 사이트로, 무료로 직업 심리 검사를 이용할 수 있습니다. 직업

정보 검색, 직업·진로 자료실, 학과 정보 검색 등의 정보를 제공하며 직업·학과 동영상, 이색 직업, 테마별 직업 여행, 직업인 인터뷰 자료를 볼 수 있습니다. 온라인 진로 상담 서비스도 제공합니다.

● 커리어넷(http://www.career.go.kr) 한국직업능력개발원이 운영하는 사이트로, 초등학생부터 성인, 교사에 이르기까지 대상별로 진로 및 직업 정보를 제공하며 온라인 상담도 할 수 있습니다. 심리 검사를 무료로 이용할 수 있으며, 학생들이 만든 UCC 자료도 무료로 제공하고 있습니다.

2 직업 체험 프로그램

● 외교부 청소년(http://mofat.go.kr/new_young/info/info02/index.jsp) 외교부에서 마련한 프로그램으로 청소년들이 외교의 현장을 직접 보고 체험해 볼 수 있는 내용으로 구성되었습니다. 견학을 희망하는 청소년은 외교부 홈페이지에 들어가 '국민참여 〉 견학/방문 〉 견학' 프로그램에 게재된 공지문을 참고하여 정해진 접수 일자에 '신청' 게시판을 통해 신청하면 됩니다. 견학 프로그램에 참여하면 외교부와 외교관이 하는 일에 대해 자세히 알 수 있고, 현직 외교관과 만나서 평소에 궁금했던 것들을 질문하고 이야기를 나눌 수 있습니다.

● 교육부 산하 꿈·끼 찾기 직업 체험(http://kids.moe.go.kr) 아이들이 궁금해할 만한 직업, 새롭게 뜨는 직업, 이색 직업 등 다양한 직업에 대해 알기 쉽게 소개되어 있습니다. 이 직업 체험을 하고 나서 교육부에서 주관하는 창의적 체험 활동에 참여하면 효과가 더욱 클 것입니다.

● 코리아잡스쿨(http://www.kojobs.co.kr) 학생들이 직업 체험 프로그램에 참가하여 접하기 어려운 직업을 미리 탐색할 수 있고, 직업 세계에 대한 이해를 넓힐 수 있습니다. 또한 특정 직업에 대한 편견을 버리고 건전한 직업관을 형성할 수 있으며, 사회에 첫발을 내딛는 것에 대한 막연한 두려움에서 벗어나 자신감을 가질 수 있습니다.

현재 130여 개 특성화고와 마이스터고 등에 교육과정을 개설하여 컨설팅 및 평가하고 있으며, 30여 개 대학에서 취업 캠프를 운영하고 있습니다.

● 서울시립 청소년 직업 체험 센터(http://www.haja.net) 서울시 영등 포구에 있습니다. 일명 '하자센터'라고 부르며 연세대학교가 서울시의 의뢰를 받아 운영하고 있습니다. 현재의 배움이 일을 통해 어떻게 구현 되는가에 대해 고민하는 기회를 가짐으로써 청소년들이 미래 자신의 일 자리에 대한 관심을 발견하게 하고, 자신이 일하려는 분야로 어떤 배움 의 과정을 거쳐 진입할 수 있을지에 대해 흥미를 견지하며 임할 수 있도 록 행사를 일, 놀이, 학습이 하나로 통합되는 과정으로 진행합니다.

일일직업체험 프로젝트 등 일반 청소년 대상의 프로그램 역시 단순 한 진로체험이나 설계를 넘어  서 '생애설계'의 과정으로 전 환, 삶의 지속가능성을 추구 하고 청소년 스스로 자활과 자립을 모색하는 교육 생태계 로 조성하고 있습니다.

09 유명한 외교관

1 반기문(1944~)

1944년 충북 음성의 농촌마을에서 태어났습니다. 충주고등학교 2학 년 때 '외국 학생의 미국 방문 프로그램(VISTA)'에 선발되었고, 3학년 때 미국을 방문할 기회를 얻었습니다. 이때 미국 케네디 대통령을 만나고 나서 외교관의 꿈을 키우게 되었습니다. 그 꿈을 안고 서울대학교 외교 학과에 진학하였으며, 1970년 2월 대학을 졸업함과 동시에 외무고시 에 합격하여 외무부에 들어갔습니다. 1972년 주뉴델리 부영사를 시작 으로 외교관 업무를 시작하였고, 외무부에 재직 중 하버드대학교 케네

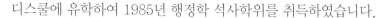

디스쿨에 유학하여 1985년 행정학 석사학위를 취득하였습니다.

1993~1994년 제1차 북한 핵 위기 때 주미국대사관 정무공사로 재직하면서 한국과 미국 사이의 대북정책을 조율하는 실무 총책 역할을 하였습니다. 또 1997년에 북한 노동당 비서를 지낸 황장엽이 망명할 때 중국과 필리핀을 오가면서 밀사 역할을 하여 망명을 성사시키기도 하였습니다. 외교부 내에서 대표적인 미국통으로 알려지게 되었고, 철두철미한 업무 처리로 정평이 났습니다.

외교부 장관으로 재직 중인 2006년 2월 유엔 사무총장직에 출마할 것을 공식 선언하였고, 같은 해 10월 유엔 총회에서 제8대 유엔 사무총장으로 공식 임명되었습니다. 사무총장으로 일하면서 기후변화, 핵확산 방지, 8가지 새천년개발목표 달성 등을 안정적으로 수행해 왔으며, 중국과 미국 등의 강대국 사이에서 기후 문제 등 민감한 이슈들을 노련하게 협상해 왔다는 평을 받았습니다.

2011년 6월 두 번째 임기의 연임 추천 결의안에 대해 안보리의 만장일치와 지역그룹 전원이 서명한 가운데, 총회에서 192개 회원국의 박수로 통과되었습니다. 그는 연임수락 연설에서 인류가 어느 국가도 혼자서 문제를 해결할 수 없는 시대를 살아가고 있음을 지적했습니다. 유엔 사무총장으로서의 책임감과 무게를 통감하게 되는 대목이기도 합니다.

현재 전쟁 및 평화유지, 테러, 빈곤과 국가 간 경제적 격차, 기후 변화, 에너지 문제, 자연재해에 이르기까지 유엔이 해결해야 할 전 지구적 문제는 참으로 많습니다. 그만큼 유엔 사무총장의 역할이 확대되고 있는 가운데 반기문 사무총장의 책임감도 더욱 커지고 있습니다.

2 한비야(1958~)

정식 외교관은 아니지만 국제 봉사활동을 하면서 우리나라를 세계에 널리 알리고, 우리나라의 이미지를 좋게 하는 민간 외교관 활동을 펼치고 있습니다.

한비야는 서울에서 태어나 숭의여자고등학교를 졸업했습니다. 대학 입시에서 떨어지고 클래식 다방 DJ, 번역 등의 경험을 쌓으며 가족의 생계에 보탬이 되었지요. 그러다 6년 뒤 특별장학생으로 홍익대학교 영문과를 졸업하고 미국 유타 대학교 언론대학원에서 국제홍보학 석사학위를 받았습니다. 이후 국제 홍보회사 버슨 마스텔라 한국 지사에서 3년간 근무, 타고난 능력으로 고속 승진의 길을 밟을 수 있었으나 15살에 돌아가신 아버지와 약속한 '세계 일주'의 꿈을 이루기 위해 사표를 내던지고 세계 여행길에 올랐습니다.

그 후 7년 동안 세계 오지 마을을 다니며 겪은 여행 경험을 책으로 펴낸 〈바람의 딸, 걸어서 지구 세 바퀴 반〉(전4권)과 해남 땅끝 마을에서 강원도 통일전망대까지 우리 땅을 걸으며 쓴 〈바람의 딸, 우리 땅에 서다〉 등이 커다란 인기를 끌며 단숨에 유명해졌습니다. 그 밖에 〈지도 밖으로 행군하라〉, 〈한비야의 중국 견문록〉, 〈그건, 사랑이었네〉 등도 모두 베스트셀러가 되었고, 스터디셀러로서 지금까지 많은 독자들의 사랑을 받고 있습니다.

한비야는 2001년부터는 국제난민운동가로 변신했습니다. 비극의 땅 아프가니스탄에서 겪었던 일 때문이었습니다. 전쟁의 한가운데 있던 아프가니스탄에서 지뢰를 밟아 왼쪽 다리와 오른팔을 잃은 여자아이가 까만 눈망울을 반짝이며 건넨 귀한 빵을 한입 덥석 베어 물어 난민촌 아이들의 친구로 거듭나던 순간, 그녀는 그간의 오지 여행에 종지부를 찍을 수 있는 결정적 계기를 발견하였습니다.

"한순간 어쩔까 망설였다. 이 빵을 이 아이가 먹고 배가 부른 것이 좋은 건지, 내가 먹어 이 아이들의 친구라는 걸 알리는 것이 좋은 건지. 찰나의 망설임 끝에 나는 빵을 받아 한입 베어 물었다. 그러자 같이 있던 아이들이 손뼉을 치고 소리를 지르며 좋아서 어쩔 줄을 몰랐다. 순간 가슴 밑바닥에서 마그마처럼 뜨거운 것이 솟아올랐다. 그날 나는 마음을 굳혔다. 여행이 끝나면 난민기구에서 일하리라고. 특히 아이들을 위해 나를 아낌없이 쓰겠다고. 돌아보면 국제홍보를 전공한 것도, 7년 간 세계를 돌아다닌 것도 이 일을 하기로 마음먹는 과정, 이 일을

잘하기 위해 운명적으로 거쳐야 했던 과정이 아니었을까?"라는 생각이 들었다고 합니다.

2009년 6월까지 국제 NGO 월드비전에서 긴급구호 팀장으로 일하면서 전세계 구호현장에서 전문 구호 활동가로 일한 한비야는 이론을 갖춘 구호전문가로 거듭나기 위해 2009년 8월 미국 터프츠 대학교 국제관계 및 국제법 전문대학원 '플레처스쿨'에 진학해 인도적 지원 석사 과정을 공부했습니다.

그녀는 자신의 광고료와 인세로 지구촌 어려움에 대처하고 참여할 수 있는 시민 의식 배양을 위해 '세계시민학교 지도 밖 행군단'을 구성하였습니다. 현재 유엔 중앙긴급대응기금 자문위원, 한국국제협력단 자문위원, 월드비전 세계시민학교 교장으로 활동하고 있습니다.

3 반크(VANK)

사이버외교사절단 **반크**
Voluntary Agency Network of Korea
(http://www.prkorea.com)

한국을 알고 싶어하는 사람들에게 이메일을 통해 한국에 관한 모든 것을 알려 주는 사이버 관광가이드이자 사이버 외교사절단입니다.

반크(VANK)는 영문 'Voluntary Agency Network of Korea'의 머리글자를 딴 것으로, 1999년 1월에 개인 펜팔 사이트에서 출발해 그해 5월에 사이버 외교사절단을 출범시켰습니다. 회원으로 가입한 네티즌들이 중심이 되어 한국을 알고 싶어 하는 해외 친구들과 한인 교포, 입양아들에게 이메일로 한국에 대해 알려주는 등 사이버 관광가이드의 역할을 해 오고 있습니다.

반크는 우리나라와 중국, 일본, 러시아와 동아시아에 있는 한인동포 간의 한민족 인적 네트워크를 구축하는 데 주력하고 있으며, 전 세계에 우리나라를 직접적으로 홍보하는 20만 명의 사이버 외교관을 양성하는 'PRKOREA 프로젝트'를 진행했습니다. 특히 한국에 대한 잘못된 소개 내용을 바로잡는 데 앞장서고 있으며, 해외에 흩어진 한인 동포들이 운영하는 한글학교를 대상으로 동포 학생과 한국 학생들 간의 온라인 펜팔 교류와 다양한 한국 홍보자료 지원 사업을 진행하여 한민족의 정체성을 이어 가려는 노력을 해 나가고 있습니다.

반크는 일본의 교과서 왜곡과 '동해'에 대한 일방적인 '일본해' 주장이 계속되면서 동해 이름 되찾기 운동에 나섰습니다. 동해 표기와 관련한 꾸준한 문제제기로 2001년 1월 〈내셔널 지오그래픽〉이 일본해(Sea of Japan)와 동해(East Sea)를 함께 표기한 세계지도 수정안을 공식발표하도록 한 것을 비롯해, 전 세계 여행·대학·해외 정보 사이트에 동해 표기를 병기하도록 하는 성과를 얻어낸 바 있습니다. 또 2002년 11월 세계 최대 온·오프라인 지도출판사인 '그래픽 지도사'가 반크의 논리를 인정해 일본해 표기를 동해로 바꾸거나 일본해와 병기하기로 결정하였습니다. 그리고 2003년 1월부터 자체 구축한 일본해 확산 저지망(http://prkorea.com/eastsea)을 통해 미주, 유럽, 아시아의 400여 개 유력 사이트를 상대로 일본해 표기의 개선을 요구하는 항의 서한 발송 운동을 펼치고 있습니다. 2004년 5월에는 세계 최대 온라인 백과사전인 엔사이클로피디아(http://www.encyclopedia.com)를 비롯해, 교육포털 사이트인 팩트 몬스터(http://www.factmonster.com), 인포 플리즈(http://infoplease.com) 등에 한국사 관련 자료를 제공해 온 콜럼비아 대학 백과사전에 기술된 한국사 관련 오류를 지적하여, 출판부 편집진들로부터 이를 향후 시정하겠다는 약속을 받아냈습니다.

반크의 최종 목표는 전세계 해외 네티즌들에게 한국의 모습을 올바로 알리는 것입니다.

4 국제연합(UN, United Nations)

  세계 평화와 안전 및 인류의 번영을 위해 일하는 나라들의 조직체입니다. 약자만 따서 유엔이라고도 합니다. 전 세계 거의 모든 국가가 국제연합에 가입해 있습니다. 가입국들은 뉴욕시에 있는 국제연합 본부에 대표를 파견하며, 그곳에서 문제를 논의하고 해결 방안을 모색합니다.

  국제연합은 제2차 세계대전이 끝난 직후인 1945년 10월 24일에 창설되었습니다. 독일, 이탈리아, 일본과 싸웠던 나라들을 중심으로 다시는 이러한 전쟁이 일어나지 말아야 한다는 데 뜻을 모아 세웠지요.

  국제연합의 목표는 평화 유지와 인간의 존엄성을 지키는 일입니다. 나라들 사이에 전쟁이 일어날 경우, 국제연합은 전쟁 중지를 위해 노력하고, 전쟁이 재개되는 것을 막기 위한 방법을 모색합니다. 어떤 문제나 분쟁 때문에 전쟁이 일어나기 전에 이를 해결하려 하고, 전쟁의 원인을 찾아서 제거할 방법을 연구합니다. 국제연합의 노력 덕분에 몇몇 분쟁은 큰 전쟁으로 발전하는 것을 막았으며, 전 세계 여러 지역에서 사는 사람들이 자유롭고 더 나은 삶을 누릴 수 있게 되었습니다.

  국제연합은 여섯 개의 주요 기관으로 이루어져 있는데 총회, 안전보장이사회, 사무국, 경제사회이사회, 국제사법재판소, 신탁통치이사회입니다. 국제연합과 관련된 다양한 전문기구들이 통신, 교육, 식량, 농업, 보건, 노동 등 특정 문제들을 다루고 있습니다.

  국제연합 본부 건물은 뉴욕 시를 흐르는 이스트 강을 따라 자리 잡고 있으며, 모든 가입국의 국기가 국제연합 본부 앞에 게양되어 있습니다.

다. 건물은 총회, 사무국, 회의실 등으로 이루어져 있고, 사무국 건물 옆의 작은 건물에는 도서관이 있습니다.

10 세계 평화를 위해 애쓰는 사람들, NGO

NGO(non-governmental organization, 비정부 기구)는 정부로부터 어떤 간섭도 받지 않고, 시민들에 의해 조직되고 운영되는 단체입니다. 공동의 이해와 관심을 가진 사람들이 모여서 세계를 위해 정치, 경제, 환경, 의료 사업 등 모든 분야에 걸쳐 봉사 활동을 하고 있습니다. NGO에서 활동하는 사람을 NGO 단원, 또는 NGO 활동가라고 합니다.

NGO는 자율 · 참여 · 연대 등을 주요 이념으로 하며, 활동 영역에 따라 인권 · 사회 · 정치 · 환경 · 경제 등의 분야로 나눌 수 있습니다.

전 세계에는 많은 NGO 단체가 있습니다. 그 중 해외 NGO 단체에는 국경없는 의사회, 국제사면위원회, 그린피스, 세계자연보호기금, 국제해비타트 등이 유명합니다. 국내에서는 1903년 설립된 YMCA와 1913년 안창호가 설립한 흥사단이 NGO의 효시이며, 현재 월드비전, 굿네이버스, 아름다운 가게, 밝은사회운동 GCS 등이 활동하고 있습니다.

1) 국경없는 의사회

전 세계에 전쟁, 굶주림, 질병, 자연재해 때문에 의료의 기술이 필요한 곳이라면 어디든지 달려가서 도움을 주는 '국경없는 의사회'는 1971년 파리에서 결성되었습니다. 결성된 계기는 1968년 나이지리아 내전에 파견된 프랑스의 청년 의사들이 기아로 숨져가는 현지인들의 참상을 목격한 다음 만들기로 뜻을 두었고, 1970년 방글라데시의 대홍수에 자원봉사로 구호 활동에 참여했던 의사들과 뜻을 합쳐 1971년에 만들어졌습니다.

'국경없는 의사회'라는 이름에서 알 수 있듯이 이 단체는 내전이 일어난 지역이나 자연재해가 일어나 의료의 손길이 필요한 곳이라면 어디든지 가리지 않고 달려갑니다. 오직 인류에 헌신한다는 사명감 하나로 국경과 이념, 종교, 인종의 벽을 넘어 활동하지요. 특히 1995년 10월에는 NGO로는 유일하게 북한에 들어가 기근과 전염병으로 신음하던 북한 주민들에게 의약품과 의료장비 등을 지원했으며, 지금도 탈북자들을 돕고 있습니다.

인류를 위해 일한 공로를 인정받아 1999년에는 노벨 평화상을 수상하기도 한 이 단체는 현재 벨기에 브뤼셀에 본부를 두고 있으며, 세계 45개국에서 모인 3,000여 명의 자원봉사자로 구성돼 있습니다. 또한 미국과 독일, 일본, 스페인, 네덜란드, 스위스, 룩셈부르크 등 모두 20개 나라에 지부를 두고 있으며, 전 세계 300만 명의 독지가들로부터 기부금을 받아 독자적인 재정을 꾸리고 있습니다.

2) 국제사면위원회

국가 권력에 의해 억울하게 처벌당하고 억압받는 사람들, 감옥에 갇혀 있는 사람들을 구제하기 위하여 설치된 국제기구입니다. 이데올로기·정치·종교상의 신념이나 견해 때문에 체포·투옥된 정치범의 석방, 공정한 재판과 옥중 처우 개선, 고문과 사형의 폐지 등을 목적으로 활동하고 있습니다.

3) 국제해비타트

무주택 서민의 주거 문제 해결을 목적으로 1976년 미국에서 창설된 국제적인 민간 기독교 운동 단체입니다. 해비타트의 사전적 의미는 '거주지'로, 보금자리를 뜻합니다. 전세계에 흩어져 있는 무주택 서민들의 주거 문제를 해결할 목적으로 미국의 변호사인 밀러드와 그의 부인 풀

러가 설립했습니다.

밀러드 부부는 20대 후반에 이미 많은 재산을 모았으나, 인류를 위해 참다운 삶을 찾기로 결심하고 1965년 전 재산을 팔아 가난한 사람들에게 나누어 준 뒤, 1973년 아프리카 자이르(현 콩고민주공화국)로 건너가 가난한 흑인들을 위해 집을 지어주기 시작하였습니다. 이어 1976년 오늘날의 모습을 갖춘 국제 해비타트를 창설해 개인·교회·기업 및 각종 사회단체와 힘을 합쳐 가난한 이웃을 도와 그들의 가정에 희망의 보금자리를 제공하기 시작하면서 국제적인 운동으로 자리 잡았습니다.

이 운동의 특징은 설계에서부터 막일까지 모두 자원봉사를 통해 이루어지며, 각 기업들의 재료 지원을 받아 학생에서부터 노인에 이르기까지 직접 땀방울을 흘리며 저렴하고 안락하며 단순한 집을 짓는 데 있습니다. 건축비는 일반 건축비의 60% 정도이며, 지어진 집들은 무주택 가정에 무이자·비영리 원칙으로 저가 판매됩니다. 해비타트에 입주하는 가정은 건축 원가의 5% 정도를 선금으로 지불할 능력이 되어야 하고, 집이 다 지어질 때까지 현장에서 함께 일하며, 자신의 집이나 다른 이들의 집을 짓는 데 최소한 500시간 이상 노동으로 동참해야 합니다. 그리고 건축 원가를 15년 이상의 장기간 무이자로 상환하면 됩니다.

현재 세계 곳곳에서 24분을 주기로 해비타트 주택이 1채씩 지어지고 있으며, 2011년 아프리카 케냐에서 50만 번째 해비타트 주택이 건축되었습니다. 2011년 현재 95개 국가의 2,000개가 넘는 해비타트 지회가 활동하고 있습니다.

우리나라의 해비타트 운동은 1980년도 후반에 시작되었으며, 1992년 한국해비타트운동본부(한국 사랑의 집짓기 운동연합회)가 공식 발족되었습니다. 초창기에는 외국 자원봉사자들이 국내에 와서 많은 활동을 했지만 지금은 오히려 국내 봉사자들이 동남아 등으로 나가는 사례가 더 많습니다. 한국해비타트는 국내에 10개 지회를 두고 있습니다.

4) 그린피스

1971년 설립된 국제 환경보호 단체로서 핵실험 반대와 자연보호 운동 등을 통하여 지구의 환경을 보존하고 평화를 증진시키기 위한 활동을 펼치고 있습니다. 전 세계 40여 개 나라에 지부를 두고 있으며, 본부는 네덜란드 암스테르담에 있습니다.

대표적인 활동으로 1993년 초 영국 근방의 세틀랜드제도 해역에서 85,000여 톤의 기름 유출 사건 때 바다에 퍼진 기름 제거 활동과 함께 석유에 흠뻑 빠진 야생동물들을 구조하기 위해 적극적인 활동을 벌였습니다. 1995년 프랑스가 남태평양의 한 섬에서 핵실험을 시도할 때, 그린피스 회원들이 섬 주변에 숨어서 이를 감시하다가 프랑스 특공대에게 쫓기게 되었습니다. 이 추격 상황이 그린피스 카메라맨들의 비디오카메라에 녹화되어 인터넷을 통해 전 세계에 공개되기도 하였습니다.

그 외에도 포경금지협약을 위반한 노르웨이의 제품 불매운동을 벌여 세계 수천 명이 이들의 캠페인에 동참하였고, 인체에 해로운 배기가스를 내뿜지 않는 자동차를 만들어 전 세계에 홍보하였으며, 국제연합 총회에 포괄적 핵실험금지조약이 통과되는 데 크게 기여했습니다.

5) 월드비전

6·25전쟁 중에 전쟁고아를 위해 만들어진 단체로, 굶주림에 시달리는 제3세계 국민들에게 식량을 배급하고 스스로 살아갈 수 있도록 도와

주는 활동을 합니다. 국적과 인종, 이념, 종교, 성별 등과 상관없이 도움을 필요로 하는 곳이면 어디든지 달려가 도움의 손길을 전하는 '차별 없는 구호단체'입니다. 전 세계 47개국, 288개 사업장에서 식수개발 · 재난구호 · 영양급식 사업 등 지역개발 사업을 하고 있습니다.

6) 굿네이버스

우리나라에서 설립된 단체로, 가난하고 소외된 지구촌 이웃들을 위해 1991년에 만들어졌습니다. 소외받은 사람들의 인권을 존중하고, 그들이 희망을 갖고 살아갈 수 있도록 도와주는 활동을 합니다. 굿네이버스의 활동 목표는 굶주림 없는 세상, 더불어 사는 세상을 만드는 것입니다. 현재 전 세계 37개 나라에서 전문사회복지사업과 국제구호개발사업을 실시하고 있습니다.

11 이 직업을 가진 사람에게 듣는다

외교관 임재홍 | 유엔거버넌스센터 원장

국가의 이익을 위해 자신의 이익은 철저히 포기하는 사람들
그러나 국익에 기여함과 동시에 자기도 큰 인물이 될 수 있는 일거양득의 직업, 외교관
외교관으로서 유럽, 아프리카, 아시아의 여러 나라에서 일한
임재홍 유엔거버넌스센터 원장이 말하는 특별한 외교관이 되는 법

Q1 외교관을 선택하게 된 배경이 궁금합니다.

저는 1960년대에 청소년기를 보냈습니다. 당시 우리나라는 해방된 지 15년 정도밖에 안 되는 가난한 시절이어서, 지금 청소년들처럼 자신이 하고 싶은 것을 마음대로 꿈꾸기에는 어려움이 많았습니다. 저는 한 분야에서 성공

해서 나만 잘 살기보다는 나라 전체가 잘 살고 강해지는 데 보탬이 되는 일을 하고 싶었습니다. 동시에 남북으로 갈라져 있는 나라가 통일이 되는 데 보탬이 되는 일을 하고 싶었습니다. 이 모든 것을 고려했을 때, 외교관이 되면 남북 통일에 도움을 줄 수 있을 거라 생각해서 외교

관을 선택하였습니다. 만약에 우리나라가 풍요롭고 남북으로 갈라져 있지 않았다면 외교관이 아닌 다른 일을 선택했을 수도 있었겠지요.

대학교 4학년 마치고 군대까지 다녀온 후에, 2년 정도 공부해서 외무고시에 합격했습니다. 외무고시를 어떻게 준비했는지 공부 방법을 묻는 경우가 종종 있는데, 사람에 따라 시험 과목에 따라 다르기 때문에 정답은 없습니다. 그러나 일단 외교관이 되고 싶다면, 어학을 잘하는 것이 중요합니다. 어학은 단기간에 실력을 쌓을 수 없기 때문에 꾸준히 공부해야 합니다.

Q2 외교관이 되면 근무지에 발령받을 때까지 따로 교육을 받나요?

저는 1978년 외무고시에 합격해서 외무부에 들어갔는데, 4개월 정도 외교관 업무에 필요한 교육을 받았습니다. 그때는 초창기라서 아직 교육제도 등이 정비되어 있지 않고, 인원도 부족해서 지금처럼 체계적으로 운영되지는 않았습니다. 오전엔 사무실에서 근무하고 오후에는 연수받는 식이었지요. 또 업무 때문에 교육을 받지 못하는 경우도 많았습니다.

지금은 국립외교원에서 1년 동안 체계적인 교육을 받기 때문에, 교육 후에 바로 배치 받아서 일을 할 수 있습니다.

Q3 외교관이 된 후 처음 배치 받은 곳에서 어떤 업무를 담당하셨나요?

첫 해외 근무지는 그리스였습니다. 당시 그리스 공관엔 사람이 많지 않아서 여러 가지 일을 했습니다. 대사관의 전체 살림을 맡는 총무 일도 하고, 서울 본부와 연락하는 일도 담당했습니다. 당시에는 텔렉스로 통신을 했는데, 그 일을 전담했습니다. 그리스의 교민과 동포들을 보호해 주고 그들의 권익을 위해 일하는 영사 업무와 나중에는 그리스와 우리나라 사이의 경제 업무도 담당했습니다.

Q4 외교관은 주로 어떤 일을 하나요? 또 외교관의 직급도 궁금합니다.

외교관은 우리나라 정부를 대표해서 해외에 나가 공적 업무를 수행하는 사람으로, 그 나라의 법으로부터 면제받는 특권을 지닙니다. 해외에 머물면서 우리 정부가 그 나라에서 하고자 하는 일을 대신 하는 것이 주요 업무입니다. 따라서 항상 말과 몸가짐을 조심해야 합니다. 또한 해외에 거주하는 교민들을 보호하고, 경제에 관한 일 등도 담당합니다.

외교관은 공무원이지만 1급이나 2급 공무원이라 부르지는 않습니다. 외교관들은 세계 각지에서 온 사람들이 서로 만나서 일을 하기 때문에, 자기 나라에서 사용하는 명칭을 사용하면 그 사람의 직급을 알 수 없습니다. 그래서 비엔나 협약으로 외교관들의 직급을 대사, 공사, 참사관, 서기관 등으로 세계 공통으로 정해 놓았습니다. 해당 직급으로 그 외교관의 중요성을 판단할 수 있습니다.

모든 공관에 모든 직급을 다 배치하지는 않습니다. 그 나라와의 관계에 따라 대사 없이 공사를 부임시킬 수도 있고, 어떤 나라엔 대사는 있지만 공사는 없을 수도 있습니다.

103

Q5 외교관에게 필요한 자질에는 어떤 것들이 있을까요?

외교관의 가장 중요한 업무는 정부의 일을 잘 설명해서 다른 나라가 동의하게 만드는 일입니다. 대화를 통해서 설득하고, 우리나라를 지지하게 만들어야 합니다. 그래서 외교관을 꿈꾸는 사람은 말하는 것을 좋아하고, 설득력이 있어야 합니다. 허황된 말이나 입 발린 소리를 하는 게 아니라, 대화에 내용이 있어야 하고 요령 있게 잘 표현해야 합니다. 그런데 이러한 요령이나 표현력은 경험을 통해서 배울 수 있지만, 일단은 거짓이 아닌 진실한 내용을 열정적으로 전하는 노력이 필요합니다.

그리고 이러한 대화를 가능하게 해주는 무기인 외국어를 잘하는 것은 기본입니다. 세계 6대 공용어로 영어, 프랑스어, 중국어, 스페인어, 러시아어, 아랍어가 있는데, 이들 언어 중에서 영어는 기본이고 최소한 1개 언어 정도는 유창하게 말할 수 있어야 합니다.

마지막으로 외교관은 국가관과 사명감이 뚜렷하고, 우리나라 역사에 대한 해박한 지식과 자부심이 있어야 합니다. 뿐만 아니라 아무리 언어를 잘 해도 지식이 없으면 대화가 이어질 수 없으므로 음악, 미술 등 다양한 분야의 지식을 갖추는 것이 필요합니다. 독서나 공부 등을 통해 기본 지식을 쌓아 두어야 합니다.

Q6 외교관은 근무지가 계속 바뀌는데, 근무지를 옮기는 것의 장점과 단점이 궁금합니다.

보통 한 곳에서 3년 근무가 기본입니다. 해외에서 3년 근무하고 한국 본부에서 일하다가 다시 해외로 나가는 식이지요. 저는 35년 동안 일하면서 근무지가 12번 바뀌었는데, 해외 근무를 7번 했습니다. 저는 해외 근무를 더 오래 했는데, 그때그때 방침에 따라서 조금씩 달라집니다.

근무지를 옮기는 것의 장점은 장소를 옮길 때마다 새로운 세계와 문화, 그리고 새로운 사람들과 만나는 점입니다. 새로운 세계와 접할 때마다 제 자신도 새로워지고 다양한 경험을 할 수 있습니다. 본인이 관심 있는 분야가 있다면, 여러 나라의 케이스를 비교할 수 있는 기회도 얻을 수 있고, 자기 자신을 다양한 사람으로 개발할 수 있는 장점이 있습니다.

단점은 환경이 자주 바뀌기 때문에 생활 자체가 흐트러지기 쉽습니다. 적응을 잘 못하는 사람들은 여러 가지로 불편한 점이 많습니다. 외교관뿐만 아니라 가족들, 특히 자녀들이 문화 차이를 극복하지 못해서 우울증에 걸리거나 심하면 자살하는 경우도 있습니다. 그러니 긍정적으로 생각하면서 잘 적응하도록 노력해야 합니다.

Q7 사람들이 갖기 쉬운 외교관에 대한 오해는 무엇일까요?

예전에는 외교관을 굉장히 화려한 직업이라고 오해한 사람들이 많았습니다. 외국에 나가서 파티하고 술 마시며 노는 사람이라고 생각하기도 했지요. 그러나 사실 외교관은 굉장히 힘든 직업입니다. 자신을 어려운 환경에 적응시켜야 하고, 교민 관련사건 등이 일어나면 제일 먼저 달려가야 합니다.

또한 외교관 본인뿐만 아니라 부인이나 자녀들은 더 힘들 수도 있습니다. 외교관 부인의 경우엔 친구와 친척들과 떨어져 낯선 곳에서 지내야 하는데, 아무하고나 이야기할 수 없기 때문에 힘든 일이 있어도 혼자 견뎌야 합니다. 자녀들도 학교 다니면서 해외 문화에 적응 못하고 친구도 사귀지 못하는 등의 어려움을 겪는 경우가 많습니다.

또한 해외 근무할 때 좋은 환경에서만 근무하는 것은 아닙니다. 일 년 내내 30도가 넘는 나라에서 근무할 때도 있고, 무척 추운 곳에서 지낼 수도 있습니다. 한국의 음식도, 한국의 친구들과도 떨어져서 지내는 것이 쉬운 일은 아닙니다. 그러나 내가 우리나라를 대표하는 사람이라는 자부심을 가지고 일하다 보면 보람을 느낍니다.

Q8 외교관으로서 어떤 철학이나 직업윤리를 갖고 있는지 궁금합니다.

35년 동안 외교관으로 근무하면서 '내가 아니라 국가와 국민을 위해 일한다.'는 마음가짐으로 일했습니다. 외교관은 자기 이익이 아니라 국가의 이익을 위해 일하는 사람들입니다. 이러한 마음은 해외에서 다른 나라 외교관과 접촉하면서 더 강해집니다. 저 역시 '국가와 국민이 제일 우선'이라는 마음을 가지고 일했고, 외교관은 당연히 이러한 마음을 가져야 한다고 생각합니다.

Q9 외교관도 특정 분야의 전문가로서 일할 수 있나요?

외교부는 정부의 축소판이기 때문에 복지, 국가안보, 통상 등 많은 분야가 있습니다. 만약 외교관으로서 30여 년 동안 자신이 관심 있는 분야에서 열심히 일한다면 전문가가 될 수 있습니다. 더군다나 외교관은 다양한 나라에서 일하기 때문에 본인의 노력 여하에 따라 국제적으로 특화된 전문가가 될 수 있습니다.

예를 들어 복지 분야에 관심이 있다면, '가' 나라에 근무하면서 복지 분야를 연구하고, 국내에 들어오면 두 나라의 복지 시스템의 장단점을 비교할 수 있습니다. 그 후에 '나' 나라에 가서 복지를 연구할 수 있습니다. 이런 식으로 외교관으로 근무하면서 5~6개 나라의 복지를 비교, 연구할 수 있습니다. 외교관을 마칠 때쯤이면 대한민국에서 복지 시스템에 관한 한 누구도 따라올 수 없을 만큼의 전문가인 동시에 국제적 네트워크를 갖게 되는 것입니다. 이러한 점이 바로 외교관의 장점입니다.

외교관을 꿈꾸는 청소년들은 자신이 좋아하고, 관심 있고, 잘 맞는 분야를 빨리 찾아내는 것이 좋습니다. 미리미리 준비하고, 다양한 나라에서 비교 연구하고, 나중에 석사나 박사 과정까지 공부하면 저널리스트인 동시에 스페셜리스트인 독보적인 전문가가 될 수 있습니다. 물론 항상 선진국이나 환경이 좋은 나라에서만 일할 수 있는 것은 아니라서 어려움은 있지만, 본인이 노력하면 많은 것을 얻을 수 있습니다. 또한 지금까지는 정부 지원이 좀 부족했는데, 외교관들이 다양한 분야에서 지식을 쌓도록 정부의 지원이 확대된다면 국가에 필요하고 국익에 도움이 되는 많은 국제 전문가들이 나올 수 있을 것입니다.

Q10 외교관으로서 뿌듯한 순간은 언제였나요?

유엔에서 대한민국 대표로 연설을 한 적이 있습니다. 옛날에 우리나라가 국력이 약할 때는 우리나라 대표가 연설해도 잘 들어주지 않았습니다. 그런데 제가 연설할 때는 '대한민국 대표'라는 말에 모든 사람들이 제 연설에 귀를 기울였습니다. 그만큼 우리나라의 국력이 성장한 것이지요. 대한민국 외교관이자 국민으로서 자부심이 들었고 뿌듯했습니다. 그 순간을 잊을 수 없습니다.

Q11 외교관으로서 힘들 때는 언제인가요?

우리보다 국력이 약한 나라는 우리나라에 대해 어느 정도 기대치가 있습니다. 하지만 그들이 원하는 만큼 우리나라가 원조를 해줄 수 없는 경우가 많고, 그러면 그들은 실망하게 되지요. 그런 나라에 대사로 부임해서, 그들의 요구를 들어주거나 실망을 달래줄 때 힘듭니다.

두 번째는 문화적 차이 때문에 오는 어려움이 있습니다. 서로 다른 문화나 생활습관으로 오해가 생길 때 스트레스를 겪게 됩니다.

Q12 외교관으로 일하면서 기억나는 에피소드가 있다면 말씀해 주세요.

처음 외교관이 되었을 때에 중동 지역 대사를 영접한 일이 있습니다. 당시 우리나라에 대

사관이 없어서 일본 주재 대사관에서 우리나라까지 담당하게 되면서, 대통령에게 신임장을 내려고 우리나라를 방문했거든요. 제가 공항에 마중 나가고 다시 공항까지 데려다 줬는데 헤어질 때 수고했다고 팁을 줬습니다. 당시만 해도 우리나라 국력이 약할 때니까 우리나라를 우습게 본 것이지요. 대한민국 국민이자 외교관으로서 마음이 너무 아팠습니다.

하지만 뿌듯한 일도 많습니다. 태국 대사로 있을 때 태국에 물난리가 났는데, 교민들과 태국 수상에게 구호물자를 전달한 적이 있습니다. 태국 수상과 교민들이 기뻐하는 모습이 기억에 남습니다. 또 해외 첫 근무지였던 그리스에서 여권을 잃어버린 한국 여행객을 돕기 위해 공항에 직접 나가서 여권을 만들어준 일도 기억에 남습니다.

Q13 유엔거버넌스센터는 구체적으로 어떤 일을 하는 곳인가요?

유엔거버넌스센터는 우리나라 정부, 행정자치부가 예산을 지원하는 특별한 유엔 산하기구입니다. 유엔은 다음 세대에 피해를 주지 않고, 현재의 자원을 이용해서 전 세계가 경제, 사회, 환경적으로 지속 발전할 수 있는 방법을 찾고 있습니다. 유엔은 여러 가지 방법 중에서 전자정부사업을 통해 빈국을 비롯한 개도국을 도우려고 합니다. 유엔거버넌스센터는 이를 위한 연구와 정책개발, 역량개발을 하는 곳입니다. 뿐만 아니라 이러한 사업을 홍보하고, 다른 국제기구들과 연계하여 함께 일하고 있습니다.

예를 들면 전자정부가 '한국을 비롯한 여러 나라에서 여성의 평등과 권익 신장에 어떤 영향을 미쳤는가?'에 대해 연구하고 결론을 내면, 개도국에서는 따로 연구할 필요 없이 그대로 가져가서 이행하면 되는 것입니다. 우리나라뿐만 아니라 아시아 태평양의 5개 국가를 선정해서 사례를 연구하고 검증하도록 하고 있습니다. 이렇게 검증된 결과를 바탕으로 개도국의 발전을 돕는 것입니다.

Q14 은퇴한 외교관들 중에서 유엔 산하기구에서 일하는 경우가 많은가요?

명칭 앞에 유엔이 붙는다고 해서 모두 뉴욕의 유엔 기구와 연결이 되어 있는 건 아닙니다. 유엔 기구에서 직접 직원들의 월급을 받는 기구들만이 정식 유엔 산하기구입니다. 그렇지 않은 기구들은 넓은 범위에서 유엔의 일을 하지만 정식 유엔 기구는 아닙니다.

외교관에서 은퇴한 사람들이 유엔 산하기구에서 일을 하는 것은 흔치 않습니다. 특별한 경우라고 말할 수 있지요. 저는 외교관으로 근무할 때 유엔과 관련된 일을 많이 했기 때문에 지금의 일을 할 수 있게 된 것 같습니다. 운이 좋은 경우지요. 이런 기회를 준 우리나라 정부에 늘 감사하고 있습니다.

외교관으로서 정년 동안 열심히 일하고, 특별한 분야에서 많은 경험과 지식을 쌓는다면 은퇴 후에도 일할 수 있는 기회는 반드시 온다고 생각합니다.

Q15 앞으로의 계획과 비전을 말씀해 주세요.

우리 정부와 유엔이 협력하여 환경을 해치지 않고 경제, 사회적으로 꾸준히 발전할 수 있는 방법을 찾을 수 있는 데 일익을 담당하고 싶습니다. 또한 현재는 아시아 태평양의 개도국과 최빈국을 돕고 있지만, 범위를 넓혀서 부탄, 네팔 같은 내륙 국가 또는 전쟁을 겪고 있는 어려운 나라들에게 전자정부 사업을 알리고 싶습니다.

Q16 외교관을 꿈꾸는 청소년들에게 조언 부탁드립니다.

외교관의 무기는 말입니다. 말을 잘 해야 하는데 그냥 잘하는 것으로는 부족합니다. 그 안에 내용도 있고, 진실도 있고, 역사관이 배어 있어야 합니다. 이러한 일은 한 번에 이뤄지는 것이 아니고, 꾸준히 실력을 쌓아야 가능합니다.

이를 위해서 책을 많이 읽어야 합니다. 특히 위인전이나 역사책을 많이 읽어서 인생관과 국가관, 역사관을 뚜렷이 해야 합니다. 그와 같은 것들이 몸에 배어 말을 통해서 자연스럽게 흘러 나와야 합니다. 또한 외국어도 영어를 포함하여 2개 정도는 해야 합니다.

외교관은 국익에 기여할 수 있는 사람이 되는 것과 동시에 자기도 큰 인물이 될 수 있는 일거양득의 직업입니다. 외교관으로서 30년 동안 열심히 일하면, 특정 분야에서 독보적인 존재가 될 수 있고, 그렇게 해서 대한민국이 필요로 하는 인물이 될 수도 있습니다.

마지막으로 비단 외교관뿐만 아니라 대한민국 청소년들 모두에게 하고 싶은 말이 있습니다. 저는 대한민국 국민 한 사람 한 사람이 강했으면 좋겠습니다. 모두가 잘 알고 있듯이 대한민국은 주변의 강대국들에 둘러싸여 있습니다. 우리가 강하지 않으면 주변 나라에 또다시 침략을 당할 수 있으므로 주변의 강대국들로부터 자유로워지려면 국민 한 사람 한 사람이 모두 강해야 합니다.

청소년들이 우리나라가 처해 있는 상황을 냉정하게 깨닫고, 열심히 살기를 바랍니다. 그래야만 우리도 후손에게 영광된 나라를 물려줄 수 있고, 후손들도 더 영광된 나라를 그 다음 세대에게 물려줄 수 있습니다. 대한민국의 모든 청소년들이 단지 개인을 위한 꿈이 아니라, 더 큰 꿈을 갖고 그 꿈을 이루기 위해 열심히 노력하기를 바랍니다.

DIPLOMATIC
AGENT

사업가
기업형

CEO
(CHIEF EXECUTIVE OFFICER)

사업가CEO(기업형)

사업가란 한 회사를 경영하는 사람을 말합니다. 최근에는 회사를 대표하여 경영하는 사람을 CEO(Chief Executive Officer)로 부르며 사업가, 사장, 회장이라는 말 대신 쓰고 있습니다. 사업가는 자신이 일으킨 사업체를 이끌고 대표하는 사람도 있고, 큰 회사에서 높은 연봉을 받으며 사장으로 일하는 사람도 있습니다. 기업은 직원이 열 명 미만인 작은 규모도 있지만, 큰 다국적 기업의 경우 직원이 몇 만 명이 될 수도 있습니다.

01 사업가 이야기

1 하는 일

1) 한 기업을 지휘합니다

사업가는 회사의 기본적인 경영 방침과 장기적인 사업 목표를 정하고, 목표 달성을 위한 다양한 전략을 수립한 다음, 이를 지휘하는 일을 수행합니다. 우리는 흔히 창업을 하여 사업을 하는 사람을 사업가라고 합니다. 일반적으로 사업가가 그 회사의 사장 또는 대표(최고경영자, CEO)가 되기도 하지만, 그렇지 않은 경우도 있습니다. 사업을 크게 일군 후 외부에서 전문경영인을 사장으로 들여 경영하기도 합니다. 이럴 경우 전문경영인이 최고경영자(CEO)가 되며, 일반 직원들처럼 월급을 받고 일합니다.

최고경영자(CEO)는 기업 경영의 큰 그림을 그리고 나아갈 방향을 제시하는 역할을 한다고 볼 수 있는데, 만약 최고경영자(CEO)가 잘못된 방향을 제시하게 되면 기업에 큰 피해가 돌아올 수 있어 책임이 막중합니다.

기업의 규모가 작으면 기업 소유자가 직접 최고경영자(CEO)가 되어 사업체를 운영하지만, 대규모 조직은 기업의 소유자와 최고경영자가 분리되어 있는 경우도 있습니다. 또한 2명 이상의 다른 최고경영자(CEO)와 상호 협조 아래 사업체를 경영하기도 합니다.

2) 대외적으로 기업을 대표합니다

사업가(CEO)는 기업을 대표하여 외부적으로 회사를 알리는 자리에 참석하고, 다른 사업체의 사업가나 간부를 만나는 일 등을 합니다. 또한 정부 및 관련 단체 회의에 참석하여 의견을 내놓기도 합니다.

3) 직원들의 승진을 결정하고, 아이디어와 의견을 반영합니다

사업가(CEO)는 회사 내의 부서관리자와 사원의 임명을 결정하거나 승인하며, 회사를 운영하는 데 있어 좋은 점은 강화하고, 문제점은 해결하기 위해 노력합니다. 이 과정에서 경영과 사업에 도움이 되는 직원들의 여러 의견과 아이디어를 검토하여 회사 운영에 반영합니다.

4) 사외이사를 초빙합니다

최근 들어 몇몇 기업에서는 경영을 기업주가 아닌 전문 CEO에게 맡겨 경영의 투명성과 전문성을 확보하고자 노력하고 있습니다. 또한 기업 외부에서 관련 분야의 전문가를 이사로 초빙하여 경영에 참가시키는 사외이사제도가 활성화되어 있습니다.

2 사업가로 성공하려면

사업가가 되기 위해서 특별한 학력이 필요한 것은 아닙니다. 하지만 현재 성공한 사업가의 경우 전문대학 이상을 졸업한 사람이 대부분입니다. 회사를 경영하려면 다양한 지식이 필요하기 때문입니다. 따라서 학창 시절에 성실하게 공부해야 합니다.

대학에서는 경영학이나 경제학 등 상경 계열 공부를 하면, 사업을 하는 데 도움이 됩니다. 또한 '남의 밑에서 일해 본 다음에 자기 가게를 차리라.'는 말이 있듯이 자신의 기업을 세우기 전에 해당 분야에 대한 충분한 실무 경험과 전문 지식을 쌓은 다음에 사업가에 도전하는 것이 좋습니다. 그래서 대부분 경영학이나 경제학을 전공한 이후에도 실무 경험을 쌓으면서 최고경영자(CEO) 과정이나 경영전문대학원(MBA) 과정을 더 밟기도 합니다.

사업가는 사업을 하다 보면 새로운 일을 결정해야 할 때가 있는데, 이때 망설이지 말고 단호하게 결단을 내릴 수 있는 용기가 필요합니다. 그러나 이러한 용기의 밑바탕에는 다방면의 지식과 논리적이고 분석적인 자세가 갖춰져 있어야 하며, 사회나 경제 흐름도 잘 알아야 합니다. 그래야 현명한 판단을 내릴 수 있습니다.

너무도 당연한 이야기지만 사업가는 좋은 인재를 선택하고, 여러 직원들을 통솔하면서 잘 이끌 수 있는 리더십이 필요합니다. 사업가(CEO)는 사업에 도움이 된다면 직원들의 작은 의견에도 귀를 기울일 줄 알아야 합니다.

마지막으로 외국어 능력이 뛰어나면 외국과의 거래에 유리합니다.

02 기업의 종류

기업은 이익을 목적으로 일정한 자본을 투자하여 고객을 위한 재화나 용역을 생산하여 공급합니다. 기업은 개인 소유의 조그마한 가게에서 부터 수천 명의 주주가 소유하는 거대 조직에 이르기까지 다양합니다.

기업의 형태는 크게 사기업, 공기업, 공사 합동 기업으로 나눌 수 있습니다.

1 사기업

사기업이란 경영에 필요한 자본을 개인 돈으로 투자하여 세운 기업을 말하며, 개인회사와 공동회사가 있습니다.

개인회사는 사업을 운영하려는 사람 혼자 기업의 자금을 충당하고 운영하는 기업입니다. 공동회사는 개인회사에서 부족한 자본이나 아이디어 등의 단점을 극복하기 위하여 몇 사람 또는 그보다 더 많은 사람이 자본을 내어서 경영하는 기업으로, 소수 공동 기업과 다수 공동 기업으로 나눌 수 있습니다. 소수 공동 기업에는 다시 합명회사, 유한회사, 합자회사 등이 있으며, 다수 공동 기업에는 주식회사 등이 있습니다.

지금부터 다양한 기업들의 특징을 살펴보도록 합니다.

1) 개인회사

한 사람이 소유하고 운영하는 회사입니다. 소유주가 모든 결정을 하고, 모든 이윤을 가지며, 법률상 기업의 모든 부채를 책임집니다.

소유주는 소규모의 자본으로 법의 규제를 거의 받지 않고 사업을 시작할 수 있습니다. 개인회사는 작은 음식점이나 커피전문점, 미용실, 세탁소 등의 서비스업에서 볼 수 있으며, 농업이나 건설업, 기타 많은 산업 분야에서 가장 보편적으로 나타나는 기업 형태입니다. 개인회사는 소유주가 사망하거나 자본이 고갈되면 문을 닫게 됩니다.

2) 합명회사

두 명 이상이 공동으로 출자하여 설립한 회사를 말합니다. 회사에 대한 운영은 물론 모든 책임도 함께 집니다. 동업자는 각자가 분담할 업무와 자본금, 그리고 각자가 받을 이윤 분배 비율을 정하는 법적인 계약에 서명합니다.

합명회사는 대부분 개인회사보다 많은 자본을 동원하여 더 많은 사업을 운영할 수 있습니다. 회계사사무소, 법률사무소, 대형약국, 소매상 등에서 보편적으로 볼 수 있는 기업 형태입니다.

합명회사는 동업자 간의 이해관계가 맞지 않거나 일부 동업자가 사업 정리를 하는 경우 회사가 해산되기도 합니다.

3) 유한회사

사원이 회사에 대해 출자 금액의 한도 내에서만 책임을 지고, 회사의 채무와 관련해서는 어떤 책임도 지지 않는 사원으로만 구성된 회사를 말합니다.

유한회사는 주식회사와 비슷한 형태지만 규모가 작은 회사라고 볼 수 있습니다.

4) 합자회사

합자회사는 경영자가 자본을 조달하기 어려운 경우나 동업자와 공동으로 경영할 필요가 있을 때 설립됩니다.

합자회사는 무한 책임사원과 유한 책임사원으로 구성됩니다. 유한 책임사원은 자신이 돈을 투자한 한도 내에서 이익금을 얻기도 하고 또 책임을 지기도 하지만 회사의 업무에는 관여하지 않습니다. 이에 비해 무한 책임사원은 회사의 업무를 같이 돌보면서 회사가 지고 있는 빚이 있다면 그것까지도 끝까지 함께 책임지게 됩니다.

5) 주식회사

주식의 발행을 통하여 여러 사람으로부터 자본을 조달받는 회사입니다. 7인 이상의 주주가 유한 책임사원이 되어 설립하는 회사로, 자본과 경영이 분리되는 회사의 대표적인 형태입니다. 따라서 대부분의 주식회사는 개인회사나 합명회사보다 규모가 큽니다.

주주 모집이 끝나면 전체 주주들은 창립총회를 열어 이사와 감사를 선임해야 합니다.

주식회사의 기관에는 최고 의사 결정 기관인 주주 총회, 업무 집행 기관인 이사회 및 대표이사, 회계 및 업무 감사 기관인 감사 등이 있습니다. 이 세 가지 기관은 모두 주식회사의 필수 상설 기관입니다.

회사 경영에 영향을 주는 특정한 결정을 할 때에는 주주의 과반수 이상의 동의가 필요하지만, 실제로는 전문경영인이 회사의 최고경영자(CEO)가 되어 업무를 관리합니다. 아울러 회사를 운영하면서 발생하는 이윤은 주주에게 배당금으로 분배되거나 사업에 재투자됩니다.

주식회사는 많은 법적 규제가 따르므로 개인회사나 합명회사보다 설립이나 운영이 어렵습니다. 반드시 회사를 등록을 해야 하고, 관공서에 회사 정관을 비치해야 합니다. 또한 규정된 횟수만큼 주주 총회를 열어야 하고, 이사를 임명해야 하며, 모든 사업 기록을 보존해야 합니다.

2 공기업

국가 또는 지방 공공단체가 공공의 이익을 위하여 만든 회사로, 철도 산업, 체신 산업, 수도 산업 등과 같은 사업을 주로 합니다. 공기업은 자본 투자와 경영 책임을 모두 국가나 공공 단체가 책임지고 있습니다.

3 공사 합동 기업

국가 또는 공공 단체와 사기업이 공동으로 출자하고 공동으로 경영하는 기업을 가리킵니다. 공사 합동 기업으로는 기업은행, 국민은행, 한국관광공사, 한국가스공사 등이 있습니다.

03 역사, 책, 영화 속에서 만나는 사업가

1 역사 속 우리나라 사업가들

1) 평생 모은 재산을 굶주린 사람들에게 나누어준 김만덕

김만덕은 원래 제주도의 기생이었으나 어느 선비의 도움으로 장사를 시작하여 많은 돈을 벌게 되었습니다. 김만덕은 제주도의 녹용이나 약재·전복·미역 등을 육지에서 팔고, 육지의 쌀이나 무명을 제주도에서 파는 일을 하였습니다.

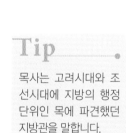

김만덕은 원래 양민이었으나 기생이 된 것은 가난한 집안 형편 때문이었습니다. 기생이 된 김만덕은 아름답고 총명하여 많은 사람들의 사랑을 받았으며, 한양에서 온 선비 이도원을 만나 그의 도움으로 장사를 시작하게 되었고, 인생의 큰 변화를 맞이하게 되었습니다.

그 후, 김만덕은 제주 목사를 찾아가 자신의 처지를 하소연하며 기생의 신분에서 벗어나게 해 줄 것을 요청했습니다. 제주 목사는 김만덕의 이웃에서 살았던 사람들의 증언을 듣고 양민으로 신분을 회복해 주었습니다.

김만덕의 사업은 날로 번창하여 제주도에서 몇 손가락 안에 드는 부자가 되었습니다. 하지만 그녀의 생활은 무척 검소하였습니다.

어느 해, 제주도에 큰 흉년이 들자, 김만덕은 자신이 35년 동안 벌어 놓은 수천 냥의 돈으로 전라도 상인과 연락하여 곡식을 사들였습니다. 그리고 고통 받고 있는 제주 사람들에게 모두 나누어 주었습니다.

이러한 김만덕의 선행은 제주도 전역에 널리 퍼졌고, 제주 목사는 이 일을 당시 임금이었던 정조에게 보고하였습니다.

"만덕이 원하는 일을 들어 주라."

정조가 제주 목사에게 명하였습니다.

김만덕은 한양에 가서 임금님을 만나 뵙고, 금강산을 구경하고 싶다고 말했습니다. 하지만 그 당시 법에는 섬에 사는 여자들은 섬 밖으로

> **Tip**
>
> 목사는 고려시대와 조선시대에 지방의 행정 단위인 목에 파견했던 지방관을 말합니다.

나갈 수 없도록 되어 있었습니다. 정조는 고민 끝에 결단을 내렸습니다.

"만덕을 내의원의 의녀로 임명하여 제주도를 벗어날 수 있도록 하라. 더불어 역참에서는 만덕에게 모든 편의 시설을 제공하도록 하라."

김만덕은 정조 20년(1796년)에 한양에 도착하여 당시 영의정이었던 채제공의 접대를 받았습니다. 그리고 정조와 왕비를 알현한 다음, 금강산도 구경한 후에 제주도로 돌아갔다고 합니다.

2) 중국 상인들과 한 판 승부를 벌인 임상옥

조선 말기의 부호 임상옥은 평안북도 의주에서 상인의 아들로 태어났습니다. 임상옥의 아버지는 장사에 실패하여 많은 빚을 지게 되었고, 임상옥은 아버지의 빚을 갚느라 갖은 고생을 하며 장사를 배웠습니다.

돈을 벌기 위해서는 인삼 무역권을 잡아야 한다고 생각한 임상옥은 당시 이조판서였던 박종경의 도움으로 우리나라 최초로 국경 지방에서 인삼 무역권을 독점하게 됩니다.

1821년(순조 21년) 임상옥은 변무사의 수행원으로 청나라에 가게 되었습니다. 조정에서 중국어에 능통한 임상옥을 사신의 수행원으로 딸려 보낸 것입니다. 이때 박종경은 임상옥에게 홍삼을 중국에서 팔도록 하여, 임상옥은 5천 근의 홍삼을 마차에 싣고 중국의 연경으로 향했습니다.

중국 상인들은 품질이 좋기로 유명한 임상옥의 홍삼이 온다는 소식을 듣고 모두 연경에 모여들었습니다. 그런데 그들은 조선에서 온 홍삼을 싸게 사기 위해 서로 짜고 사지 않겠다며 버티었습니다.

임상옥은 속으로는 초조했으나 내색을 하지 않고 홍삼 값을 내걸었습니다.

"홍삼 1근에 40냥!"

중국 상인들뿐만 아니라, 임상옥의 일행도 놀라 자신들의 귀를 의심하였습니다. 당시에 홍삼 한 근은 은으로 25냥이었기 때문입니다.

임상옥과 함께 온 사람들은 애가 탔습니다. 새해가 되면 중국 사람들은 명절로 한 달 이상을 먹고 마시며 일을 하지 않기 때문에 만약 지금

팔리지 않는다면 홍삼을 도로 가져가야 할 판이었지요.

그런데 임상옥은 도리어 45냥으로 값을 올렸습니다. 그리고 한 해의 마지막 해가 기울기 시작하자, 장작더미에 불을 붙여 뜰에 쌓아 두었던 홍삼을 불 속에 집어던지기 시작했습니다. 홍삼을 태운다는 사실은 금세 연경에 모여든 약재상들에게 퍼졌고, 그들은 헐레벌떡 임상옥에게로 달려왔습니다.

홍삼을 태우면 임상옥도 망하는 것이지만 약재상들도 망하기는 마찬가지였습니다. 당시 중국의 이름난 한의사들은 홍삼을 최고의 약재로 여겼으므로 홍삼이 없다면 상인들은 약재상 문을 닫을 수밖에 없었지요.

약재상들은 너나할 것 없이 임상옥을 말렸으나 임상옥은 계속하여 홍삼을 불 속에 집어던졌습니다. 이제 홍삼은 반밖에 남지 않았습니다. 당황한 약재상들이 임상옥에게 빌며 말했습니다.

"우리가 잘못했소. 대인이 원하는 대로 가격을 쳐 주겠소."

"홍삼 1근에 90냥을 쳐 주시오."

"알겠소."

임상옥의 통쾌한 승리였습니다.

이 일로 지난 200년 동안 오르지 않던 홍삼 가격이 3배로 오르게 되었고, 임상옥의 이름은 널리 알려졌습니다.

그 후 임상옥은 당대 최고의 부호가 되었지만, 검소함을 잃지 않는 생활을 했습니다.

당시 홍경래의 난이 일어나고 흉년이 들어 백성들이 굶주림으로 고생을 하자, 임상옥은 소금과 식량을 구하여 백성들에게 나누어 주었습니다. 임상옥은 이 공로로 곡산 군수가 되어 1년 동안 머물렀는데, 군수 자리에 있으면서 농민들에게 농사 기술과 품종 개량을 지도하였습니다. 임상옥 덕분에 곡산 사람들은 보릿고개 걱정 없이 지낼 수 있었습니다.

순조 34년(1834년) 7월에 의주에 홍수가 나자, 임상옥은 곳간 문을 활짝 열어 사람들에게 먹을 것과 입을 것을 나누어 주었습니다. 또한 나그네와 걸인들이 찾아오면 잠자리와 음식을 대접했으며, 많은 돈을 내어 도로와 다리를 놓고 배를 사서 교통을 편리하게 해 주었습니다.

임상옥은 철종 6년(1855년)에 세상을 떠나면서 자신의 토지를 개인적으로 물려주지 않고 여러 사람의 공동 소유인 공유지 형태로 물려주어 특정 개인이 함부로 사고팔지 못하게 함으로써 재산을 지킬 수 있도록 하였으며, 후손들에게 남을 많이 도우라는 유언도 잊지 않았다고 합니다.

2 관련 책

1) 〈꼬마 사업가 그레그〉 앤드루 클레먼츠 지음. 비룡소. 2006

이 책은 부자가 되고 싶은 그레그 켄턴이라는 아이가 학교에서 벌이는 만화책 사업 이야기를 다루고 있습니다.

6학년이 된 그레그는 학교에서 아이들에게 작은 장난감을 팔며 부자가 되겠다는 꿈에 다가가려고 노력합니다. 하지만 교장 선생님은 학교에서 장난감 파는 것을 금지하고, 그레그는 새로운 사업을 생각합니다. 그때 번쩍이는 아이디어가 떠오르는데, 그것은 학교에서 아이들이 좋아하는 만화책을 직접 만들어 파는 것이었습니다. 그레그는 라이벌인 마우라 쇼와 함께 만화책을 만들고, 만화책을 금지한 교장 선생님을 설득합니다.

때마침 학생들을 위한 북클럽 전단지에 들어 있는 만화가 더 폭력적이며 교육적이지 않다는 것을 발견한 그레그와 마우라는 자신들의 만화를 판매할 수 있도록 학교위원회에 건의를 합니다. 이로 인해 학교 매점을 통해 만화책을 판매할 수 있게 되었고, 이들의 만화책은 인기를 끌어 다른 학교에서도 팔게 되었습니다. 그리하여 그레그와 마우라는 많은 돈을 벌게 되었고, 수익금의 절반을 학교 발전을 위해 기부하기도 합니다.

그레그와 마우라는 만화책을 만들어 파는 과정에서 돈을 벌고 쓰는 일이 자신과 주위 사람, 더 나아가 사회에서 어떤 의미를 갖는지 깨닫게 됩니다.

2) 〈당신은 사업가입니까〉 캐럴 로스 지음. 알에이치코리아. 2014

이 책은 비즈니스 전략가이자 거래 협상가 캐럴 로스가 사업가에 대한 잘못된 생각을 가지고 사업에 뛰어드는 이들의 실패를 막기 위해, 사업가로서 성공하는 데 필요한 전략들을 소개하고 있습니다.

캐럴 로스는 사업가가 되기에 적합한 성격의 사람인지 혹은 그럴 준비가 제대로 되어 있는지를 스스로 평가하게 하고, 하고자 하는 사업이 과연 괜찮은 것인지 냉철하게 파악하도록 도와줍니다.

책 내용을 살펴보면, 먼저 사업가가 되기에 적합한 사람인지를 평가하는 이유를 설명합니다. 이어 본격적으로 자신의 영감, 마인드, 타이밍에 영향을 미치는 요소에 이르기까지 사업가로서 어떤 강점이 있는지를 평가합니다. 그리고 실제 사업체의 소유주가 되었을 때의 기회뿐만 아니라 리스크, 이슈, 보상에 대해서 평가하고, 개인적 입장에서도 리스크와 보상을 가늠해 봅니다. 사업가의 길이 예측하기 어렵고 험난한 만큼 저자는 책 곳곳에서 절대 사업하지 말아야 할 사람들의 성격과 오해에 대해 다양한 사례를 들며 설명하고 있습니다.

사업 추진을 위해 잠재적 리스크와 보상을 평가할 경우에는 반드시 최악의 시나리오를 포함한 모든 리스크를 빠짐없이 검토해야 합니다. 저자가 제시하는 체크리스트를 따라가다 보면 자연스럽게 자신이 최종적으로 사업가에 적합한 사람인지, 또 리스크를 감당하고 사업을 성공적으로 이끌기 위해서 무엇을 준비해야 하는지를 알 수 있습니다.

따라서 이 책을 통해 사업을 준비하는 사람들은 물론, 미래에 사업가가 되기를 꿈꾸는 청소년이나 그 부모들도 많은 도움을 받을 수 있습니다.

3 관련 영화

1) 〈에린 브로코비치〉

2000년 미국에서 개봉된 영화로, 실제로 있었던 부도덕한 기업과 경영인에 대한 이야기입니다. 기업의 사회적 책임에 대해 강조하고, 경영인은 어떤 사람이 되어야 하는지를 알게 해 주는 영화입니다.

에린은 두 번의 이혼 경력과 16달러의 은행 잔고가 가진 것의 전부인 여자로, 마땅한 일자리조차 없어 당장의 생계를 걱정해야 하는 상황에 놓여 있습니다. 직업소개소에 전화도 해 보고, 직접 찾아가 보기도 하지만, 고졸에다 뚜렷한 자격증이나 경력도 없는 그녀를 오라는 곳은 없었습니다. 절망에 빠진 에린은 차 사고로 알게 된 변호사 에드를 무턱대고 찾아가 어떤 잡무라도 닥치는 대로 하겠다며 눌러앉습니다.

맘 좋은 에드는 하는 수 없이 에린에게 장부 정리 일을 시키는데, 그녀의 거친 태도와 속옷이 다 드러나는 차림 새가 동료 변호사들의 눈에 거슬립니다. 하지만 에린은 남의 시선일랑 무시한 채 당당하게 자신의 일에 몰두합니다.

그러던 어느 날 에린은 수북이 쌓인 서류 중에서 이상한 의학 기록들을 발견합니다. 그 일에 흥미를 느낀 에린은 진상을 조사하며 엄청난 사실을 발견하는데, 바로 그 마을에 들어서 있는 대기업 PG&E의 공장에서 유출되는 크롬 성분이 마을 사람들을 병들게 하고 있다는 사실이었습니다. 에린은 에드의 도움을 받아 거대 기업을 상대로 한 미국 역사상 최대의 전쟁을 시작하게 됩니다. PG&E가 함부로 쓴 약품 때문에 병에 걸린 것이라고 마을 사람들을 설득해 PG&E 기업의 환경 파괴를 적발하고, 그 결과 경영인을 내쫓으면서 마을 사람들은 피해 보상을 받게 됩니다. 그리고 PG&E 기업은 모든 공장에 중크롬을 사용하지 않으며, 모든 물탱크에 오염물질 누출 예방 조치를 취하겠다고 공식적으로 밝힙니다.

실제로 있었던 이 사건은 미국 역사상 가장 큰 환경 관련 소송이었고, 에린 브로코비치의 활약으로 마을 사람들은 승리를 거두었습니다. 그리고 PG&E 기업은 도산을 하고 경영인은 법적 책임을 졌습니다.

이 영화는 돈을 많이 버는 기업이라 할지라도 사람들에게 피해를 준다면 결국 사회의 공동체 일원으로 살아갈 수 없음을 보여 줍니다.

2) 〈코카콜라 키드〉

1985년 오스트레일리아에서 만들어진 영화로, 한 영업사원이 회사를 위해 고군분투하는 내용과 협상을 성공적으로 이끌기 위해서는 현란한 말솜씨보다는 진정성이라는 것을 강조하고 있습니다.

대범한 성격의 청년 베커는 미국 애틀랜타에 본부를 둔 코카콜라 회사의 촉망받는 인재입니다. 베커는 판매 부진으로 곤란을 겪는 지역에 파견되어 매출액을 2~3배 신장시키는 코카콜라 회사의 해결사입니다. 그는 '코카콜라가 그 어느 곳에서든 애용될 때까지 세계가 진정으로 자유로운 것은 아니다.'라는 신념을 가지고 일을 합니다. 판매 시장의 치열한 경쟁 속에서 일 중독과 충성심으로 똘똘 뭉친 사람입니다.

오스트레일리아의 어느 지역에서 코카콜라가 거의 소비되지 않자 회사에서는 그 원인을 파악하기 위해 베커를 파견합니다. 오스트레일리아에 도착한 베커는 코카콜라 판매 부진의 원인을 면밀히 조사하고, 그 지역 사람들이 T. 조지 맥도널이란 전문가가 제조한 소다수를 마시고 있다는 사실을 알게 됩니다. 베커는 맥도널의 일거수일투족을 추적해 그와 관련된 정보를 모으고, 판매 캠페인을 벌이기로 계획합니다.

한편, 코카콜라 회사에서는 베커의 비서로 테리라는 자유분방한 여인을 붙여 주고, 베커는 테리와 함께 맥도널과의 협상을 준비합니다. 하지만 맥도널은 고집이 세고 뻣뻣하며, 그 분야에서 탁월한 전문지식과 경험을 가지고 있는 사람으로 상대하기 쉽지 않은 사람이었습니다. 설상가상으로 비서인 테리가 맥도널의 딸로 밝혀지면서 일은 복잡하게 꼬여 갑니다.

많은 어려움에도 불구하고 베커는 협상을 이어 가는데, 그가 협상에 임하는 자세는 가히 놀랍습니다. 자신의 계획대로 일이 풀리지 않아도 결코 짜증내거나 투정을 부리지 않습니다. 또한 누군가를 만날 때 타인에 대한 배려를 놓치지 않으며, 자신이 원하는 바를 얻기 위해 온갖 모욕과 조롱, 경멸을 참아냅니다. 그리고 협상에 임할 때는 한 치의 흐트러짐 없이 여유로운 태도를 보이며, 상대가 윽박지르고 고압적인 태도를 보이면 합리적인 이론이나 논리를 준비하여 그 사람을 자신의 편으로 끌어들입니다.

이 같은 베커의 능수능란한 협상 과정은 이 영화에서 가장 눈여겨볼 만한 장면입니다. 감독은 베커를 통해 사람을 대하고 협상하는 것은 타고난 것이기보다는 노력과 진정성임을 말하고 있습니다. 따라서 취업을 앞둔 젊은이나 사업가를 꿈꾸는 청소년들이 보면 많은 도움이 되는 영화입니다.

04 사업가는 무슨 일을 할까?

　사업가는 작은 가게를 운영하는 자영업자부터 수만 명의 직원을 거느린 대기업 회장까지 다양합니다. 따라서 이들이 보내는 일상도 천차만별이라고 할 수 있습니다.

　혼자서 일하거나 2~3명의 직원을 고용하여 작은 가게를 운영하는 사업가의 생활은 비교적 단순하고 규칙적이라 할 수 있습니다. 아침에 가게 문을 열고, 청소를 하거나 재료 또는 재고 준비 등을 하며 손님 맞을 준비를 합니다. 하루 종일 손님들을 상대하다가 밤이 되면 가게 문을 닫고 퇴근하는 경우가 일반적입니다.

　그렇지만 큰 규모의 식당이나 소규모 기업체나 공장을 운영하는 사업가의 생활은 좀 더 복잡하고 다양합니다. 이들은 직원을 더 많이 고용하고, 활동 범위도 회사나 가게 내부에 머무르기보다는 거래처를 방문하거나 사업과 관련된 사람을 만나는 등 외부에 나가 있는 시간이 보다 많습니다.

　회사의 규모가 클수록 사업가의 할 일은 많아지고 다양해지며, 생활도 더 바빠집니다. 그러면 지금부터 큰 회사를 이끄는, 흔히 대표이사라 불리는 사업가의 하루를 따라가 보기로 합니다.

 출근하여 그날 일정을 체크하고, 국내외 언론 및 각종 자료를 살펴봅니다. 그리고 비서와 실무진의 지원을 받아 그날 있을 회의 준비를 합니다.

 각 부서의 부장들과 함께 회의를 합니다. 각 부서의 부장들은 사업가에게 현재 진행되고 있는 업무를 보고하는 한편, 당장 해결해야 할 문제가 있거나 앞으로 진행해야 할 사업에 대한 의견을 묻습니다. 사업가는 이들의 얘기에 귀를 기울이고 어떻게 할지 결정을 내립니다.

 외부에서 찾아온 손님을 맞아 사업과 관련된 얘기를 나누거나 각종 서류를 검토합니다.

대부분의 경우 점심식사 약속이 잡혀 있습니다. 기업 내부의 직원들과 함께 식사를 할 때도 있지만, 사업과 관련된 업체 사람들과 점심식사를 할 때가 많습니다. 정부 관계자, 다른 사업체의 CEO나 간부들, 중요한 고객들, 기자 등 다양한 사람들을 만납니다. 외부 사람들과 식사를 할 때에는 식사 시간이 2시간 이상으로 길어질 때도 있습니다.

특별한 일이 없으면 사무실에 머물면서 새로운 사업 구상을 하거나 회사의 비전에 대해 고민하기도 합니다. 때로는 사업과 관련된 정부 및 관련 업체의 모임이 있으면 회사를 대표하여 참석합니다. 사업가에게 사업과 관련된 사람들을 많이 알아두는 것은 소중한 재산입니다. 그래서 사업가들은 이곳저곳 필요한 모임에 빠지지 않고 참석하여 친분을 쌓는 일을 게을리 하지 않습니다.

때로는 언론과의 인터뷰를 통해 회사와 자신을 소개함으로써 회사의 이미지를 높이기도 합니다. 패기 있고 도전적인 사업가의 이미지는 곧 그 회사의 이미지가 되어 매출에도 큰 기여를 할 수 있습니다.

집안 행사 등 개인적인 일이 있거나 몸이 아플 때는 퇴근을 하지만, 중요한 결정이나 계약이 있을 때는 직원들과 함께 간단히 저녁식사를 한 후에 밤늦게까지 회의를 합니다. 또한 사업과 관련하여 중요한 사람이라면 점심식사보다는 저녁식사를 함께하는 등 접대를 하면서 사업에 대해 논의하기도 합니다.

이처럼 사업가는 출근 시간은 있지만, 퇴근 시간은 따로 없다고 할 수 있습니다. 또한 업무와 관련한 국내외의 출장도 잦은 편이라서 육체적으로나 정신적으로 힘들 때가 많습니다. 그렇지만 자신의 활동으로 회사의 매출이 올라가 규모가 커지고 수입이 늘어나면, 힘든 것마저도 잊고 열심히 일합니다.

05 사업가가 되기 위해 필요한 능력

　세상에는 셀 수 없이 많은 기업이 있고, 기업들은 하나같이 소비자의 마음을 붙잡아 이익을 얻기 위해 애쓰고 있습니다. 전쟁터나 마찬가지인 자본주의 경쟁 체제에서 기업들이 살아남기 위해서 사업가의 역할은 매우 중요합니다. 사업가의 능력에 따라 회사의 이익은 '1+1=2'가 될 수도 있고, 그 열 배인 '20'이 될 수도 있습니다. 아니면 '-2'가 되어 회사에 손해를 끼칠 수도 있습니다.

　따라서 사업가는 소비자들의 마음을 얻을 수 있도록 늘 고민하고 소비자들이 원하는 새로운 상품을 내놓는데 힘써야 합니다. 그렇지 않고 조금이라도 게으름을 피우면 금세 뒤처지는 기업이 되고 맙니다.

　지금부터 사업가에게 꼭 필요한 자질과 능력이 무엇인지 알아보기로 합니다.

1 사업에 대한 안목

　사업가는 사업 아이템을 생각해낸 다음, 그것이 성공할 가능성이 있는지 알아보는 안목이 필요합니다. 안목이란 앞으로 사람들의 생활이 어떻게 바뀔지 예측하고, 변화된 생활에서 소비자가 무엇을 원할지를 파악하여, 그것에 적합한 제품을 만든 다음 효과적인 판매 방법을 찾아내는 능력을 말합니다.

　짧은 기간 안에 큰돈을 벌겠다는 얄팍한 생각으로는 결코 사업가로서 성공할 수 없습니다. 사업가는 먼 앞날까지 내다보며 계획한 일을 꾸준히 실천해 나가야 합니다.

2 결단력과 추진력

　사업을 하다 보면 두 가지 이상의 가능성 중에서 한 가지를 선택해야 할 경우가 자주 있습니다. 이럴 때 소심하거나 우유부단한 사람은 어떤 결정도 내리지 못한 채 우왕좌왕하다가 좋은 기회를 놓쳐 버리는 경우가 많습니다.

　유능한 사업가라면 여러 가지 가능성의 장단점을 분석한 다음 단호하게 결단을 내립니다. 이런 결단을 내리는 데는 용기와 실력이 필요합니다. 결단은 무턱대고 내리는 것이 아니라, 충분한 지식과 정보를 바탕으로 이루어져야 합니다. 따라서 신속하고 정확한 결단을 내리기 위해서는 평소에 여러 분야의 지식을 습득해 두어야 합니다.

　결단을 내렸으면 이제 사업을 추진해 나가야 합니다. '구슬이 서 말이라도 꿰어야 보배다.'라는 말이 있듯이 아무리 훌륭한 사업 구상을 했더라도 실행에 옮기지 않으면 그림의 떡이나 마찬가지입니다. 따라서 사업가는 자신의 목표를 꼭 달성할 수 있다는 믿음(자신감)으로 추진력 있게 밀고 나가야 하는데, 이런 태도는 자본을 빌려 주는 사람들의 불안감을 없애 주고, 직원들의 사기를 높이는 데도 크게 영향을 미칩니다.

3 유연한 사고방식

　사업을 하다 보면 생각처럼 일이 안 풀릴 때가 있습니다. 처음 사업을 구상했을 때에 비해 은행 금리가 많이 올라갔거나 석유 값이 폭등하는 등의 대외적인 요소가 있을 수도 있고, 거래처에 문제가 생기거나 회사 자체의 내부 문제 등으로 인해 생각지도 못한 손해를 볼 수 있습니다. 이럴 때 현명한 사업가라면 과감하게 물러날 줄도 알아야 합니다. 당장 손해 본 것이 아까워 계속 추진해 나간다면 회사의 손해가 눈덩이처럼 불어날 수도 있으므로 적당한 때에 그 사업에서 손을 뗄 줄도 알아야 합니다.

　따라서 사업가는 상황에 대처하는 능력인 유연성을 길러야 합니다. 이런 유연한 사고방식은 실패의 위험으로부터 회사를 지킬 수 있습니다.

4 리더십

　사업가는 오케스트라의 지휘자에 비유할 수 있습니다. 오케스트라의 지휘자는 악기들의 특성을 잘 알고, 악기 연주자들의 실력과 특징을 파악한 후에 서로 조화를 이루도록 지휘합니다. 사업가 역

127

시 사업 내용을 잘 파악하고 있어야 하고, 직원들이 각자의 재능을 살려 충분히 발휘할 수 있는 여건을 만들어 주어야 합니다.

직장인들이 회사를 그만두는 이유로는 일이 적성에 맞지 않거나 월급이 너무 적거나 과도한 업무 때문이기도 하지만, 상사나 동료와의 갈등 때문에 그만두는 경우도 많습니다. 따라서 사업가는 직원들이 눈치 보지 않고 허심탄회하게 자신의 의견을 얘기할 수 있는 분위기를 조성하고, 직원들끼리 의견이 맞지 않거나 대립될 때 서로의 의견을 조율하여 서로 화합하고 협력할 수 있는 기회를 만들어 주어야 합니다. 이런 모든 역량은 리더십에서 나옵니다.

5 전문적인 경영학 공부

사업을 하다 보면 상승곡선을 탈 때도 있고 하강곡선을 탈 때도 있습니다. 사업이 잘 될 때는 세상의 돈이 다 자신에게 몰리는 것 같지만, 안 되기 시작하면 돈이란 돈은 모두 자신에게서 도망가는 것 같습니다. 그래서 사업이 잘 될 때는 세상을 다 얻은 듯 의기양양하다가도, 안 되면 좌절하고 포기하고 싶은 마음이 듭니다.

하지만 사업을 오래 하고 싶다면 이런 상승곡선과 하강곡선에 일희일비하지 않고 흔들림 없이 회사를 이끌어 나갈 수 있어야 합니다. 잘 될 때는 안 될 때를 대비해야 하고, 안 될 때는 잠시 쉬어간다는 생각으로 느긋하게 마음먹어야 합니다. 이런 태도를 지니려면 성격적인 여유도 필요하지만, 사업과 관련된 공부를 전문적으로 하면 많은 도움이 됩니다.

06 사업가의 장단점

1 장점

1) 돈을 많이 벌 수 있습니다

사업을 해서 잘 되면 많은 돈을 벌 수 있습니다. 사업가의 능력은 그가 돈을 얼마나 많이 벌었는가로 평가되지요. 사업가는 돈을 벌기 위해 목표를 세우고, 돈을 번 다음에는 더 많은 돈을 벌기 위해 또다시 투자하는 일을 반복하면서 기쁨을 느낍니다.

돈을 많이 벌면 할 수 있는 일이 많습니다. 자신이 원하는 풍족한 생활을 할 수 있을 뿐만 아니라 어려운 이웃에게 도움을 줄 수도 있습니다.

2) 사업이 잘 되면 성취감이 큽니다

사업이 잘 되면 돈을 많이 벌어서 좋은 점도 있지만, 자신이 계획하고 추진한 일이 좋은 성과를 거두었을 때 느끼는 성취감도 매우 큽니다. 또한 앞장서서 직원들을 이끌고, 사업이 잘 될 수 있게 함께 고생한 직원들에게 좋은 대우를 해 준다면 직원들의 존경과 사랑을 한 몸에 받을 수 있습니다.

3) 국가 경제에 도움을 줍니다

사업이 잘되어 매출이 올라가면 사업가는 정부에 더 많은 세금을 내어 나라 재정을 튼튼하게 하는 데 한몫을 합니다. 또한 회사 규모가 커짐에 따라 직원들을 더 많이 뽑을 수 있으므로 일자리 창출에도 기여합니다. 그리고 회사 직원들 역시 월급을 받으면 월급의 일정 부분을 세금으로 내게 되므로 나라 재정에 다시 한 번 보탬이 됩니다. 이처럼 성공한 사업가는 일자리 창출과 세수 확대 등 국가 경제에 매우 긍정적인 영향을 미칩니다.

2 단점

1) 잘 되면 대박, 안 되면 쪽박!

사업을 하다 보면 잘될 때도 있고 잘못될 때도 있습니다. 잘될 때는 불붙듯이 사업이 일어나지만, 뭔가 어긋나기 시작하면 꺼져가는 불꽃처럼 되살리기가 힘듭니다. 그래서 누군가가 사업가의 길을 '롤러코스터'라고 했습니다. 잘될 때와 안 될 때가 롤러코스터처럼 그 폭이 크다는 말이지요.

특히 처음 사업을 시작한 사업가들은 성공 확률이 매우 낮다고 합니다. 그래서 사업을 시작하기 전에 치밀한 준비 기간을 가져야 하고, 한 번 실패했더라도 좌절하지 말고 그 실패에서 교훈을 찾아 성공으로 이끌 수 있어야 합니다. 실패를 했다고 해서 한숨만 쉬고 있을 게 아니라 실패의 원인이 무엇인지를 분명히 밝혀내고 앞으로의 일에 밑거름으로 써야 합니다.

2) 모든 걸 혼자 책임져야 합니다

사업가는 사업 계획에서부터 실행 및 결과까지 모든 것을 혼자서 책임 져야 합니다. 거기다 가족의 생활비, 직원의 월급, 새로운 시설 설비 비용 등 경제적인 문제도 혼자서 떠안아야 합니다.

사업이 성공하면 이런 문제를 걱정할 필요가 없지만 실패하게 되면 직원들의 월급도 못 주고, 은행 이자도 못 갚게 되어 원치 않게 범법자가 되기도 합니다. 또한 가족들에게도 고통을 안겨 줍니다.

그렇지만 많은 사업가들은 이런 모든 위험을 감수하면서까지 사업에 도전을 합니다. 어려움을 극복하고 사업에 성공하면 진정한 보람과 성취감을 느낄 수 있기 때문입니다.

3) 출퇴근 시간이 따로 없습니다

사업가에겐 출퇴근 시간이 따로 없습니다. 특히 처음 사업을 시작한 사람의 경우, 출퇴근 시간이 따로 없이 사무실에서 먹고 자는 경우도 많습니다. 일반적으로 사업을 시작하여 자리를 잡는 데 약 3년 정도 걸린다고 하는데, 이 시기가 사업가들에겐 가장 힘들고 위험한 시기입니다.

사업이 어느 정도 궤도에 올랐다고 하더라도 중요한 결정이나 계약을 위해 밤늦게까지 회의를 하거나 출장도 잦아 육체적으로나 정신적으로 힘들 때가 많습니다.

사업가가 그 사업에 대해 얼마나 많은 정열과 노력을 쏟느냐에 따라 사업의 성패가 결정됩니다. 하지만 행복한 가정을 유지하는 것도 사업 못지않게 중요한 일이니 지혜롭게 두 가지 모두를 해결해 가야 합니다.

4) 정신적인 스트레스가 큽니다

사업은 다른 사업체와 끊임없이 경쟁해야 하기 때문에 그에 따른 고민이나 스트레스가 많은 편입니다. 끊임없는 자기계발과 혹독한 자기관리가 필요한 자리입니다.

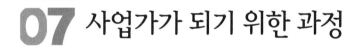

사업이란 가만히 있으면 뒤처지므로 늘 새로운 사업을 구상해야 하고, 그 사업을 추진해 나가려면 사업 자금이 필요합니다. 그래서 사업하는 사람들은 잘되든 못되든 늘 돈을 구하기 위해 돌아다녀야 하는데, 이 과정에서 발생하는 스트레스가 매우 큽니다. 그러니 평소에 근검절약하여 사업 자금을 여유 있게 비축해 놓아야 합니다.

07 사업가가 되기 위한 과정

1 중·고등학교 시절

사업가가 되려면 대학에서 경영학을 공부는 것이 유리합니다. 하지만 경영학과는 각 대학에서 가장 우수한 학생들이 모여들기 때문에 입학하려면 공부를 열심히 해야 합니다.

그리고 지금부터 아침에 부모님이 깨우지 않아도 스스로 일어나고, 자신의 방과 책상을 알아서 치우는 등 자신의 일을 스스로 하는 습관을 들여야 합니다. 사업가가 되면 혼자서 해결해야 할 일이 많으므로 어릴

131

때부터 독립심을 길러 두면 사업을 하다가 어려운 일이 닥쳐도 당황하지 않고 해결해 나갈 수 있습니다.

또한 사업가는 많은 사람을 만나야 하고 한 회사를 이끌어 가기 위해 리더십이 필요하므로, 학교 임원이 되어 활동하면서 대인 관계를 넓히고 리더십을 길러 두면 한결 유리합니다.

마지막으로 독서를 많이 해야 합니다. 사업에서 성공하려면 다양한 정보를 알고 있어야 하고 사람들의 심리도 알아야 하므로 소설, 심리학, 경제 관련 책 등 다양한 책을 읽어야 합니다.

2 대학교 시절

사업가가 되려면 대학에서 경영학과, 경제학과, 산업공학과 등을 전공하면 유리합니다. 특히 경영학과에서는 회사를 경영하는 데 필요한 다양한 학문을 배웁니다. 경영학은 시대와 환경의 변화에 따라 계속하여 새로운 연구거리가 생겨나고 있습니다.

그리고 경제 관련 동아리 활동을 하면 유리합니다. 특히 글로벌 시대인 요즘은, 경제가 국내에만 머물지 않고 전 지구적으로 긴밀히 연결되고 상호 협조하고 있으므로 국제교류 동아리 등에 가입하여 활동하면 도움이 됩니다. 이때는 영어 능력이 필수이므로 영어 공부를 손에서 놓지 말아야 합니다.

그리고 기회가 되면 봉사활동에 참여하기를 권합니다. 봉사활동을 통해 사회에 공헌할 수 있는 기업가가 될 수 있을 것입니다.

3 사업 준비

대학 졸업 후 대부분 직장 생활을 하지만, 졸업 후인 20대 중후반에 바로 사업을 시작하는 사람도 있습니다. 아니면 직장을 다니다가 직장 생활에 만족하지 못하여 사업을 시작하기도 하는데, 일반적으로는 30~40대 연령층이 많습니다. 또한 평생직장이라는 개념이 없어진 요즘에는 직장을 다니면서도 그만둘 경우를 대비하여 미리미리 사업을 구상하여 시작하는 경우도 있습니다. 이처럼 사업을 시작하는 연령층은 매우 다양하고, 사업을 새로 시작하는 사람들도 매우 많습니다.

사업을 시작하는 것을 창업이라고 하는데, 현재 우리나라에서는 창

Tip

대학의 경영학과에서는 자본을 끌어오는 방법, 효과적인 조직 구성과 적절한 인력 배치, 사원들의 월급 책정, 사원들의 교육과 능력 개발, 효과적인 신제품 개발과 마케팅 방법, 예산 세우는 방법, 벌어들인 돈의 분배와 관리 등을 배웁니다.

업을 하는 동기가 사업이 하고 싶어서라기보다는, 취업이 안 돼서 또는 어쩔 수 없이 직장을 그만두게 되어서 등 떠밀려 하는 경우가 많습니다. 근래에는 대학을 졸업하고도 취업을 못 하는 젊은이들이 갈수록 늘어나고 있고, 취업을 했더라도 40대 중후반부터는 정리해고 등으로 직장을 그만두는 경우가 많습니다. 게다가 평균수명이 길어지고 있어 나이들어서도 일할 수 있도록 미리 사업을 준비하는 경우도 있습니다. 또한 정부에서는 창업 지원의 목소리를 높이고 있고, IT 기술의 발달로 다양한 창업 관련 정보나 동종 업계 정보 및 관련 자료의 검색을 쉽게 할 수 있어 창업으로의 접근이 보다 쉬워졌습니다. 그 결과, 한 집 건너 세워진 치킨 집과 커피전문점은 이미 포화 상태인데도 창업을 하는 사람들은 계속 늘고 있습니다.

이렇게 창업하는 사람이 급격하게 늘고 있기 때문에 그만큼 경쟁은 치열해지고, 성공하기도 어려운 게 현실입니다.

따라서 사업을 시작하기 전에 철저한 준비 과정이 필요합니다. 특히 잘될 거라는 막연한 희망보다는 사업을 시작했을 때 발생할 수 있는 모든 위험 요소를 샅샅이 검토하여 이에 대한 대비책을 세워야 합니다.

4 사업가로서 실력 향상

사업이 어느 정도 궤도에 올라 자리를 잡았다고 해서 안심하면 안 됩니다. 하루가 다르게 변화하는 현대 사회에서 긴장을 풀고 게으름을 피우는 순간 뒤처지고 맙니다. 따라서 사업이 잘되는 만큼 좀 더 전문적이고 실질적인 경영 지식을 쌓을 필요가 있습니다.

사업 실력을 쌓는 방법으로 가장 흔한 것이 MBA(Master of Business Administration)라는 전문경영인 과정을 배우는 것입니다. MBA는 경영자로서의 기본 자질을 상당한 수준으로 끌어올리기 위하여 마련된 과정으로, 실제로 많은 사람이 MBA 학위를 취득하기 위해 많은 돈과 시간을 들여 공부하고 있습니다. 이 과정에 등록하면 회사를 효율적으로 경영하는 방법도 배우는 한편, 함께 공부하는 다른 사업가들과 교류하면서 정보도 나누고 고민도 함께하면서 인맥을 구축할 수 있습니다. 사업가에게 인맥은 큰 재산입니다.

Tip

사업가에게 가장 어려운 점은 사업 자금을 마련하는 일입니다. 사업이 잘되어 새로운 가게를 하나 더 열었을 경우에는 직원을 늘리며 신규 설비와 기계를 추가로 장만해야 합니다. 아니면 다른 업체를 인수하고자 하더라도 사업 자금이 필요합니다.

08 사업가의 마인드맵

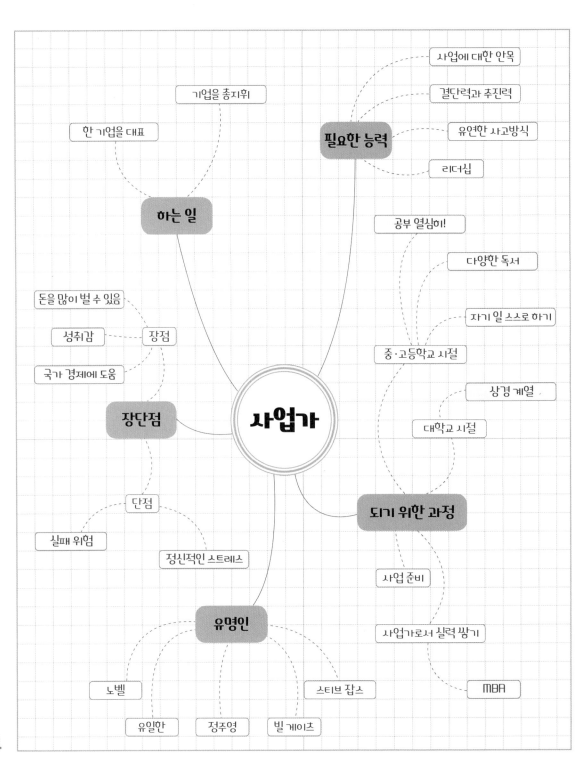

기업을 총지휘

한 기업을 대표

하는 일

사업에 대한 안목

결단력과 추진력

필요한 능력

유연한 사고방식

리더십

공부 열심히!

다양한 독서

돈을 많이 벌 수 있음

성취감 ---- 장점

국가 경제에 도움

자기 일 스스로 하기

중·고등학교 시절

장단점

사업가

상경 계열

대학교 시절

되기 위한 과정

단점

실패 위험

정신적인 스트레스

사업 준비

유명인

사업가로서 실력 쌓기

노벨

스티브 잡스

MBA

유일한   정주영   빌 게이츠

09 사업가와 관련하여 도움 받을 곳

사업의 종류는 너무 다양하므로 사업가와 관련된 체험보다는 자신이 관심 있어 하는 분야, 예를 들어 요리사라든지 미용사라든지 하는 특정 직업 체험을 해 보는 것이 더 효과적입니다.

사업에 대한 체험을 하고 싶다면 서울 코엑스나 일산 킨텍스 또는 각 지역의 전시회장에서 창업과 관련된 다양한 박람회가 자주 열리고 있으니 기회가 되면 참석해 보세요. 사업과 사업가에 대한 호기심을 풀 수 있을 것입니다. 창업 박람회에 참석하려면 언제 어디서 열리는지 알아야 하므로 인터넷을 자주 검색하여 일정을 알아봐야 합니다.

1 직업 정보를 얻을 수 있는 기관

● 고용노동부 워크넷(http://www.work.go.kr) 한국고용정보원에서 운영하는 사이트로, 무료로 직업 심리 검사를 이용할 수 있습니다. 직업 정보 검색, 직업·진로 자료실, 학과 정보 검색 등의 정보를 제공하며 직업·학과 동영상, 이색 직업, 테마별 직업 여행, 직업인 인터뷰 자료를 볼 수 있습니다. 온라인 진로 상담 서비스도 제공합니다.

● 커리어넷(http://www.career.go.kr) 한국직업능력개발원이 운영하는 사이트로, 초등학생부터 성인, 교사에 이르기까지 대상별로 진로 및 직업 정보를 제공하며 온라인 상담도 할 수 있습니다. 심리 검사를 무료로 이용할 수 있으며, 학생들이 만든 UCC 자료도 볼 수 있습니다.

2 직업 체험 프로그램

●교육부 산하 꿈·끼 찾기 직업 체험(http://kids.moe.go.kr) 아이들이 궁금해할 만한 직업, 새롭게 뜨는 직업, 이색 직업 등 다양한 직업에 대해 알기 쉽게 설명되어 있습니다. 이 직업 체험을 하고 나서 교육부에서 주관하는 창의적 체험 활동에 참여하면 효과가 더욱 클 것입니다.

●코리아잡스쿨(http://www.kojobs.co.kr) 학생들이 직업 체험 프로그램에 참가하여 접하기 어려운 직업을 미리 탐색할 수 있고, 직업 세계에 대한 이해를 넓힐 수 있습니다. 또한 특정 직업에 대한 편견을 버리고 건전한 직업관을 형성할 수 있으며, 사회에 첫발을 내딛는 것에 대한 막연한 두려움에서 벗어나 자신감을 가질 수 있습니다.

현재 130여 개 특성화고와 마이스터고 등을 대상으로 교육과정을 운영하고 있으며, 고려대, 연세대, 동국대 등 30여 개 대학에 취업 캠프를 운영하고 있습니다.

●서울시립 청소년 직업 체험 센터(http://www.haja.net) 서울시 영등포구에 있습니다. 일명 '하자센터'라고 부르며 연세대학교가 서울시로부터 수탁 운영하고 있습니다. 현재의 배움이 일을 통해 어떻게 구현되는가에 대해 고민하는 기회를 가짐으로써 청소년들이 미래 자신의 일자리에 대한 관심을 발견하게 하고, 자신이 일하려는 분야를 위해 어떤 배움의 과정을 거쳐 진입할 수 있을지에 대해 흥미를 가지며 임할 수 있도록 행사를 일, 놀이, 학습이 하나로 통합되는 과정으로 진행합니다.

일일직업체험 프로젝트 등 일반 청소년 대상의 프로그램 역시 단순한 진로체험이나 설계를 넘어서 '생애설계'의 과정으로 전환, 삶의 지속가능성을 추구하고 청소년 스스로 자활과 자립을 모색하는 교육 생태계로 조성하고 있습니다.

10 유명한 사업가

이 세상에 성공한 사업가는 셀 수 없이 많습니다. 그 수많은 사업가 중에서 지금부터 소개하려고 하는 사람들은 개인의 이익만을 위해 힘쓴 것이 아니라, 국가와 사회, 더 나아가 전 인류의 행복과 이익을 위해 노력한 사람들입니다. 이들의 이야기를 통해 사업가로서의 진정한 성공이란 부자가 되는 것뿐만 아니라 세상 사람들의 생활에 긍정적인 영향을 미쳐 후세에 발자취를 남기는 것이라는 것을 깨닫게 될 것입니다.

1 노벨(1833~1896)

스웨덴의 발명가이자 사업가로 다이너마이트를 발명했고, 노벨상을 제정했습니다.

스웨덴의 스톡홀름에서 발명가의 아들로 태어난 노벨은 러시아의 상트페테르부르크에서 교육을 받았고, 나중에 미국으로 건너가 공학을 공부했습니다.

크림전쟁 후 스웨덴에서 폭약의 제조와 그 응용에 종사하는 아버지의 사업을 도와 폭약의 개량에 몰두하였습니다. 노벨은 니트로글리세린과 같이 위험한 물질을 안전하고 쓰임새 있는 폭약으로 만들고 싶어 했습니다. 그러나 노벨이 만든 니트로글리세린 폭약은 폭발 사고를 자주 일으켰고, 이 과정에서 공장이 폭파되는 바람에 동생과 조수 4명이 희생되었습니다. 이 사고로 노벨은 무척 괴로워했고, 사람들도 노벨을 사회에 해를 끼치는 사람이라고 생각했습니다.

노벨은 포기하지 않고 계속 연구하여 1867년에 니트로글리세린을 흡수성이 있는 물질과 결합시켜 운반하거나 취급할 때에도 안전한 폭약을 만들어 다이너마이트라는 이름을 붙였습니다. 노벨은 다이너마이트의 발명으로 몇 년 지나지 않아 매우 큰 부자가 되었습니다. 전 세계에 공장을 세웠고, 규모가 큰 스웨덴의 부포스 무기 공장을 사들여 합성고무와 인조비단을 비롯한 다른 공산품도 만들었습니다. 노벨의 형인 로베르트와 루트비히는 카스피 해의 서안에 있는 바쿠의 유전 개발에 성공하여 대규모의 정유소를 건설하고, 세계 최초의 유조선 조로아스타 호를 사용하여 세계 최초의 파이프라인을 채용함으로써 노벨 가는 유럽 최대의 부자가 되었습니다.

그런데 노벨은 평생 결혼하지 않았으며 자식도 없었습니다. 원래 몸이 허약했던 노벨은 나이를 먹을수록 건강이 점점 나빠졌고, 신경도 예민해졌습니다. 또한 많은 사람을 죽이고 다치게 하는 물건을 만들었다는 죄책감에 시달렸고, 평화를 위해 만든 다이너마이트가 전쟁에 이용될 수 있다는 사실에 괴로워했습니다. 노벨은 900만 달러에 이르는 기금을 조성하여 스웨덴 과학아카데미에 기부하면서 과학의 진보와 세계의 평화를 위해 써 달라는 유언을 남기고 1896년 63세의 나이로 세상을 떠났습니다.

스웨덴 과학아카데미는 이 기금에서 나오는 수익금으로 1901년부터 노벨상 제도를 실시하고 있습니다. 노벨상에는 평화, 문학, 물리, 화학, 생리학·의학, 경제 분야에서 공을 세운 사람들에게 주어지는데, 특히 노벨 평화상은 가장 영광스러운 상으로 세계 평화를 증진시키는 데 가장 많은 공헌을 한 개인이나 단체에게 주어집니다.

2 유일한(1895~1971)

유한양행을 설립한 한국의 기업가로, 기업 경영의 목표를 이윤 추구에 두지 않고 건전한 경영을 통한 사회 헌신을 평생 신념으로 여겼습니다. 그리하여 그는 전 재산을 사회에 환원하였습니다.

1895년 평양에서 출생한 유일한의 원래 이름은 유일형입니다. 아버지는 평양에서 잡화상을 운영하면서 양잠업도 겸했습니다. 그의 가족은 교회를 다녔는데 9세 때 미국인 선교사의 추천을 받아 미국으로 유학을 떠나게 되었습니다.

16세 때 미국 헤스팅스 고등학교에 입학하여 신문배급소에서 일을 하면서 공부하였습니다. 이때 신문배급소 직원이 '일형'이라는 이름의 발음을 잘못 알아듣고 '일한'으로 기록한 사건이 있었습니다. 이 사건을 계기로 조국을 잊지 않고 살겠다는 의지로 이름을 유일한으로 바꿨는데, '일한(一韓)'은 대한제국 또는 세계 제1의 대한제국이라는 의

미로 해석할 수 있기 때문이었습니다.

유일한은 신문배달이나 구두닦이 등의 일을 하면서 공부를 계속하였고, 미국 미시간 대학교 상과에 입학했습니다. 그리고 당시 미국에서 독립운동을 하던 서재필, 이승만 등과 교우하였습니다. 대학을 졸업한 후에는 제너럴 일렉트로닉 등 미국 회사에 취업하였으나 그만두고 자신의 사업을 구상하였습니다. 그는 당시 미국 거주 중국인들에게 인기가 높았던 숙주나물을 통조림에 저장할 수 있는 방법을 개발하여 대학 동창이자 식품 사업을 하던 웰리스 스미스와 동업하여 라초이 식품회사를 설립하였습니다. 라초이 식품회사는 미국 내에서 큰 성공을 거두었습니다.

유일한은 1925년 라초이 식품회사의 원료를 구입하기 위해 중국 상하이를 방문하였다가 다시 일본을 거쳐 귀국하여 21년 만에 가족과 상봉하였습니다. 그리고 그 해 미국에서 아시아 지역 토산품을 취급하는 유한주식회사를 설립하였고 서재필을 사장으로 영입하였습니다. 그리고 대학 동창이자 의사인 중국계 여성 호미리와 결혼도 했습니다.

1927년에는 미국 라초이 식품회사를 청산하고 귀국하여 서울 종로 2가 덕원빌딩에 유한양행을 창립하였습니다. 이때 미국에서 많은 의약품을 가지고 왔는데 이는 2년 전 한국을 방문했을 때 한국에 가장 필요한 사업은 의료 분야이며, 의약품 사업을 통해 조국에 도움이 될 것이라는 결론을 내렸기 때문입니다. 특히 유한양행에서 직접 제조해서 판매한 안티푸라민은 가정상비약으로 큰 인기를 얻었습니다. 유한양행은 국내뿐 아니라 중국, 대만에도 지점을 개설하여 판매망을 넓혀 나갔습니다.

그렇지만 유일한은 거기서 머물지 않고 공부를 더 하기 위해 미국으로 건너가 1941년 남가주 대학교에서 경영학 석사 학위를 받았습니다. 제2차 세계대전이 일어나 일본의 감시가 심해지자 유한양행 사장직에서 물러나 미국 육군의 OSS 산하 한국담당 고문으로 발탁되었습니다. 그리고 로스앤젤레스에서 한인 국방 경위대를 창설하였고, 1945년 한국 침투를 위해 조직된 특수공작원에 배속되어 군사훈련을 받았습니다. 그러나 국내로 침투하기 전에 광복을 맞아 국내로의 침투 작전은 실행되지 못했습니다.

1946년 유한양행 사장으로 복귀하였으나 이승만 정권의 초대 상공부 장관으로 추대된 것을 거절하여 정부의 견제와 감시를 받게 되었습니다. 1948년 다시 미국으로 건너가 스탠퍼드 대학에서 국제법을 공부하였고, 이후 국내로 입국하려 했으나 이승만 정부에 의해 번번이 저지당했습니다. 1950년 6·25전쟁이 일어나자 유한양행은 어려움에 처했으나 유일한이 없음에도 불구하고 직원들의 헌신적인 노력으로 명맥을 유지할 수 있었습니다.

1953년 귀국하여 전쟁으로 기울어가던 회사를 재건하였고, 1962년에는 기업을 공개하여 투명 경영을 실현하였으며, 정직한 세금 납부로 산업훈장을 받았습니다. 유일한은 국가에 내는 세금이야말로 나라를 위하는 일이라고 생각했기 때문에, 세금을 차질 없이 납부하도록 엄격하게 관리했습니다. 국가는 세금에 의해서 운영되는 것이므로 부강한 국가를 만들기 위해서는 납세의 의무를 성실히 해야 한다는 것이 그의 신념이었습니다. 또한 인재양성에도 힘써 1963년 개인소유주식 12,000주를 연세대학교에 장학기금으로 기부하였고, 보건 장학회에도 5,000주를 기부하였습니다. 1965년에는 서울 영등포구에 유한공업고등학교를 건립하여 교육 사업을 시작하였고, 연세대학교로부터 명예박사 학위를 받았습니다.

미국에 있는 아들 유일선이 귀국하여 부사장직을 맡았으나 기업 경영에 대한 신념이 자신과 다른 것을 보고 미국으로 돌려낸 후 전문경영인에게 회사 운영을 맡겼습니다. 1971년 76세를 일기로 사망하였으며, 그의 유언에 따라 전 재산이 사회에 환원되었습니다. 1995년에는 그가 독립을 위해 활동한 이력이 밝혀져 건국훈장 독립장이 추서되었습니다.

3 정주영(1915~2001)

현대그룹의 창업자로 우리나라 경제 발전에 핵심적인 역할을 하였고, 남북이 교류하는 데도 큰 역할을 하였습니다.

강원도 통천군 송전리 아산마을의 가난한 집안에서 태어난 정주영은 송전소학교를 졸업했으나, 가난 때문에 중학교에 진학하지 못하고 아버지를 도와 농사를 지으며 생활했습니다. 정주영은 가난에서 벗어나려고 여러 차례 가출을 반복했습니다. 심지어 아버지 몰래 집안의 재산인 소를 몰래 팔아 가출하기도 했습니다. 이 일은 훗날 아버지에게 천 배로 갚는다는 의미를 담아 1,001마리의 소떼를 끌고 판문점을 통해 북한을 방문하는 계기를 만들었습니다. 이렇게 가출을 거듭한 끝에 서울의 한 미곡상에 취업하여 그곳에서 일을 하다가 1937년 경일상회라는 미곡상을 시작합니다.

1940년에는 서울에서 가장 큰 경성서비스공장의 직공으로 일하던 이을학의 소개로 '아도서비스'라는 자동차 수리공장을 인수하여 큰 성공을 거두었습니다. 그리하여 1946년에 현대자동차공업사를 설립하였고, 1947년에는 현대토건사를 설립하면서 건설업에 뛰어들었습니다. 1950년에는 현대토건사와 현대자동차공업사를 합병하여 현대그룹의 모체가 된 현대건설주식회사를 설립하였고, 1971년 현대그룹 회장에 취임했습니다.

현대건설은 6·25전쟁 후 점차 늘어가는 건설 수요를 감안하여 1964년에는 시멘트 공장을 준공하여 큰 성공을 거두었고, 1970년대에 들어서면서 해외 건설시장 개척과 울산 조선소 건설, 서산 앞바다 간척사업 등을 추진하여 성공함으로써 대기업으로 성장하였습니다.

1987년 명예회장으로서 경영 일선에서 물러난 정주영은 1992년 초에 통일국민당을 창당하여 대표최고위원이 되었으며, 제14대 대통령 선거에 통일국민당 대통령 후보로 출마하기도 하였습니다. 대통령 선거에서 패배한 후에 다시 현대그룹 명예회장이 되었고, 1998년 6월에 판문점을 통해 '통일소' 500마리와 함께 판문점을 넘어 주목을 받았습니다. 같은 해 10월에 다시 통일소 501마리와 함께 판문점을 통해 방북하여 김정일 국방위원장을 면담한 후에 남북 민간 교류의 획기적 사건인 '금강산 관광'을 성사시켰습니다.

노환으로 건강이 악화되자 2000년 5월에 현대그룹 명예회장직을 사퇴하였으며, 2001년 폐렴으로 인한 급성호흡부전증으로 사망했습니다.

1996년에는 타임지의 '아시아를 빛낸 6인의 경제인'에 선정되기도 하였고, 회고록 〈시련은 있어도 실패는 없다〉, 자서전 〈이 땅에 태어나서—나의 살아온 이야기〉를 출판하기도 하였습니다.

4 빌 게이츠(1955~)

미국의 기업가로 친구인 폴 앨런과 함께 최초의 소형 컴퓨터용 프로그래밍 언어인 베이직(BASIC)을 개발하였으며, 마이크로소프트 사를 설립하였습니다. 퍼스널 컴퓨터의 운영 체제 프로그램인 '윈도(Windows)' 시리즈를 출시하여 획기적인 판매 실적을 올렸습니다.

미국 시애틀에서 태어난 빌 게이츠는 레이크사이드 중학교에 입학하면서부터 컴퓨터와 관계를 맺습니다. 그리고 15세 때 같은 반 친구인 폴 앨런과 함께 소프트웨어 회사를 설립했습니다. 1973년 하버드 대학교 법학과에 입학한 빌 게이츠는 1975년 폴 앨런과 함께 시장에 막 등장한 개인용 컴퓨터 프로그램을 만들기 시작했고, 그 해에 하버드 대학교를 그만두고 마이크로소프트 사를 설립했습니다. 1981년 당시 세계 최대의 컴퓨터 회사인 IBM 사로부터 퍼스널 컴퓨터에 사용할 운영 체제 프로그램 개발을 의뢰받아 최초의 개인용 운영 체제인 '엠에스도스(MS-DOS)'를 개발했습니다. 운영 체제란 컴퓨터의 기본 작동을 쉽고 효율적으로 운영할 수 있게 총괄하는 특수한 프로그램입니다. 빌 게이츠가 개발한 MS-DOS는 수백만 장이 판매되어 IBM과 IBM 호환용 컴퓨터에 사용되었습니다.

그 후 마이크로소프트 사는 눈부신 성장을 하였고, 1985년에 '윈도(Windows)'라는 개인용 컴퓨터(PC:Personal Computer)의 운영 체제 프로그램을 개발했습니다. 윈도 프로그램은 컴퓨터 화면에 여러 개의 창(Window)을 열어 놓고 몇 가지 작업을 동시에 실행할 수 있으며, 자판으로 명령어를 입력하지 않고 화면에 그림으로 나타난 기호를 마우스로 선택하여 명령어를 실행할 수 있도록 한 것이 지금으로서는 지극히 자연스러운 일이지만, 당시로서는 획기적인 사건이었습니다. 윈도 프로그램은 발매 4일 만에 전 세계적으로 100만 개 이상의 판매 실적을 올리는 대기록을 세웠으며, 그 후로도 윈도 시리즈를 계속 출시했습니다. 빌 게이츠는 PC의 급속한 확산과 더불어 세계 컴퓨터 시장의 주도권을 장악하면서 엄청난 부를 쌓아 〈포브스〉에서 선정하는 세계 억만장자 순위에서 13년 연속 1위를 차지하였습니다. 2008년 6월에는 자선 활동에 전념하기 위하여 33년간 이끌던 마이크로소프트 사의 경영에서 손을 떼고 공식 은퇴하였습니다.

5 스티브 잡스(1955~2011)

미국의 기업가이며 애플 사의 창업자입니다. 애플의 최고경영자 (CEO)로 활동하며 아이폰, 아이패드를 출시하여 IT 업계에 새로운 바람을 불러일으켰습니다.

스티브 잡스는 1955년 미국의 캘리포니아에서 태어나자 마자 부모로부터 버림 받고 입양되었습니다. 자동차 기술자인 양아버지 밑에서 자라면서 어릴 때부터 자연스럽게 기계와 전자제품에 관심을 갖게 되었습니다.

그리고 열두 살 때 처음으로 컴퓨터를 접하게 되었습니다. 당시 휴렛팩커드 사에서 어린이들을 공장으로 초청하여 간단한 컴퓨터 조작법을 가르쳐 주었는데, 거기에 참여한 잡스는 금세 컴퓨터에 빠져들었습니다.

고교 시절에는 휴렛팩커드 사에서 잠시 아르바이트를 했는데, 이때 훗날 사업의 동반자가 된 스티브 워즈니악을 만나게 됩니다. 당시 워즈니악은 대학을 중퇴한 상태였는데, 그때까지 잡스가 만난 사람 중 전자공학에 대해 가장 많이 알고 있었습니다.

두 사람은 몇 년 후 정식으로 '애플 사'라는 간판을 달고 창업했으며, '한 사람에게 한 대의 컴퓨터를!'이라는 표어까지 내걸었습니다. 처음에는 자금이 없어 무척 고생했습니다. 컴퓨터를 직접 만들어서 팔고 싶었지만 컴퓨터를 만들 부품을 살 돈조차 없었습니다. 그래서 잡스는 자신의 자동차를, 워즈니악은 자신의 전자계산기를 팔아 마이크로프로세서 하나를 겨우 살 수 있었습니다.

두 사람은 2년간의 고생 끝에 최초의 애플 사에서 개인용 컴퓨터를 탄생시켰으며, 제품이 완성되자 스티브 잡스는 곧장 판매에 나섰습니다.

잡스의 열성적인 판매로 애플 사의 컴퓨터는 눈부신 판매 기록을 세웠으며, 두 사람은 계속 신형 제품을 내놓았습니다. 그런데 1985년, 애

143

플 사에 불행이 찾아옵니다. 거대 회사인 아이비엠(IBM)에서 개인용 컴퓨터를 만들면서 애플 사의 경영이 점점 어려워진 것입니다. 이에 따라 스티브 잡스는 경영 부진의 책임을 지고 회사를 떠나게 되었습니다.

하지만 잡스는 절망하지 않고 얼마 후, '넥스트'라는 회사를 차리면서 다시 일어설 기회를 노립니다. 넥스트는 컴퓨터 그래픽 애니메이션 회사인 '픽사 스튜디오'를 사들이고, 1995년에는 만화 영화 〈토이 스토리〉를 제작하여 큰 성공을 거두었습니다.

그 후, 스티브 잡스는 애플 사를 나온 지 11년 만에 다시 회장 고문이라는 이름으로 돌아왔습니다. 이때 애플 사는 계속되는 적자로 무척 어려움을 겪고 있었습니다. 잡스는 직원과 제품의 수를 대폭 줄인 다음 핵심 사업에만 전력질주를 했고, 그 결과 애플 사는 1998년부터 다시 성장의 길로 돌아설 수 있게 되었습니다. 그리고 얼마 후 속이 들여다 보이는 파스텔 톤의 컴퓨터 '아이맥'을 내놓으면서 예전의 인기를 완전히 회복했습니다. 스티브 잡스가 애플사의 CEO로 복귀한 2년 동안 애플사의 자본은 20억 달러에서 160억 달러로 증가했습니다.

한층 여유로워진 스티브 잡스는 새로운 미디어인 인터넷과 접목한 새로운 제품 개발에 눈을 돌렸으며, 그 대상은 음악이었습니다. 아이튠즈 개발에 이어 아이팟이라는 MP3 플레이어를 개발하여 세계적인 히트상품 반열에 올려놓았습니다. 2007년에는 아이폰을 발표하여 통신업계 전반을 뒤흔들어 놓았고, 문화적인 파급 효과도 대단했습니다. 또한 2010년에는 아이패드라는 태블릿 컴퓨터를 발표하는 등 스티브 잡스가 주도하는 변화는 계속되었습니다.

그러나 성공가도를 달리던 스티브 잡스는 췌장암이 악화되어 2011년 8월 애플사 CEO직을 사임했고, 사임 후 2달이 채 지나지 않은 10월에 56세로 세상을 떠났습니다.

11 이 직업을 가진 사람에게 듣는다

CEO 김정현 | 쉐어하우스 WOOZOO 대표

'소리'에 이어 '보금자리'를 선물하는 김정현 대표
2013년 '제1회 대한민국 사랑받는 기업' 산업통상자원부 장관상 수상자인
김정현 대표의 사회적 약자를 도와주면서, 의미 있게 돈을 버는 방법

Q1 청소년 시절을 어떻게 보냈나요?

공부도 어느 정도 열심히 하고, 게임도 좋아하고, 친구들과 놀기 좋아하는 평범한 학생이었습니다. 초등학교 때는 농구를 좋아해서 농구선수가 꿈이었고, 중학교 때는 랩을 좋아해서 래퍼가 되고 싶었는데, 고등학교에 입학해서는 특별한 꿈이 없었습니다.

부모님은 두 분 다 사업을 하셨는데 아버지는 사업에 부침이 있었지만 비교적 자수성가한 분이었습니다. 부모님, 특히 아버지는 용돈을 주실 때 그냥 주시지 않고 대가를 치르게 하였습니다. 청소를 하거나 심부름을 하면 용돈 얼마를 받는 식이었지요. 돈 버는 것이 얼마나 어려운지를 깨닫고 생활력을 길러 주기 위

145

한 뜻이었다고 생각합니다. 부모님께 영향을 받은 것은 아니지만, 저는 비교적 일찍 장사를 시작했습니다. 부모님과 친척어른이 전자계산기를 동시에 사주셔서, 남는 한 개를 중고가격보다 싼 가격으로 친구에게 팔았는데 의외로 재미가 있었습니다. 그 후로 인터넷에서 물건을 싸게 구입하여 필요한 사람들에게 파는 식으로 조금씩 사업을 했습니다.

Q2 고등학교 졸업 후 사업을 하다가 나중에 대학에 입학하게 된 계기는 무엇인가요?

고등학교 3학년 때 선생님과 어긋나는 일이 생겨서 혼자서 입시준비를 했습니다. 세 군데 대학에 원서를 썼는데 모두 떨어졌습니다. 재수를 하는 대신 일을 시작했습니다. 편의점 아르바이트와 지인의 카페를 대신 운영해 주면서 돈을 벌었습니다. 부모님은 대학 진학을 권유하셨지만, 강요하지 않으셨고 제 생각을 존중해 주셨기 때문에 제가 하고 싶은 일을 하면서 지냈습니다.

낮에는 아르바이트를 하고 밤에는 지인의 쇼핑몰을 도와주면서 많은 돈을 벌었는데, 죽을 때까지 이렇게 돈만 벌고 산다고 생각하니까 아찔해졌습니다. 사회생활에도 어느 정도 익숙해졌고, 사회생활을 하다 보니 고졸이라는 학력이 부담도 되었습니다. 대학에 가면 내가 모르는 새로운 길과 비전이 있지 않을까 하는 기대를 갖고 대학에 들어갔습니다. 영문학을 공부하고 싶어서 영문학과에 진학했는데, 영문학과에는 저처럼 영어를 배우고 싶은 학생이 아니라 이미 상당한 실력을 갖춘 특기생

들만 있었습니다. 저는 영어를 못했기 때문에 그들의 수준에 맞춰서 공부하기는 어려웠습니다. 그래서 2학년 때 평소에 관심 있던 경영학과로 전과했습니다.

Q3 보청기에 관심을 갖게 된 배경이 궁금합니다.

경영학과 첫 학기 수업 때 사회적 기업이라는 개념에 대해 배우면서 흥미를 갖게 되었습니다. 단순히 돈만 버는 것이 아니라, 사람들에게 도움을 주는 사업이면 더 매력적이고 의미가 있다고 생각했지요.

또 사회적 기업에 대해 연구하는 동아리에도 들어갔는데, 함께 해외기업 사례도 연구하고 토의하는 모임이었습니다. 동아리에 들어가 해외 사례를 조사하던 중 난청을 없애기 위해 보청기 사업을 시도하는 한 인도 회사에 대해 알게 되었습니다. 이 회사는 백내장 수술을 하는 사람들을 위한 병원제품 개발에는 성공했는데, 보청기 사업에는 실패했다고 합니다. 왜 실패했는지 궁금하여 보청기 사업에 관심을 갖게 되었습니다.

당시는 금융위기 때문에 사회가 경직되어 있었습니다. 그래서 꼭 사업을 해야겠다는 생각보다는 학교를 다니면서 계속 관심을 가졌습니다. 그리고 결국 사업으로 이어진 거지요. 처음 관심가질 때부터 사업으로 옮기기까지는 1년 정도 걸렸습니다.

Q4 사업을 시작할 때, 성공한다는 확신을 갖고 돈을 투자했나요?

저는 사업을 하다가 대학에 들어왔고, 졸업 후에는 다시 돈을 벌 계획이었기 때문에 대학에 다니는 동안만큼은 제가 하고 싶은 것을 마음껏 하고 싶었습니다. 또 대학 때는 무모한 짓을 해도 된다고 생각했기 때문에, 성공의 확신보다는 가벼운 마음으로 사업을 시작했습니다.

그리고 생각보다 돈이 많이 들지도 않았습니다. 정부에서 창업자들에게 보조금을 주는 제도가 있었고, 제가 대회에 나가서 상금을 많이 탔기 때문에 순수한 투자금은 그리 많지 않았습니다.

Q5 대학을 휴학하고 사업을 시작했으면 자신보다 나이 많은 직원들이 많았을 텐데 부하직원들을 다루는 데 있어서 힘든 점은 없었나요?

저는 나이가 어리든 많든 상관없이 최대한 존중해 주고, 존대를 했습니다. 서로 존중했기 때문에 크게 힘든 점은 없었지만, 서로 불편한 점은 있었지요. 제가 조직의 수장인데 나이가 어리니까 은근히 기 싸움도 있었습니다. 또한 제가 나이가 많으면 쉽게 넘어갈 일도, 상대편에서 자존심 상해하는 일도 있었습니다. 그 외에는 나이 때문에 크게 문제되는 일은 없었습니다.

Q6 사업을 일찍 시작하는 것에 대한 장점과 단점을 말씀해 주세요.

만약에 동생이 있다면, 모든 책임을 지는 오너로서 창업하기보다는 창업 팀에 들어가서 책임을 나눠가지라고 권유하고 싶습니다. 어린 나이에 무에서 유를 만들어내야 하는 중압감과 책임감, 또 현실의 무서움과 사람간의 이해관계들을 알게 되는 것은 슬픈 일이라고 생각합니다.

하지만 일찍 사업을 시작하면 장점도 많습니다. 나이 들어서 하는 사업은 구체적이고 분명하지만, 창의적이기는 힘듭니다. 반면 젊었을 때 시작하면 논리적으로 설명이 안 되는 무모한 사업에도 도전할 수 있지요. 한국의 대기업 창업주나 구글, 페이스북, 애플의 창업주들도 20대 초중반에 창업했습니다. 창의적이고, 모험적이고, 도전적인 일은 젊은 사업가의 축복이자 특권이라고 생각합니다.

Q7 사업을 하면서 기억에 남는 에피소드가 있나요?

처음 제품을 출시했을 때 주변의 긍정적인 반응이 기억에 남습니다. 대학에 다니면서 친구들과 가볍게 시작한 일이었는데, 갑자기 회사가 커지면서 휴학할 때의 짜릿함도 기억에 남습니다. 처음 사업을 시작했을 때는 잠자는 시간을 제외하면 온종일 일에 매달린 탓에 건강도 많이 안 좋았습니다. 직원 세 명이 일하다가 사업이 커지면서 급하게 사람들을 뽑기 시작했습니다. 채용 사이트를 통해 직원 한 명을 뽑으면 그 직원에게 주변에 일 잘하는 사람 있으면 데려오라는 식으로 직원들을 늘려 나갔지요. 그래서 직원의 친구, 동네 선배, 학교 후배 등이 회사에 들어왔습니다.

눈코 뜰 새 없이 바빴지만 일이 재미있고 회

사가 성장해 나가는 것도 보람 있었습니다. 초창기 기업이기 때문에 중학교나 고등학교만 졸업한 사람도 팀장 등으로 계속 승진했습니다. 그러니 다들 신이 나서 일했지요. 이렇게 일하면서 서로 눈빛만 봐도 마음을 알게 되었고, 서로를 신뢰하게 되었습니다. 함께 일했던 좋은 동료들과 저를 믿고 도와준 사람들이 지금도 기억에 남습니다.

Q8 우리나라의 사업 환경과 정부의 사업지원에 대해 말씀해 주세요.

다른 나라에서 사업을 해본 적이 없어서 비교할 순 없지만, 사업을 하면서 제가 느낀 부분을 말씀드릴게요.

우리나라는 정부에서 정책적으로 지원도 잘해 주고 투자자들도 많습니다. 그러나 시장이 너무 작기 때문에 구조적으로 한계가 있습니다. 미국의 한 개 주보다도 작은 공간에서 똑똑한 사람들끼리 치열하게 싸워야 합니다. 시장은 작은데 경쟁은 너무 치열하지요.

둘째, 우리나라는 대기업이 자원이나 네트워크의 대부분을 차지하고 있습니다. 그래서 어떤 사업이 성장하면 대기업이 끼어들어서 우위를 차지해 버립니다. 이런 구조 때문에 우리나라에서 창업하여 사업을 성공시키는 것에는 많은 어려움이 따릅니다.

Q9 직원들이 회사를 위해 열심히 일하도록 하기 위해 어떤 노력을 했나요?

개인적으로 여러 가지 노력을 했습니다. 첫째는 돈독한 인간관계 유지를 위해 노력했습니다. 제 별명이 산타입니다. 직원들에게 질적·양적으로 많이 챙겨줬거든요. 직원 자녀의 입학식과 졸업식에도 가고, 직원 자녀의 아토피 약을 구하러 다니기도 했습니다. '내가 이렇게 잘해주면, 저쪽도 잘해주겠지.' 같은 대가를 바라는 마음보다는 함께 행복하게 일하고 싶어서 챙겨줬습니다. 직원들이 행복하게 지내는 것이 제게도 행복한 일이라고 생각했거든요.

또한 함께 창업을 한 친구들에게 보상을 많이 해줬습니다. 공동창업자가 아니라 직원이었지만, 일반적인 기준으로는 말도 안 될 정도로 후하게 배분했습니다. 또 직원들의 전세금이 올랐을 때 회사에서 대출이 안 되면 개인적으로 빌려주기도 했습니다.

마지막이 가장 중요한데, 저는 회사를 계속 성장시키려고 정말 열심히 노력했습니다. 직원들은 회사에 아쉬운 점이 있더라도, 회사가 성장하고 비전이 있으면 계속 다니게 됩니다. 저는 주주들이 만족할 정도의 성장이 아니라, 그 이상으로 회사를 성장시키기 위해서 노력했습니다. 회사가 성장해야, 직원들도 성장할 수 있거든요. 다른 회사가 3년에 한 번 승진할 수 있다면, 우리 회사 직원들은 일 년에 한 번 승진할 수 있었습니다. 모든 직원이 만족한 것은 아니겠지만, 개인적으로는 직원들이 성장하는 즐거움과 자신감을 느낄 수 있도록 노력했습니다.

Q10▶ 보청기뿐 아니라 쉐어하우스 사업도 하고 있는데, 사업 아이디어는 주로 어디서 얻나요?

원래 사색을 좋아하는 편입니다. 그리고 사업을 시작하면서부터는 하루에 한두 시간씩 꼭 생각하는 시간을 갖고 있습니다. 우선순위와 본질적으로 중요한 것을 정하고, 옳은 결정을 하기 위해서는 자신의 생각을 되짚어볼 시간이 필요하거든요. 이런 생각들을 통해서 사업에 대한 아이디어도 많이 얻습니다.

또한 사람들 만나는 것을 좋아하기 때문에 다른 사람들의 이야기를 들으면서 사업 아이디어를 얻기도 합니다. 일상 속에서도 계속 관찰하면서 아이디어를 얻습니다. 매일매일 어떤 일은 왜 잘되고, 어떤 일은 왜 안됐는지의 이유를 계속 생각합니다.

쉐어하우스 사업은 2012년 말부터 시작했습니다. 새로운 사업을 하고 싶어서 여러 아이템을 직접 검토하고, 주변에도 검토를 부탁했습니다. 원래 부동산에도 관심이 많았기 때문에 쉐어하우스 사업이 눈에 들어왔고, 직원들과 외부 사람들의 여러 의견을 취합해서 최종적으로 선택했습니다.

주택문제는 사회적으로 큰 이슈입니다. 1인 가구는 계속 증가하지만 서울의 집값이 내려갈 일은 거의 없습니다. 서울 거주 젊은이들에게 주택과 주거비용은 큰 문제이므로 쉐어하우스 사업은 경제적으로 의미 있는 사업으로 여겨져 매력을 느꼈습니다.

보청기나 쉐어하우스 모두 큰돈을 벌려고 시작한 일은 아니었습니다. 관심을 계속 갖다 보니 아이디어가 생각나서 사업을 시작할 수 있었습니다. 처음에는 유지만 되면 좋겠다고 생각했지만, 사업을 하면서 더 많은 자금을 투입해서 수익을 내고 싶은 욕심이 생겼습니다. 구성원들에게 돈을 더 많이 주고, 고객들에게도 혜택을 더 주고 싶은 욕심이 사업을 성장하게 만들었습니다. 저는 사업 아이템을 선정할 때, 제 이익과 사회적 환원이 어느 정도 맞는지를 따져 봅니다. 단순히 돈만 버는 아이템엔 큰 매력을 느끼지 못합니다.

Q11▶ 본인에게 사업가적인 기질이 있다고 생각하나요?

대부분의 사업가들에게는 호기심, 미지의 세계에 대한 정복욕, 그리고 꽂히면 꼭 도전한다는 공통점이 있습니다. 하지만 이것은 공통적인 기질일 뿐 중요하거나 필수적인 것은 아닙니다. 이런 기질이 없어도 사업 잘하는 사람이 많거든요. 다만 위에서 말한 기질이 있는 사람은 꼭 사업을 하는 것 같습니다. 저도 호기심이 많고, 능동적으로 주도하는 것을 좋아하고, 미지의 것을 알고 싶어 하고, 쟁취하고 싶은 욕구가 많습니다. 이런 기질 때문에 사업을 일찍 시작한 것 같습니다.

이런 기질을 타고 났더라도 상황이나 환경 탓을 하는 사람은 사업가로서 적합하지 않습니다. 직장에서 일이 어그러질 때는 다른 사람이나 상황 탓으로 돌릴 수 있습니다. 그러나 사업을 하다가 안 되면 모든 책임을 사업가 본인이 져야 합니다. 사실 안 될 이유들은 많지요. 그러나 어떤 상황이나 환경 때문에 안 된다고 생각하는 사업가들은 도태될 수밖에 없습니다.

사업가는 어떠한 상황이나 환경에서도 일이 성취되도록 노력해야 합니다.

Q12 본인이 생각하는 사업가의 윤리를 말씀해 주세요.

사업가는 무조건 이익을 내야 합니다. 이익을 내는 것이 사업가가 지켜야 할 첫 번째 윤리입니다. 이익을 내지 못하면 다른 덕목들을 지킬 기회조차 얻지 못합니다. 단순히 많이 벌기 위해서 이익을 내는 것이 아니라, 다른 가치들을 똑바로 지키기 위해서 사업가의 제1윤리는 이익을 내는 것이라 생각합니다.

Q13 앞으로의 계획을 말씀해 주세요.

단기적으로는 휴식을 취하고 싶습니다. 책도 많이 읽고, 만나고 싶었던 사람들도 만나고, 여행도 가고 싶습니다. 또 공부도 하고 싶은데, 전공 공부가 아니라 평소 관심 있던 분야의 공부를 하고 싶고 아울러 영어 공부도 하고 싶습니다. 휴식을 취하면서 그동안 궁금했던 분야나 부족하다 싶었던 점들을 보완하고 싶습니다.

딜라이트는 이미 다른 사람에게 맡겼고, 쉐어하우스도 내년에는 다른 사람에게 맡기고 싶습니다. 사업가로서 계속 배우고 성장하고 싶기 때문에 좀 더 규모가 큰 회사에 들어가 일해보고 싶은 바람도 있습니다.

Q14 사업가를 꿈꾸는 학생들이 준비할 게 있다면 무엇일까요?

작게라도 장사를 해봤으면 좋겠습니다. 예를 들면 홍대나 이태원 등의 거리에서 팔찌 같은 것을 파는 일이라도 경험해 보면 좋습니다. 자기가 직접 만들어서 팔아도 좋고, 아니면 다른 곳에서 구입한 물건을 팔아도 좋습니다.

장사의 생리를 이해하고 경험하는 것은 중요합니다. 이런 경험이 있으면 보는 눈도 달라지고, 하고 싶은 일에 두려움 없이 도전할 수 있습니다. 한 예로 의사들도 병원을 다니다가 개원을 할 수 있는데, 개원도 사업이기 때문에 두려움을 갖고 망설이는 경우가 많습니다. 사실 큰일이 아닌데 경험이 없기 때문에 막연하게 두려움을 느끼고 시작을 못하는 거지요.

무에서 유를 만들어낸 창업자들은 대부분 어렸을 때부터 장사의 경험이 있습니다. 학교에서 잡지를 팔거나 시장에서 채소를 팔았던 경험이 있는데, 이런 경험이 있는 사람과 없는 사람의 차이는 큽니다.

Q15 사업가를 꿈꾸는 청소년들에게 조언 부탁드립니다.

사업은 정치만큼이나 세상을 바꿀 수 있는 강력한 도구(파워풀한 툴)입니다. 사업을 단순히 물물교환 정도로 생각할 수도 있지만, 제품이나 서비스를 통해서 사업의 규모가 커지면 사회를 내가 원하는 방향으로 바꿀 수 있는 힘이 생기거든요. 사업은 사회에 직접적이고 광범위하게 영향을 줘서 사회를 변화시킬 수 있습니다. 이런 점에서 사업가라는 직업은 충분히 매력적입니다.

사업가는 본인의 생각에 따라 단순히 돈을 버는 사람이 될 수도 있고, 그 이상의 사람도 될 수 있습니다. 그러므로 크게 생각하는 것이 좋습니다. 단순히 돈에만 집착하면 그냥 돈 많이 버는 사업가가 되지만, 그 이상을 생각하는 사람은 더 큰 것들을 이룰 수 있습니다. 더 큰 것들을 마음에 두면 돈 버는 것이 쉽게 느껴집니다. 마라톤에서 42.195km 완주를 목표로 하는 사람에게 10km는 쉽지만, 10km 완주가 목표인 사람은 10km가 어렵게 느껴집니다. 사업가를 꿈꾸는 청소년들은 단순히 돈을 많이 버는 것이 아니라, 사업을 통해서 주변 사람들과 사회에 어떤 영향을 주고 싶은지도 함께 생각했으면 좋겠습니다.

또한 사업을 하든지 하지 않든지 간에 본인만의 고유한 실력을 갖춰야 합니다. 부모님 세대만 해도 명문대나 의대, 법대에 들어가야 성공한 인생이었지만, 이제 의대나 법대 또는 대기업 입사가 성공을 보장해 주지는 않습니다. 스스로 무엇인가를 할 수 있는 역량을 키워야 합니다. 남한테 자기 인생을 의탁하기보다는 스스로 가치를 만들어내는 것이 미래의 경쟁력입니다.

마지막으로 사업을 하지 않더라도 사업가 마인드를 갖추는 것이 중요합니다. 모든 사람이 뛰어난 능력을 갖출 수는 없습니다. 그러나 어려운 일에 직면했을 때 능력이 없다고 포기해서는 안 됩니다. 두려워하지 말고 계속해서 부딪히고 깨지면서, 방법을 찾고 자신감을 키워야 합니다. 이러한 마인드는 청소년들에게 꼭 필요하다고 생각합니다.

영업사원
기업형

E

Lawyer

Diplomatic Agent

CEO(Chief Executive Officer)

SALESMAN

Politican

SALESMAN

● 영업사원(기업형) ●

회사의 목적은 이익 창출이며, 이것을 이루지 못하면 회사는 규모를 축소하거나 문을 닫아야 합니다. 여러 회사에서 비슷한 제품들이 쏟아져 나오는 오늘날에 영업사원들이 얼마나 고객 지향적인 마인드를 가지고 일하느냐에 따라 회사의 매출이 크게 달라집니다. 따라서 회사가 지속 발전하기 위해서는 영업사원들이 가장 중심에 서서 자신의 역할을 해내야 합니다.

01 영업사원 이야기

1 영업사원이란?

영업사원은 회사를 대변하여 상품을 파는 사람으로, 아직 구매 의사가 없는 고객에게 구매할 수 있도록 권하여 각종 제품과 서비스를 판매하는 일을 합니다. 회사와 고객 사이에는 영업사원이 있다고 할 수 있습니다.

영업사원은 현장 방문이나 전화, 이메일을 통해 고객과 상담하고 계약 조건 등을 협의합니다. 거래가 성사되면 계약서를 작성하고 배달 날짜를 조절하여 고객이 원하는 곳까지 상품을 배달해 줍니다.

Tip

미래에 영업사원이 되고 싶은 청소년은 다양한 영업 직종 중에서 자신이 어떤 분야의 영업사원을 하고 싶은지를 결정하는 것이 매우 중요합니다.

2 다양한 직종의 영업사원들

우리는 영업사원 하면 흔히 자동차 영업사원이나 보험 설계사를 떠올립니다. 그러나 영업사원은 자동차와 보험 말고도 수많은 분야에서 활동하고 있습니다. 생활용품, 의류, 의약품 등 모든 회사에는 영업사원이 있다고 해도 과언이 아닙니다. 영업사원은 영업 대상 품목에 따라 기술 영업사원, 해외 영업사원, 일반 영업사원으로 구분됩니다. 기술 영업사원은 산업용 장비, 정보통신 장비, 그 외 부품이나 설비의 사용 방법과 보수(AS)에 대한 전문적 지식을 활용하여 기계장비 설비 등을 판매하고, 판매한 제품에 문제가 발생했을 때 고객을 찾아가 AS를 해 줍니다. 기계장비 기술 영업사원, 전자통신장비 기술 영업사원, 의료장비 기술 영업사원 등이 이에 속합니다. 해외 영업사원은 기업이 해외로 상품을 판매하는 데 필요한 홍보 및 모든 사무를 수행하며, 일반 영업사원은 제조업체에서 생산한 각종 제품과 서비스를 판매합니다. 일반 영업사원으로는 출판 영업사원, 자동차 영업사원, 보험 설계사, 정수기 영업사원, 제약회사 영업사원, 화장품 영업사원, 건축자재 영업사원, 인쇄 및 광고 영업사원, 식품 영업사원, 체인점 모집 및 관리 영업사원 등이 있습니다.

3 영업사원으로 성공하려면

영업사원으로 성공하려면 무엇보다 직업에 대한 열정과 끈기 있는 노력이 필요합니다. 천재 과학자나 음악 신동은 있어도 천재 영업사원은 없습니다. 그만큼 영업은 오랜 경험과 꾸준한 노력의 산물입니다. 그래서 '영업사원은 타고나는 것이 아니라 길러지는 것이다.'라는 말이 있습니다.

외향적이고 언변이 좋은 사람, 인맥이 넓은 사람이 영업하기에 유리한 조건을 가지고 있지만, 의외로 내향적이고 말주변이 없는 사람이 영업을 더 잘하는 경우도 있습니다. 이렇듯 영업은 배우려는 열정과 의지만 있다면 모든 성격의 소유자가 가능합니다. 고객들이 좋아하는 영업사원은 자신의 잘못을 변명하려 들지 않고 스스로 인정할 줄 아는 사람, 고객의 말에 귀 기울이고 고객의 욕구를 충족시켜 주는 사람, 문제점을 해결해 주는 성실한 사람, 약속을 잘 지키는 사람이라고 합니다.

영업 현장은 말 그대로 전쟁터입니다. 총 없는 전쟁에 뛰어든 영업사원들은 리더십, 성실성, 친화력, 업무 능력 등 '자기만의 경쟁력'을 키워야 합니다. 날이 갈수록 판매 시장의 경쟁은 점점 치열해지고, 영업 방법들은 더 교묘해지고 있습니다. 이런 상황을 뚫고 수많은 경쟁제품 중에서 우리 것을 선택해 달라고 불철주야로 뛰어야 하는 것이 영업사원의 운명입니다.

4 직업 전망

영업사원은 실제로 일자리가 많은 편이지만, 실적에 대한 부담과 업무 스트레스 등으로 이직이나 전직이 빈번한 편입니다. 따라서 열정을 가지고 꾸준히 노력할 수 있는 인내와 끈기를 가진 사람에게 적합한 직업입니다. 또한 판매 실적에 따라 성과급이 지급되고 실적이 우수하면 고액의 연봉을 받을 수도 있기 때문에 신선한 영업 아이디어가 요구됩니다. 요즘은 인터넷 쇼핑과 홈쇼핑이 발달하면서 영업사원에 대한 수

요가 줄어든다는 우려도 있지만, 의료, 식품, 제약, 자동차, 정보통신, 의료 및 산업장비 등의 분야는 인터넷 쇼핑 등으로 제품을 구입하기 어려운 분야이기 때문에 꾸준히 유지될 것으로 보여 취업도 상대적으로 수월할 것으로 전망됩니다.

02 영업사원의 종류

1 직종에 따른 분류

1) 자동차 영업사원

자동차 영업사원은 자동차 제조회사에서 운영하는 직영 영업소나 자동차 대리점에 고용되어 자동차 회사에서 생산된 자동차를 고객에게 판매하는 일을 담당합니다. 고객을 직접 찾아가는 방문 판매나 대리점으로 찾아온 고객을 응대하여 차량을 판매합니다.

자동차 영업사원이 차량을 판매하는 과정을 살펴보면, 먼저 고객을 만나 자동차 카탈로그를 보여주면서 고객이 원하는 차종을 파악합니다. 그런 다음 고객에게 차량의 가격과 연비, 옵션 사항, 차량의 외관, 내장, 안전성, 컬러 등에 관해 설명하며 구매가 이루어질 수 있도록 설득합니다. 고객이 사겠다는 의사 표시를 하면 구매 비용, 인도 일자 및 계약 조건 등에 대해 논의합니다. 그리고 차량을 판매하고 난 뒤에는 보증 및 정비 관련 서비스를 제공합니다.

> **Tip**
>
> 자동차 영업사원은 자동차의 제품 정보, 경쟁 업체, 시장 상황에 대한 정보를 수집·분석하여 자동차 영업 및 판매 활동에 활용하며, 잠재적인 구매 고객을 파악하고 홍보 활동을 하며, 신차 정보 등의 정보 제공을 통해 기존 고객을 관리합니다.

2) 보험 설계사(보험 영업사원)

보험과 관련하여 고객의 자산을 어떻게 관리할 것인지 설계해 주는 사람으로 대개 보험회사에 고용되어 일하고 있습니다.

보험 설계사는 보험 가입 대상자를 만나 보험의 의미나 필요성에 대해 알려주고 개개인의 상황이나 조건에 맞는 보험 상품에 가입하도록 권유합니다. 고객이 가입하겠다는 결심을 하면 계약서를 작성하여 영업점에 등록시키는 일을 합니다.

이처럼 기존에는 보험 가입자를 모집하는 것이 보험 설계사의 주된 임무였는데, 요즘에는 재무 상담이나 생활 설계, 대출 상담으로까지 업무 영역을 넓히고 있습니다. 최근에는 펀드 판매가 가능해짐에 따라 각종 금융 정보 및 펀드 상품 등에 대한 폭넓은 지식을 쌓는 노력이 필요합니다.

실제로 보험 설계사가 하는 일은 매우 다양합니다. 고객이 재산을 늘

> **Tip**
>
> 보험 설계사가 되려면 먼저 생명보험협회와 손해보험협회가 매달 1회 실시하는 보험설계사 자격시험에 합격하여야 합니다. 보험회사에서는 자신의 회사 소속 보험설계사를 금융감독위원회에 등록하여 관리합니다.

릴 수 있도록 효율적 투자 상품을 보험 상품과 연결시켜 주기도 하고, 고객의 인생 주기에 따라 필요한 목돈을 어떻게 마련할 것인지에 대한 정보도 제공해 줍니다. 또한 노후 보장을 위해서는 자금이 얼마나 필요한지, 주택 마련을 위한 대출은 어떻게 해야 하는지 등 다양한 업무를 맡고 있습니다. 따라서 보험 설계사가 되려면 금융 전반에 관한 폭넓은 지식을 갖추어야 합니다.

보험 설계사가 되는 데 학력, 성별, 나이 등에 특별히 제한은 없습니다. 다만 최근 들어 보험 설계사의 전문성이 강조되면서 외국계 보험회사의 경우, 나이와 학력 조건을 제한하기도 합니다. 보험 중개사, 보험 설계사, 변액보험 판매자 등의 자격을 취득하면 업무에 도움이 됩니다.

3) 제약회사 영업사원

Tip

제약회사는 사원의 절반이 영업사원일 정도로 영업이 차지하는 비중이 높습니다. 다만 고객이 약사와 의사를 비롯한 의학 관계자들로 한정되어 일반인들에게는 드러나지 않을 뿐입니다.

제약회사는 의사의 처방전으로 조제 가능한 치료 의약품과 의사의 처방 없이도 약사가 조제할 수 있는 일반 의약품의 두 종류 약품들을 연구·개발하고 생산·판매하는 일을 합니다. 그런데 병원에서 처방하는 치료 의약품의 경우 광고를 할 수가 없습니다. 그래서 제약회사마다 영업사원을 고용하여 의사나 약사를 찾아가 판촉 활동을 벌입니다. 결국 영업사원이 자사 제품의 우수성과 경쟁 제품과의 차별화를 얼마나 잘 설명하느냐에 따라 제품 판매의 성공 여부가 결정됩니다. 따라서 제약회사는 영업사원의 역할이 매우 중요합니다.

제약회사의 영업사원들에게는 의사나 약사 등 의학 관계자들과의 지속적인 관계가 매우 중요합니다. 또 이들과의 친밀한 관계를 통해 학계의 일이나 세미나 등에서 기업 협찬을 위한 다리가 되어 주어야 합니다.

이처럼 제약회사의 영업사원은 회사의 운명을 짊어진 막중한 위치에 있으므로 그 위상이 다른 업종의 영업사원에 비해 높아서 근무 여건도 좋은 편입니다.

4) IT 기술 영업사원

정보통신 제품에 대한 전문적 지식을 활용하여 고객에게 적합한 제품을 소개하고, 제품을 판매하는 일을 하고 있습니다. 그러므로 IT 기술 영업사원은 IT 제품의 기능과 성능, 활용 방법 및 제품과 관련된 정보를 수집·분석하고 활용할 수 있는 능력이 필요합니다.

IT 기술 영업사원은 먼저 고객을 방문하여 제품의 기능 및 성능, 활용 방법 등에 대해 조언하며, 기존 시스템과 향후 업그레이드될 기술 관련 문제에 대해 상담을 해 줍니다. 그리고 고객의 구매 능력을 파악한 다음 적합한 제품이나 서비스를 추천하면서 구입을 권유합니다. 그래서 고객이 사겠다는 의사 표시를 하면 판매 계약서를 작성합니다. 또한 제품이나 서비스를 판매하는 데서 그치는 것이 아니라 판매 후에도 문제가 생겼을 때 철저한 AS를 해 주어야 합니다. 더 나아가 제품을 판매한 고객과의 관계를 단절하지 않고 새로운 제품 정보나 제품의 업그레이드 관련 정보를 지속적으로 제공함으로써, 고객과의 거래가 미래에도 지속될 수 있도록 고객 관리에도 신경 씁니다.

그 밖에도 IT 기술 영업사원은 영업 관련 사업계획서 및 사업기술서를 작성하고, 영업 관련 세미나 전시 기획, 광고 및 홍보 업무를 총괄합니다.

> **Tip**
>
> IT 기술 영업사원은 전문적인 기술을 지니고 영업을 하므로 다른 영업사원들에 비해 훨씬 유리한 조건에서 좋은 대우를 받으며 일을 합니다.

2 일하는 방식에 따른 분류

1) 상점 판매원

할인점이나 백화점, 일반 상점 등에서 각종 상품을 판매하는 일을 합니다. 물건을 사러 온 고객에게 상품을 사고 싶은 마음이 들도록 다양한 모델과 색상을 보여 주면서 선택을 돕고, 제품의 사용법이나 보관 방법을 알려 줍니다.

따라서 상점 판매원의 능력에 따라 물건의 판매량이 달라지는 경우가 많습니다. 판매원 중에는 상점에 들어온 고객에게 눈길 한 번 주지 않는 사람도 있지만, 더할 나위 없이 반듯한 언행과 태도로 고객의 기분을 좋게 만드는 판매원도 있습니다. 판매원

159

의 대응에 따라 당장 필요하지도 않은 물건을 구입한다든지, 다음에 다시 방문하기도 합니다. 그래서 상점 판매원은 판매량에 따라 급여가 달라지는 경우가 많습니다.

그 밖에 상점 판매원은 매장을 청소하고, 상품에 가격표를 부착하거나 상품을 보기 좋게 진열합니다. 또한 상품을 판매하는 중간에 수시로 재고량을 확인하여 부족한 상품을 보충하고, 반품을 처리하거나 교환해 주며, 고객 정보를 관리하는 등의 일을 합니다. 전자제품, 의약품, 자동차 등의 상품을 팔기 위해서는 전문지식이 필요합니다.

2) 방문 판매원

고객을 직접 찾아가 상품을 판매하는 일을 합니다. 상품이 팔리면 계약서를 작성하고, 배달 날짜를 조절하며, 고객이 원하는 곳까지 상품을 배달해 줍니다. 방문 판매는 상점 판매에 비해 훨씬 힘들다고 할 수 있습니다. 고객이 상점에 발을 들여놓은 것은 이미 판매의 절반이 이루어진 것이나 다름없습니다. 고객이 상점을 찾게 된 요인은 신문이나 텔레비전의 광고, 쇼윈도의 장식, 홍보 활동, 혹은 오랜 기간에 걸쳐 쌓아올린 상점의 명성 등입니다.

하지만 방문 판매 고객의 대부분은 상품을 구입하겠다는 의지를 아직 갖지 못한 상태입니다. 엄격하게 말하면 고객이라고 단정할 수 있는 사람은 아무도 없습니다. 단지 예상 고객이 있을 뿐입니다. 누군가의 소개를 받아 방문할 수도 있지만 거기에는 한계가 있습니다. 그래서 방문 판매 영업사원들은 이 세상의 모든 사람을 고객으로 간주하고 무에서 유를 창조하기 위해 열심히 뜁니다. 이에 방문 판매 영업사원을 '영업사원의 꽃'이라 부릅니다.

3) 전자 상거래 전문가

웹상에서 온라인을 통해서 일어나는 모든 거래에 대한 비즈니스 모델을 기획하고 활동하는 사람을 전자 상거래 전문가라고 합니다. 전자 상거래 전문가는 인터넷 네트워크를 통해 상품 및 서비스를 교환하고 설계하며 구축하고 관리하는 일을 합니다. 또 어떤 사업을 할지 기획한 다음 콘텐츠를 개발합니다. 그리고 시스템을 구축하고, 서버를 관리하고 운영합니다. 그 외에도 상품 판매 및 유통 계획, 마케팅 등 모든 영역을 담당합니다.

그러므로 전자 상거래 전문가는 컴퓨터 활용 능력, 전산 능력, 상품을 소비자에게 잘 팔 수 있는 기획력, 영업 능력, 마케팅 능력 등 다양한 분야의 기술과 지식을 갖추고 있어야 합니다.

4) 텔레마케터

사업체 또는 개인에게 전화를 걸어 제품이나 서비스에 대해 홍보하여 판매하는 일을 합니다. 고객이 주문을 하면 고객의 정보를 데이터베이스에 입력합니다. 또한 구매한 상품이나 서비스와 관련한 고객의 불편 사항을 접수하기도 하며, 이에 대한 대안이나 해결책을 제시하며 관련 부서에 통보하는 일을 하기도 합니다.

텔레마케터는 전혀 모르는 사람들을 대상으로 전화상으로 판매 활동을 하기 때문에 귀찮아하거나 짜증내는 사람들의 반응에 익숙해져야 합니다. 고객의 요구와 고객의 어떤 반응에도 견디어낼 수 있는 인내심과 적극적인 자세 등이 필요합니다.

03 책과 영화 속에서 만나는 영업사원

1 관련 책

1) 〈마지막 도넛은 먹지 마라〉 주디스 바우먼 지음. 김인석 역. 꿈엔비즈. 2009

이 책은 일반적인 인간관계에서부터 비즈니스 교류에 이르기까지, 현대인들이 기본적으로 알아야 할 에티켓을 소개하고 있습니다. 에티켓은 비즈니스에서 성공하기 위한 작은 습관이라고도 할 수 있습니다. 저자인 주디스 바우먼은 1993년에 국제 에티켓 스쿨을 창립하여 기업 에티켓 교육, 국제 매너 교육, 프레젠테이션 스킬 등을 강의하는 권위자 중 한 사람입니다.

모든 영업사원들은 능력을 키우기 위해 공부를 하고, 훈련을 합니다. 그러나 정작 중요한 것은 지나칩니다. 영업사원으로서 존재하기 위한 매너와 에티켓이 그것입니다. 비즈니스 에티켓이란 고객을 처음 만날 때, 자신을 소개할 때, 모임에서 다른 사람을 소개시킬 때, 함께 음식을 먹을 때, 모임에 참석할 때, 업무에 관련된 전화를 할 때, 이메일을 쓸 때, 프레젠테이션을 할 때, 명함을 교환할 때, 상황에 맞는 복장을 고민할 때, 해외 출장을 나갈 때 등 어느 한 순간도 잊어서는 안 되는 기본자세입니다. 고객은 판매자의 작은 손길, 눈빛, 행동거지 하나에서도 감동할 수 있고, 반대로 실망할 수도 있습니다. 이러한 이유로 비즈니스 에티켓은 매우 중요합니다.

따라서 영업사원이 되려는 사람은 꼭 읽어봐야 할 책입니다.

2) 〈영업의 핵심〉 고양명 지음. 리드리드출판. 2008

이 책은 ㈜한독약품에서 36년 동안 영업과 마케팅 부서에서 일하며 탁월한 실적을 이루어낸 고양명의 영업 노하우를 소개하고 있습니다. 저자는 1973년 한독약품에 입사하여 36년 동안 한독약품에서 일했으며, 특히 2005~2008년까지는 한독약품 대표이사 사장에 선임되어 경영 일선에서 활동했습니다. 저자는 이 책을 통해 고객 우선의 영업철학 및 영업노하우, 리더십의 핵심을 전하고 있습니다.

책의 주요 내용은 고객을 움직이는 세일즈 법칙, 고객을 사로잡는 전략, 능력 있는 조직을 만드는 법칙, 회사를 살리는 행동 법칙 등을 다루고 있습니다. 특히 일류 영업사원이 되려면 사회적인 기본 소양, 제품 관련 지식, 목표를 달성하겠다는 의지 등의 기본기가 있어야 된다는 점, 영업을 잘하면 더 나은 인간관계를 형성하고 적극적인 인생을 살아갈 수 있다는 점을 강조하고 있습니다. 또한 취업 준비생부터 자영업자들까지도 영업에 대해 공부를 해야 한다고 주장합니다. 지은이는 이 책에서 영업사원은 '꿈을 크게 갖고 행동은 디테일하게 하라. 그리고 항상 공부하라. 일류 영업사원은 태어나는 것이 아니라 만들어지기 때문이다.'라고 이야기하고 있습니다.

현재 영업 일을 하고 있는 사람들은 물론 영업사원이 되려고 준비하는 사람이나 영업사원을 꿈꾸는 청소년에게 좋은 길잡이가 될 것입니다.

3) 〈거절당한 순간 영업은 시작된다〉 엘머 레터만 지음. 안진환 역. 북스넛. 2003

이 책은 고객의 거절에 실망하고, 경쟁자의 큰소리에 주눅 드는 영업자들에게 용기와 자신감을 불어넣어 주는 내용을 담고 있습니다. 영업의 달인들이 자기표현은 어떻게 하며, 고객을 어떻게 대하는지, 거절과 기회는 무엇인지, 감동은 어떻게 주는지 등을 제시하고 있습니다.

고객의 거절을 판매 활동의 시작으로 보며, 영업은 상품을 팔기 전에 관계를 팔아야 한다는 그의 이론은 전 세계 수많은 세일즈맨들의 교육에 활용되어 왔으며, 이 책은 20여 개 국가에서 번역 출판되어 2천만 부가 넘게 팔린 세일즈의 바이블입니다.

단순한 영업의 기술을 넘어, 장기간에 걸친 인간관계에 관한 지침을 주는 저자의 노하우는 영업자들이 현장에 뛰어들기 전에 반드시 기억해야 할 필수적인 요소들을 예리하게 분석해내고 있습니다.

2 관련 영화

1) 〈수상한 고객들〉

보험회사 영업사원으로 일하는 배병우는 한때 야구왕을 꿈꾸었지만 지금은 업계 최고의 보험왕으로 영업 실력을 인정받고 있습니다. 최고의 연봉을 받는 보험왕이 되기 위해 정말 최선을 다합니다. 배병우는 다른 보험회사에 스카우트까지 되면서 그야말로 승승장구하게 됩니다.

그러던 어느 날 갑자기 예기치 못한 위기가 닥쳐옵니다. 고객의 자살 방조 혐의로 보험사기에 연루된 것입니다. 배병우는 계약을 맺었던 고객들과의 찜찜한 계약을 떠올리고 그들을 찾아 나섭니다. 그런데 그들은 한결같이 힘겨운 삶을 살아가고 있었습니다. 부인과 자녀를 유학 보

내고 홀로 외롭게 살아가는 우울한 기러기 아빠 오 부장, 까칠한 소녀 가장 소연, 입만 열면 욕설을 내뱉는 꽃거지 청년 영탁, 아이가 넷이나 딸린 억척 과부 복순까지, 병우에게는 그들이 언제 한강물로 뛰어들지 모르는 시한폭탄처럼 보입니다.

배병우는 그들의 삶에 활기를 불어넣어 주기 위해 온갖 감언이설과 허세를 총동원하여 노력합니다. 이러한 불순한 의도로 접근했지만 예상치 못한 그들의 순수함과 가족애에 점점 감화되어 오히려 병우 자신이 행복해집니다.

이 영화는 보험회사 영업사원의 일과와 업무, 사명감과 애환 등을 보여 주고 있습니다. 특히 남자 주인공 류승범의 연기가 돋보이는 영화입니다.

2) 〈아부의 왕〉

동식은 다다생명에 수석으로 입사한 청년입니다. 상품 개발에는 뛰어난 능력을 보이지만, 입바른 소리만 하고, 윗사람 비위 맞출 줄도 모르고, 눈치도 없어서 상사와 동료들에게 미움을 받습니다.

그러던 어느 날, 동식은 영업부서로 발령이 나고, 융통성 없고 고지식한 자신의 성격과 영업은 맞지 않다고 생각하여 회사를 그만두려고 합니다. 하지만 어머니가 아버지를 교장으로 만들어 주기 위해 사채를 끌어다가 쓴 일 때문에 결국은 회사를 계속 다니기로 결심합니다.

그렇지만 영업이란 것이 만만할 리 없고 3년 내내 영업왕을 하는 상사의 뒤를 밟으며 그 비법을 배우려 하지만 쉽지 않습니다. 그러다가 상사의 비법 책을 발견하고 그 책의 저자인 혀고수를 찾아갑니다. 혀고수는 〈감성 영업의 정석〉이라는 비법 책을 저술하였으며, 혀 하나로 처음 본 사람의 마음도 사르르 녹이는 능력을 가지고 있습니다.

그런데 동식을 제자로 받아들이기 싫었던 혀고수는 엉뚱한 임무를 완수해야 제자로 받아주겠다는 제안을 하고, 더 이상 물러설 데가 없는 동식은 우여곡절 끝에 임무를 완수하고 제자로 들어갑니다. 동식은 의외로 빠른 시간 안에 혀고수에게 다양한 아부의 비법을 전수받고, 영업왕으로 승승장구합니다.

이 영화는 아부가 통하는 회사의 조직 생활을 은근히 비판하는 한편, 적당한 아부는 사람들의 관계를 부드럽게 만들어 주는 윤활유가 될 수 있음을 얘기하고 있습니다.

3) 〈도어 투 도어〉

2002년 미국에서 개봉된 영화로, 뇌성마비 장애를 가지고 태어났으면서도 영업왕이 된 영업사원 빌 포터의 이야기를 다루고 있습니다.

1932년 태어날 당시 난산이었던 빌 포터는 의사들이 사용한 겸자로 인해 뇌에 손상을 입었고, 그 결과 중증 뇌성마비로 태어났습니다. 하지만 빌의 어머니는 절망하지 않고 빌에게 늘 "넌 할 수 있어. 인내심과 끈기를 가져!"라며 용기를 주었습니다.

빌은 어머니의 가르침을 받아 좌절하지 않고 고등학교 졸업 후 여러 회사에 면접을 보았지만 모두 거절당했습니다. 그래도 포기하지 않고 생활 용품을 파는 왓킨스 회사에 면접을 보러 가서 아무도 원하지 않는 지역, 제일 힘든 지역을 달라고 했고, 왓킨스 측에서는 마지못해 모두가 회피하는 지역을 할당해 줍니다.

빌은 늘 성실한 모습으로 사람들을 찾아가 제품을 설명하였고, 어떠한 경우에도 약속을 꼭 지켰습니다. 빌의 성실한 태도에 처음에는 귀찮아하던 사람들도 점차 마음의 문을 열고 그를 적극 환영해 주었습니다. 해가 갈수록 빌의 실적은 올라갔고, 마침내 미국 서부 지역 최고의 판매왕 자리에 올랐습니다.

이 영화는 영업사원에게 필요한 덕목으로 성실, 정직, 신뢰가 얼마나 큰 재산인지를 보여 주고 있습니다. 감동적인 영업사원의 이야기는 일본에서도 〈도어 투 도어〉라는 같은 제목의 드라마로 만들어졌습니다.

165

04 영업사원은 무슨 일을 할까?

1 영업사원의 하루

영업사원의 일과는 업종에 따라 조금씩 다르지만 고객을 만나고, 자사 제품의 좋은 점을 설명하여 판매에 이르게 하고, 외근과 출장이 잦다는 공통점이 있습니다. 지금부터 이러한 공통점을 따라 영업사원의 하루를 따라가 보기로 합니다.

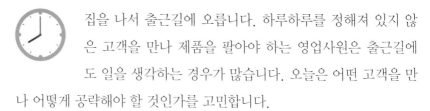

집을 나서 출근길에 오릅니다. 하루하루를 정해져 있지 않은 고객을 만나 제품을 팔아야 하는 영업사원은 출근길에도 일을 생각하는 경우가 많습니다. 오늘은 어떤 고객을 만나 어떻게 공략해야 할 것인가를 고민합니다.

팀장을 비롯한 부서 직원들과 회의를 합니다. 회의 내용은 어제까지 진행되어 온 영업 상황을 보고하고, 오늘은 무슨 업무를 할 것이며, 앞으로 어떻게 진행할 것인지를 논의하는 형식으로 진행됩니다. 그리고 현재 영업을 하는 데 있어 장애가 있다면 그것을 해결하기 위한 의견을 나누고, 회사 측에서 지원받을 수 있는 점은 무엇인지도 논의합니다.

회의를 마치고 사무실을 나와 영업을 하기 위해 출발합니다. 약속이 잡혀 있는 고객을 찾아가거나 약속이 없다면 고객이 될 만한 사람들을 찾아가 제품 목록을 돌리며 자신과 제품을 알립니다.

점심은 주로 고객과 약속을 잡아 함께 식사를 하지만 약속이 잡혀 있지 않은 날에는 혼자서 간단히 끼니를 해결해야 하는 경우가 많습니다.

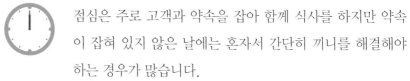

오후에도 계속 고객을 찾아다니며 영업을 합니다. 영업이 성공적으로 이루어져 계약이 성사되면 계약서를 작성하는데, 영업사원에게는 이 시간이 가장 행복합니다.

오후 업무가 끝나면 사무실로 돌아와 팀장에게 영업 상황을 보고합니다. 그리고 영업 일지를 작성하면서 그날그날의 성과를 분석합니다. 오늘의 영업 성적이 평균치보다 좋은지 나쁜지, 아니면 비슷한지를 분석하고, 더 나아지려면 어떻게 해야 할지 고민합니다. 그리고 이런 모든 것들을 정리하여 컴퓨터에 저장하고 다음 영업 때 참고 자료로 씁니다. 특별한 약속이 없으면 집에 일찍 들어가 내일 영업을 위해 충분한 휴식을 취합니다.

그렇지만 영업사원의 일과는 이렇게 규칙적이지 않습니다. 고객이 원하는 시간이라면 새벽이나 한밤중에도 달려가야 하는 것이 영업사원의 숙명입니다. 그래서 출근 시간은 있으나 퇴근 시간은 정해진 것이 없다고 봐야 합니다.

2 고객과의 대화를 성공적으로 이끄는 방법

고객과의 대화를 잘 이끌어 나가는 방법을 익히는 것은 영업사원이라면 가장 먼저 터득해야 할 중요한 사항입니다. 그렇지만 이 대화 기술은 책이나 말로만 들어서는 한계가 있고, 직접 경험해 봐야 터득할 수 있습니다. 그럼에도 불구하고 너무나 중요한 사항이기 때문에 다음과 같은 몇 가지 팁을 기억해 둔다면 영업을 하면서 큰 실수는 피할 수 있을 것입니다.

고객과 만났을 때 곧장 업무 이야기를 꺼내기보다는 누구나 공감할 수 있는, 너무 무겁지 않은 날씨나 계절 이야기, 스포츠 등을 화제로 삼아 대화를 시작하는 것이 좋습니다. 고객과의 대화에서 반드시 피해야 할 주제는 종교와 정치 이야기입니다. 종교와 정치는 사람들마다 생각이 다르기 때문입니다.

또한 고객과 대화할 때는 고객의 지적 수준에 따라 단어 선택을 달리해야 합니다. 그러나 짧은 시간 안에 고객의 수준을 파악하는 것이 쉽지 않기 때문에 너무 어렵거나 전문적인 단어 사용은 피하는 것이 안전합니다. 모든 사람이 이해할 수 있는 쉬운 단어를 쓰도록 노력해야 합

Tip

사람 간의 정을 중요시하는 우리나라의 경우, 고객과의 저녁식사와 식사 뒤에 이어지는 자리를 통해 계약을 성사시키는 경우가 많습니다. 고객과 저녁식사를 나누면서 세상살이를 이야기하면서 친분을 쌓고, 그런 노력이 결국 영업으로 이어지는 경우가 많습니다.

167

니다. 특히 한자나 영어를 사용할 때는 주의해야 하며, 영업사원들끼리 쓰는 약어 등을 사용하는 것은 절대 금물입니다.

그리고 고객의 이야기를 주의 깊게 들으며 고객의 의도를 잘 파악해야 합니다. 또한 제품에 대한 설명을 할 때는 고객이 자신의 말을 잘 이해하고 있는지를 헤아려 가면서 대화를 이어 나가야 합니다. 특히 고객이 영업사원이 건넨 자료를 읽고 난 후에 어느 정도 이해하고 있는지 확인해 보는 절차가 반드시 필요합니다.

3 영업사원들이 지켜야 할 기본적인 예절

많은 영업사원들이 단 2%가 부족해서 영업에서 실패했다고 말합니다. 그런데 영업에서는 아주 작은 차이로 인해 성공과 실패가 결정되므로 그 작은 2%가 결국 100%인 셈이나 마찬가지입니다.

2%에 해당하는 작은 차이는 영업사원의 외모, 옷차림, 태도, 말투, 배려, 전문성 등 다양한 부분에서 나타납니다. 이런 차이들은 하루아침에 만들 수 있는 것이 아니라 수많은 경험과 시행착오 속에서 터득하는 것입니다. 하지만 교육을 통해 기본적인 예절을 인지하고, 업무에 들어가기 전에 스스로 시나리오를 만들어 연습을 한다면 초보 영업사원이 고객과 상담할 때 성공 확률을 크게 높일 수 있을 것입니다.

1) 외모는 깔끔하고 단정하게

영업사원의 외모는 면접을 보러 가는 신입사원처럼 단정하고 깔끔하게 유지해야 합니다. 그래야만 고객에게 신뢰감과 믿음을 줄 수 있습니다. 유행을 따른 헤어스타일이나 멋있고 화려한 양복, 구두는 사교모임에서나 필요한 것이지 영업을 할 때는 결코 도움이 안 됩니다.

2) 전화 통화의 중요성

영업사원들이 고객과 상담을 하거나 약속을 잡을 때 전화로 이루어지는 경우도 많습니다. 전화는 얼굴을 보지 않는 상태로 진행하지만, 얼굴을 보면서 하는 상담 못지않게 중요한 업무입니다. 고객들은 전화 통화만으로도 그 영업사원이 전문가인지 아니면 아마추어인지 판단하기도 합니다.

따라서 어떤 종류의 전화 통화일지라도 고객에게 전화를 걸기 전에는 통화할 내용을 간단히 메모하는 습관을 들여야 합니다. 또한 목소리에 전문성과 자신감을 심는 것, 적절한 단어를 선택하고 활용하는 것, 통화 어법 등은 전화 업무의 성공을 가름하는 중요한 요소입니다. 이러한 것들은 단시간에 이루어지지 않으므로 초보 영업사원이라면 거울을 보며 미리 연습해 보는 것도 좋습니다.

3) 식사 자리나 모임에서 지켜야 할 예절

영업사원이 고객과 식사 약속을 잡았다면 자신의 배를 채우기에 급급해서는 절대로 안 됩니다. 자신이 좋아하는 음식보다는 고객이 좋아하는 음식을 선택하고, 식사가 나왔을 때는 고객이 맛있게 먹고 있는지, 혹시 불편해하는 점은 없는지 살펴야 합니다. 그러면서 고객의 식사 속도에 맞추어 먹어야 합니다.

돌잔치나 결혼식, 혹은 파티 등에 초대받았을 때도 마찬가지입니다. 이런 자리에는 고객과 가까운 사람들이 많이 참석하므로 영업사원은 참석한 사람들과 얼굴을 익히고 인맥을 쌓기 위해 노력해야 합니다. 이런 자리에서 먹는 것에 급급해하면 중요한 기회를 놓칠 수 있습니다. 따라서 중요한 약속이 있을 때는 미리 가볍게 먹고 가는 것이 좋습니다.

4) 고객의 사무실이나 집을 방문했을 때 지켜야 할 예절

고객의 사무실이나 집을 방문할 때는 약속 시간보다 미리 도착하여 화장실에 들러 외모와 관련된 모든 사항들을 체크합니다. 그리고 회사 배지를 잘 보이는 곳에 착용합니다. 외모 점검이 끝났으면 거울을 보며 심호흡을 하고 머릿속으로 고객과 어떤 대화를 나눌지 연습해 봅니다.

약속 시간 1~2분 전에는 방문할 곳에 들어가는 것이 좋습니다. 간혹 회사일 경우 사무실 앞에 비서나 안내원 등이 있기도 한데, 이들에게도 깍듯이 인사를 하고 명함을 건넵니다. 대기실이나 안내되는 장소에서 기다리는

> **Tip**
>
> 여성 영업사원의 경우는 머리 모양, 화장 상태, 향수 등을 신경 쓰고, 남성 영업사원의 경우 면도가 잘 되어 있는지, 코털은 보이지 않는지 등을 신경 써야 합니다. 요즘엔 남성들도 가볍게 화장을 하는 경우도 많습니다.

동안 핸드폰은 되도록 꺼놓고, 서류가방이나 노트북 등은 왼손에 들고 오른손은 고객과의 악수를 위해 비워 둡니다.

드디어 고객과 대면하면 악수를 하고 자리에 앉아야 하는데, 자리에 앉을 때는 고객이 먼저 앉도록 양보합니다. 물론 고객도 똑같이 의자에 앉기를 권유할 것이므로 그때 앉아도 늦지 않습니다.

자리에 앉으면 서로 명함을 교환하는데, 고객의 명함을 책상 위에 조심스럽게 올려놓고 상담할 때 참조할 수 있도록 합니다. 제품 상담에 바로 들어가기보다는 날씨나 가족에 대한 안부 등 상대방에 대한 관심을 나타내는 등 부드러운 대화로 시작합니다.

상담이 진행될 때는 고객과 같은 높이로 눈을 맞추고 진지한 태도로 고객의 얘기에 귀를 기울이며 고객이 무엇을 원하는지 파악합니다. 그리고 제품을 설명할 때는 고객이 궁금해하는 점을 중심으로 알기 쉽게 설명합니다. 이때 고객의 수준에 맞춰 목소리 톤, 속도, 단어 선택, 억양을 조절할 수 있어야 합니다.

05 영업사원이 되기 위해 필요한 능력

영업사원은 사람을 상대하는 일이므로 무엇보다도 사람을 좋아하고, 사람에 대해 잘 알아야 합니다. 영업사원은 기본적인 영업 능력, 말하기, 설득력, 협상 능력, 상황대처 능력이 필요하며, 영업 품목에 대한 해박한 제품 지식이 필요합니다. 또한 많은 잠재 고객을 상대해야 하므로 적극적이고 긍정적인 사고를 갖는 것이 중요하며, 고객에게 신뢰감을 줄 수 있는 믿음직한 자세가 요구됩니다.

지금부터 성공적인 영업사원이 되기 위해 갖춰야 할 능력을 꼼꼼히 살펴보기로 합니다.

1 주인의식과 성실성

영업사원은 자신의 담당 지역 안에서 각자 회사를 대표하는 대표자이므로 '내가 사장'이라는 마음자세로 모든 일을 처리해야 합니다. 회사의 발전이 곧 나의 발전이라는 생각으로 일해야 합니다.

그런데 흔히 영업에는 왕도가 없으니 수단과 방법을 가리지 않고 목표만 달성하면 된다고 생각하는 사람이 많습니다. 하지만 이는 매우 위험한 생각입니다. 영업은 사람과 사람 사이에 일어나는 거래 관계이므로 영업 활동에 있어서 가장 기본적인 것은 고객과의 인간적인 신뢰 획득입니다. 그리고 신뢰감을 쌓을 수 있는 가장 좋은 방법은 성실함입니다. 고객이 원하는 것이 무엇인지 파악하여 서비스를 제공하고, 한번 약속한 것은 무슨 일이 있어도 지키는 성실함, 이것이 영업사원에게 가장 필요한 덕목입니다.

2 의사소통능력

사람들은 성공적인 영업이 유창한 말하기에서 비롯된다고 생각할 것입니다. 그렇지만 무조건 우리 제품이 좋다고 녹음기처럼 떠들어댄다면 아무도 좋아하지 않고 오히려 역효과가 납니다. 그런데 초보 영업사원일수록 고객 앞에 서는 것이 두

려워서 당황하게 되고, 서둘러 제품 설명을 하게 됩니다. 하지만 서두르면 기회를 놓칠 수 있으므로 심호흡을 하고 여유를 가져야 합니다. 그러기 위해서는 우선 고객의 말을 듣고 있다가 내 이야기를 할 타이밍이 되면 그때 제품 설명을 하도록 합니다.

이때 말을 유창하게 잘하려고 노력할 필요는 없습니다. 너무 유창하

Tip

영업은 고객의 말을 잘 들어주는 데서 시작된 다고 할 수 있습니다. 성공적인 영업을 하는 영업사원들의 특징 중 하나는 더 적게 이야기 하고, 고객이 더 많이 이야기하게 한다고 합 니다.

게 말하면 고객들은 오히려 의심을 하게 되어 영업사원을 경계한다고 합니다. 고객의 반응을 살펴가며 자신이 알고 있는 범위 내에서 성심성 의껏 얘기하는 것이 중요합니다.

대화를 나눌 때 갖춰야 할 태도로는 고객의 말에 고개를 끄덕이며 호 응하거나 '예, 그렇습니다.'로 응답하고 의문사항 등은 질문할 줄 알아 야 합니다. 고객의 말에 귀 기울이고 반응할 때 고객은 기분이 좋아지 고 결국 구매로 이어집니다. 고객이 듣기를 원하지 않는데 이야기를 하 는 것은 허공에 대고 하는 것이나 마찬가지라는 것을 명심해야 합니다.

3 협상력과 설득력

영업사원은 손님이 제품을 사도록 권유하기 위해 협상력과 설득력을 지녀야 합니다. 특히 영업은 협상의 연속이라 할 수 있습니다. 영업사 원은 그때그때 상황 판단을 잘 해야만 협상을 유리하게 전개할 수 있습 니다. 고객과의 협상에서 유리한 고지를 점하려면 우선 잘 들어야 합니 다. 들으면서 고객의 요구를 파악하고 나면 자연스럽게 고객을 설득할 수 있는 실마리를 찾을 수 있습니다.

그런 다음 고객의 지불 능력 수준을 파악한 후에 고객의 능력에 맞게 고가 제품, 중저가 제품 또는 경쟁 상품을 차별 화해서 고객에게 권합니다. 이렇듯 고객의 요구를 들어주고 나의 목표를 관철시키는 것이 협상이며, 현명한 영업 방법입니다.

그런데 한 가지 주의할 점이 있습니다. 수많 은 광고와 판촉 활동에 시달리는 소비자들은 상 업적으로 접근하는 것을 무척 싫어합니다. 따라서 영업사원은 겉으로 드러나지 않 은 소비자의 욕구를 읽을 줄 알아야 합 니다. 소비자의 진정한 욕구를 알아야 만 효과적인 협상과 설득을 통해 제품 판매로 이어질 수 있습니다.

4 창의적인 사고

　판매란 상품에 대해 고객이 필요로 하는 것이나 고객들이 갖고 싶은 것을 찾아내 고객으로 하여금 구매 욕구를 일으키고 구매를 유도해 나가는 기술적인 방법을 말합니다.

　비슷한 상품이 여러 회사에서 동시에 쏟아져 나오고 있는 오늘날, 기존의 영업 방식으로는 다른 회사와의 경쟁에서 살아남기가 어렵습니다. 이럴 때 영업사원은 판매를 위해 새롭고 창의적인 방법을 생각해내고 실천할 수 있어야 합니다. 그러자면 생각 자체를 고정관념에서 벗어나 좀 더 파격적이고 창의적으로 할 수 있어야 합니다.

5 제품에 대한 전문성

　영업사원은 자신이 파는 제품에 대해 전문가 수준으로 잘 알고 있어야 합니다. 그래야만 고객에게 제품이 만들어지는 과정이나 제품이 지닌 장점, 유행 등을 알기 쉽게 설명할 수 있습니다. 자사 제품뿐만 아니라 경쟁 제품에 대한 장단점까지 알고 있다면 자사 제품과 경쟁사 제품의 장단점을 비교하여 설명할 수 있고, 이런 태도는 고객에게 더 깊은 신뢰감을 심어 줄 수 있습니다. 그리고 고객에 대한 사전 정보를 입수하고 있다면 좀 더 맞춤형 상담을 할 수 있어 성공 확률을 높일 수 있습니다.

6 자기 계발

　영업사원으로 성공하려면 영업적 지식 외에도 다방면의 지식을 쌓아두는 것이 필요합니다. 틈나는 대로 책을 많이 읽고, 외국어 회화, 부동산, 컴퓨터, 주식, 펀드 등 다양한 지식을 쌓아 두면 어떤 고객과도 대화를 쉽게 끌어낼 수 있을 뿐만 아니라 지식이 많은 사람이라는 인상을 주어 영업에 도움이 됩니다.

　또한 요즘에는 단순히 마케팅만 아는 영업사원보다는 우리 문화에 조예가 깊은 영업사원, 진실된 말로 소비자를 감동시킬 줄 아는 영업사원이 훨씬 수준 높은 마케팅 전략을 구사할 수 있습니다. 예를 들어 문학이나 철학을 공부한 사람, 음악이나 미술에 대한 조예가 깊은 사람은 소비자의 감성을 자극하는 마케팅으로 신뢰감을 이끌어 낼 수도 있습니다.

06 영업사원의 장단점

1 장점

1) 돈을 많이 벌 수 있습니다

영업에는 인센티브 제도가 있으므로 영업사원이 제품을 많이 판매하면 그만큼 많은 돈을 벌 수 있습니다. 영업 실적이 좋으면 많은 수당을 받고 승진도 빨라집니다. 또한 더 많은 연봉을 받기로 하고 다른 회사로 옮길 수도 있습니다. 이렇게 프로 영업사원이 되면 다른 사람 보다 몇 배의 연봉을 받게 되는 경우도 있습니다.

2) 성취감이 큽니다

영업이란 다른 사람을 설득하여 제품을 판매하는 것이므로 뜻대로 되지 않을 때가 많습니다. 문전박대를 당하는 경우도 있습니다. 그렇지만 이런 어려움을 극복하고 계약이 이루어지면 그만큼 보람과 성취감이 큽니다.

3) 다양한 사람들을 만날 수 있습니다

영업사원은 다양한 사람들을 만나면서 새로운 기회와 많은 지식, 정보들을 폭넓게 받아들일 수 있습니다. 이렇게 습득한 정보들은 실생활에 많은 도움이 됩니다. 또한 영업은 스스로 일을 만들어서 하는 능동적인 직업이므로 활동적이고 진취적으로 살아갈 수 있습니다.

2 단점

1) 외근이나 출장이 잦습니다

영업사원은 사무실에서 근무하는 시간보다 고객과의 만남을 위해 외근을 하는 시간이 더 많습니다. 또한 영업이란 밤

낮의 구분 없이 이루어지므로 근무 시간이 일정하지 않은 편입니다. 따라서 안정감이 부족하고 육체적으로 힘든 경우가 많습니다.

2) 실적에 대한 스트레스가 큽니다

영업사원은 기본급에다 일한 만큼 수당을 받기 때문에 영업 실적이 좋지 않으면 소득이 크게 줄어듭니다. 또한 회사로부터 실적에 대한 압박을 받다 보면 정신적인 스트레스를 많이 받습니다.

똑같이 회사에 들어왔어도 어떤 영업사원은 판매를 많이 하여 많은 보수에 회사로부터 격려와 칭찬을 받지만, 실적이 좋지 않은 영업사원은 월급도 적고 눈치도 받으니 스스로 위축될 수밖에 없습니다. 영업 실적은 매달 결과가 숫자로 나타나므로 이러한 스트레스를 견디지 못하고 중도에 포기하는 영업사원도 많습니다.

3) 항상 밝은 표정을 지어야 합니다

영업사원은 몸이 안 좋거나 기분 나쁜 일이 있어도 손님에게 항상 웃는 모습으로 친절히 대해야 합니다. 떼를 쓰거나 화를 내는 손님에게도 웃는 얼굴을 보여야 하기 때문에 스트레스도 많이 받습니다.

이런 스트레스를 그때그때 풀어야지 그대로 내버려 두면 '스마일마스크 증후군'에 걸릴 위험이 있습니다. '가면성 우울증'으로 불리는 스마일마스크 증후군에 걸리면 식욕이 감퇴하거나 매사에 재미가 없고, 의욕이 떨어지며, 피로감·불면증 같은 증세가 나타난다고 합니다. 그러므로 영업사원은 늘 자신의 심리 상태를 점검할 수 있어야 합니다.

07 영업사원이 되기 위한 과정

1 중 · 고등학교 시절

영업사원이 되기 위해 특별한 학력이 필요하지는 않지만 대학에서 영업과 관련된 학과를 전공하면 유리합니다. 따라서 중 · 고등학교 시절에도 공부를 열심히 해야 합니다. 또한 경제와 관련된 책을 많이 읽으면 도움이 됩니다.

그리고 영업을 하려면 수많은 사람을 상대해야 하므로 여행이나 아르바이트 등 다양한 경험을 하는 것이 좋습니다. 여행을 하면서 다양한 사람들과 문화를 경험하고, 아르바이트를 통해 손님들을 상대하면서 영업의 기본을 익힐 수 있습니다. 아니면 마트나 시장을 돌아보면서 상인들이 어떤 방법으로 판매하는지, 손님들이 많이 몰리는 가게는 어떤 장점을 지니고 있는지 등을 꼼꼼하게 살펴보는 것도 좋습니다.

2 대학교 시절

영업사원이 담당하는 업무에 따라 교육 수준과 필요한 지식이 다릅니다. 그렇지만 일반적으로 경영학과, 경제학과, 법학과, 회계학과, 행정학과, 광고학과, 홍보학과, 무역학과 등을 전공하면 취업에 유리합니다. 또한 영업을 하다 보면 외국인과 접촉이 많아질 수 있으므로 영어와 중국어 등 외국어를 익혀 두는 것이 필요합니다.

그리고 수많은 직종의 영업 중 자신이 어떤 분야의 영업사원을 하고 싶은지를 결정해야 합니다. 그러자면 대학 시절에 많은 경험과 정보를 모으는 것이 필요합니다. 그리고 마케팅 관련 동아리에 가입하여 활동하거나 기회가 되면 자그마하게라도 자기 사업에 도전해 본다면 좋은 경험이 될 것입니다. 요즘에는 인터넷을 통해 큰돈을 들이지 않더라도 아이디어만 좋으면 얼마든지 자기 사업을 해 나갈 수 있습니다.

3 취업

영업사원에게 요구되는 학력은 근무하는 사업체와 부서에 따라 차이가 있습니다. 소규모 업체나 중소 기업체에서는 고등학교 졸업 이상을, 대기업은 관련 분야 대졸 이상의 학력을 요구하는 편입니다. 특별히 요구되는 자격증은 없으나 인터넷 활용 능력과 컴퓨터를 활용한 문서 작성 능력은 필수적입니다. 또한 기계, 정보통신기술, 의료장비 등을 영업할 때는 해당 전문지식이 있으면 업무에 도움이 됩니다.

영업사원을 뽑을 때는 신규사원이나 경력사원을 공개 채용하는 편이며, 결원이 생기면 수시 채용을 통해 입사하기도 합니다. 일부 대기업에서는 인턴사원으로 채용하여 일정 기간이 지나면 평가를 거쳐 정규직원으로 전환하기도 합니다.

4 영업사원으로 활동

영업사원으로 들어가면 일정 기간 회사에서 진행하는 교육을 받게 됩니다. 일주일 이상 합숙 교육을 받는 경우도 많습니다. 교육 내용은 주로 영업의 기본 방법과 기본 예절, 거절에 대한 극복 훈련, 우리 회사 제품의 장점, 경쟁사 제품과의 비교 등을 공부합니다. 그리고 마지막으로 선배와 함께 영업 현장에 나가서 영업 실전을 익힙니다.

교육 과정이 끝나고 부서에 배치되면 영업팀장은 신입사원들의 잠재력을 계발해 주고, 올바른 영업사원이 될 수 있도록 꾸준히 가르쳐야 합니다. 신입사원들은 회사의 관심과 배려에 대해 좋은 성과로 보답해야 합니다.

고객들이 선호하는 영업사원은 자신의 잘못을 변명하지 않고 책임감이 강한 사원, 고객의 말에 귀 기울이고 욕구를 충족시켜 주는 사원, 고객의 문제점을 해결해 주고 약속을 잘 지키는 성실한 사원이라고 합니다.

5 성공적인 영업사원 되기

영업사원의 가장 큰 목표는 물건을 많이 판매하여 돈을 많이 벌고 회사로부터 인정을 받는 것입니다. 영업사원은 실적에 따라 급여가 달라지지만 일반적으로 회사의 규모가 클수록 기본급이 많은 편입니다. 기본급이란 영업 실적에 상관없이 기본적으로 받는 돈입니다.

실패하는 영업사원들은 자신을 중심으로 고객들을 설득하려는 태도를 지니고 있습니다. 하지만 성공한 영업사원들은 고객과 입장을 바꾸어 '내가 고객이라면?' 하고 생각해 보면서 고객이 왜 나의 제품을 사 주어야 하는지를 따져 봅니다. 그리고 자신이 고객이라면 어떻게 해야 물건을 사게 될까를 고민하며, 어느 순간 '아! 이렇게 해 보면 어떨까?' 하면서 기발한 아이디어를 떠올리게 됩니다. 이런 식으로 실력을 쌓아 프로 영업사원이 되면 '자신을 자산화'할 수 있습니다.

영업 전문가가 되면 많은 수당도 받고 승진도 빨라집니다. 또한 다른 회사에서 스카우트 제의가 들어오기도 합니다. 이럴 때 다른 곳으로 옮기겠다고 하면 소속된 회사는 몸값을 올려주며 그 영업사원을 붙잡으려고 연봉을 더 올려주게 됩니다. 이렇게 프로 영업사원이 되면 돈을 많이 벌 수 있습니다.

08 영업 관련 직업 다 모여라

1 쇼핑호스트

텔레비전 홈쇼핑 채널에서 쇼핑에 관한 프로그램을 진행하는 일을 합니다. 홈쇼핑에서는 소비자가 물건을 직접 보지 못한 상태에서 쇼핑호스트의 설명만 듣고 제품을 살 것인지를 결정합니다. 쇼핑호스트는 소비자를 대신하여 상품을 확인하고, 제품을 사고 싶은 마음이 들도록 제품의 기능과 장점에 대해 설명하며, 소비자의 궁금한 점을 해결해 줍니다.

그러기 위해서는 소비자를 대신해 제품을 연구하고 분석할 필요가 있습니다. 제품의 기능, 특징, 관련 정보와 함께 소비자가 무엇을 궁금해하는지 정확히 알아야 합니다. 그래서 방송을 하기 전에 미리 제품을 사용해 보기도 하고, 이전에 했던 다른 방송을 모니터하기도 합니다. 또 제품을 만든 회사 담당자들을 만나서 자세한 설명을 듣거나 다른 회사에서 나온 제품과 비교해 보고 더 좋은 점을 알려 줍니다.

쇼핑호스트는 소비자를 대신해서 물건을 살펴보는 역할을 하기 때문에 신뢰감과 친근감을 주는 외모가 좋습니다. 자신이 담당한 제품을 판매하기 위해서는 방송에 적합한 언어로 시선을 고정시킬 수 있는 뛰어난 화술과 감각도 필요하지요. 또한 방송 중 예상치 못한 사건이 생겼을 때는 재치 있게 위기를 모면할 수 있는 순발력도 필요합니다.

2 광고기획자(AE)

광고를 하고 싶은 사람은 광고대행사에 제작을 의뢰합니다. 광고대행사란 광고를 만드는 전문가들이 모인 회사를 말합니다. 그리고 광고대행사의 광고 제작 총책임자를 광고기획자, 약칭으로 'AE(Account Executive)'라고 합니다.

광고기획자는 광고대행사에 광고를 만들어 달라고 의뢰한 광고주와 협력 관계를 유지하는 동시에 광고주의 신임 하에 광고 활동을 대행해 줍니다. 또한 회사 내에서는 광고주의 의사에 근거하여 크리에이티브 부문, 매체 부문, 조사(리서치) 부문 등의 각 업무를 지휘합니다. 크리에이티브 부문은 기획부터 제작까지 아이디어를 내고 실질적인 작업을 하는 부서이며, 매체 부문은 제작된 광고를 일반 대중에게 효과적으로 전달하는 방법을 연구하는 부서입니다. 그리고 조사 부문은 광고 효과를 향상시키기 위해 설문조사를 실시하는 부서입니다.

광고기획자는 광고주로부터 의뢰받은 제품이나 서비스에 대해 뛰어난 광고 전략을 세워야 하고, 광고주가 광고를 통해 충분한 효과를 얻을 수 있게 해야 합니다. 또한 광고주의 기업 이익을 생각하면서 광고대행사의 일원으로서 자사의 적정 수익을 도모하는 역할도 수행합니다.

3 마케팅 전문가

마케팅이라고 하면 괜히 어렵게 느껴지는데, 간단히 말해서 판매 효과를 높일 수 있는 모든 활동을 가리킵니다. 마케팅 전문가는 광고, 홍보 등 마케팅과 관련된 전략을 세우고 실천하는 일을 합니다. 따라서 광고, 홍보, 판촉(판매 촉진), 유통, 상품 기획 등 다양한 업무를 총괄할 수 있는 능력을 갖추어야 합니다.

마케팅 전문가는 시장과 소비를 조사하고 분석하여 이를 바탕으로 광고 제작 전문가들, 판매 영업사원들과 원활하게 소통하면서 소비자를 설득할 마케팅 전략을 세웁니다. 그런 다음 상품을 널리 알리기 위해 광고와 홍보를 하는데, 그러기 위해서는 우수한 광고 인력을 확보해야 합니다.

상품에 자신이 있다면 판촉 행사를 벌여 소비자가 제품을 직접 사용해 보도록 하는 것도 좋은 마케팅 방법입니다. 그리고 제품을 사용한 소비자의 반응을 모니터링(관찰)하는 것도 중요합니다. 작은 불만이라도 접수되면 공개적으로 성심성의껏 해결하려는 노력이 필요합니다. 이런 불만의 소리에 귀 기울이다 보면 차츰 소비자가 원하는 상품을 파악하게 되고, 소비자의 기호를 읽어서 새로운 상품 기획에 반영하기도 합니다. 한 마디로 소비자의 신뢰와 감동을 이끌어내는 것이 최고의 마케팅입니다.

4 PR 에이전트

기업이 회사의 좋은 점을 알려서 소비자가 좋은 이미지를 갖게 만드는 것을 PR(Public Relation)이라고 하는데, 광고홍보회사에 근무하면서 이런 PR을 전문적으로 대신해 주는 사람들을 PR 에이전트라고 합니다.

PR은 신문광고 지면이나 텔레비전 광고 시간을 구매하여 자사의 제품을 직접적으로 소비자에게 알리는 광고와 달리 신문기사에서 좋게 소개되거나 방송에서 광고가 아닌 프로그램 중에 노출되는, 일종의 간접 광고입니다. 요즘에는 영화나 드라마 속에 제품을 자연스레 노출하는 간접 광고 홍보기법인 PPL(Product Placement)이 뜨고 있습니다. 인기 드라마나 영화에서 주인공들이 사용하는 물건 등을 통해 자연스럽게 제품을 알리는 방식입니다.

PR을 잘하려면 자신이 맡고 있는 고객 회사와 제품은 물론 경쟁사의 현황이나 제품 등도 분석하고 있어야 합니다. 그리고 기자들을 만나 고객 회사에 대한 긍정적인 정보를 제공하기도 하는데, 이때는 일방적인 제품 홍보가 아닌 객관적인 자료를 제공하는 것이 중요합니다.

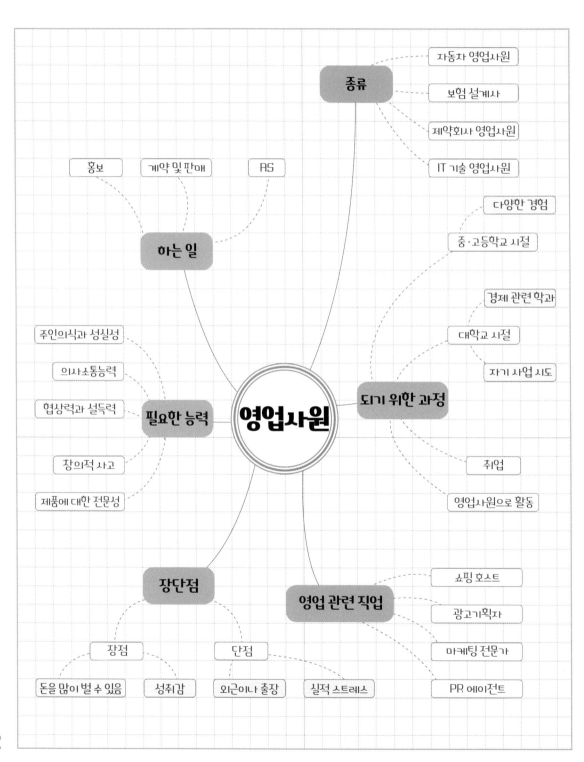

10 영업사원과 관련하여 도움 받을 곳

영업의 종류는 너무나 다양하고 영업 방식 또한 천차만별입니다. 따라서 딱 꼬집어 영업사원과 관련된 체험을 하기는 어렵습니다. 그보다는 차라리 자신이 관심 있어 하는 분야, 예를 들어 자동차라든지 화장품이라든지 하는 특정 직업에 대해 체험해 보는 것이 효과적입니다.

1 직업 정보를 얻을 수 있는 기관

● 고용노동부 워크넷(http://www.work.go.kr) 한국고용정보원에서 운영하는 사이트로, 무료로 직업 심리 검사를 이용할 수 있습니다. 직업 정보 검색, 직업·진로 자료실, 학과 정보 검색 등의 정보를 제공하며 직업·학과 동영상, 이색 직업, 테마별 직업 여행, 직업인 인터뷰 자료를 볼 수 있습니다. 온라인 진로 상담 서비스도 제공합니다.

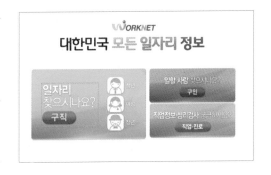

● 커리어넷(http://www.career.go.kr) 한국직업능력개발원이 운영하는 사이트로, 초등학생부터 성인, 교사에 이르기까지 대상별로 진로 및 직업 정보를 제공하며 온라인 상담도 할 수 있습니다. 심리 검사를 무료로 이용할 수 있으며, 학생들이 만든 UCC 자료도 올 수 있습니다.

2 직업 체험 프로그램

● 교육부 산하 꿈·끼 찾기 직업 체험 (http://kids.moe.go.kr) 아이들이 궁금해할 만한 직업, 새롭게 뜨는 직업, 이색 직업 등 다양한 직업에 대해 알기 쉽게 설명되어 있습니다. 이 직업 체험을 하고 나서 교육부에서 주관하는 창의적 체험 활동에 참여하면 효과가 더욱 클 것입니다.

●코리아잡스쿨(http://www.kojobs.co.kr) 학생들이 직업 체험 프로그램에 참가하여 접하기 어려운 직업을 미리 탐색할 수 있고, 직업 세계에 대한 이해를 넓힐 수 있습니다. 또한 특정 직업에 대한 편견을 버리고 건전한 직업관을 형성할 수 있으며, 사회에 첫발을 내딛는 것에 대한 막연한 두려움에서 벗어나 자신감을 가질 수 있습니다.

현재 130여 개 특성화고와 마이스터고 등을 대상으로 교육과정을 운영하고 있으며, 고려대, 연세대, 동국대 등 30여 개 대학에 취업 캠프를 운영하고 있습니다.

●서울시립 청소년 직업 체험 센터(http://www.haja.net) 서울시 영등포구에 있습니다. 일명 '하자센터'라고 부르며 연세대학교가 서울시로부터 위탁받아 운영하고 있습니다. 현재의 배움이 일을 통해 어떻게 구현되는지 고민하는 기회를 가짐으로써 청소년들이 미래 자신의 일자리에 대한 관심을 발견하게 합니다. 또한 자신이 일하려는 분야가 어떤 배움의 과정을 거쳐 진입할 수 있을지 고민하고 흥미를 가질 수 있게 일, 놀이, 학습을 하나로 통합하는 과정으로 진행합니다.

일일직업체험 프로젝트 등 일반 청소년 대상의 프로그램 역시 단순한 진로체험이나 설계를 넘어서 '생애설계'의 과정으로 전환, 삶의 지속 가능성을 추구하고 청소년 스스로 자활과 자립을 모색할 수 있도록 합니다.

11 유명한 영업사원

1 빌 포터(1932~)

미국에서 태어난 빌 포터는 뇌성마비로 손과 발이 자유스럽지 못하고, 말도 어눌하지만 왓킨스 사에 영업사원으로 입사한 후 각고의 노력 끝에 판매왕이 되었습니다.

빌 포터는 태어날 때 의사들의 실수로 뇌성마비 장애를 갖게 되었지만, 어린 시절부터 어머니의 격려 속에서 자랐습니다. 어머니는 늘 빌 포터에게 "넌 할 수 있어!"라며 용기를 심어 주었고, 가능하면 모든 일을 스스로 할 수 있게 기다려 주었습니다. 그리고 세상에서 가장 중요한 덕목은 정직과 성실이라는 것을 몸소 실천해 보였습니다.

고등학교를 졸업한 빌 포터는 직장을 구하러 다녔지만 어떤 회사에서도 받아주지 않았습니다. 그래도 좌절하지 않고 생활 용품을 파는 왓킨스 사를 찾아가 용기를 내어 말했습니다.

"아무도 원하지 않는 지역, 제일 힘든 지역을 할당해 주세요."

왓킨스 사에서는 마지못해 모든 영업사원들이 가기 싫어하는 지역을 빌 포터에게 맡겼습니다. 빌 포터가 며칠 못 가서 포기할 거라고 생각했습니다. 그렇지만 빌 포터는 예상을 뒤엎고 끈기 있고 성실하게 업무를 해냈습니다.

몸이 불편한 빌 포터는 담당 구역까지 가는 데만도 3시간이 걸렸습니다. 매일 출근길마다 구두닦이에게 들러서 구두끈을 매달라고 부탁했으며, 호텔에 들러 도어맨에게 단추를 채워달라고 부탁했습니다. 날씨가 좋든 나쁘든 빌 포터는 날마다 15km를 걸었습니다. 쓸 수 없는 오른팔은 뒤로 감춘 채, 무거운 가방을 왼손에 들고 언덕을 오르내렸습니다.

빌 포터가 영업을 처음 시작했을 때 그 지역 사람들은 힘겹게 찾아온 그를 매우 부담스러워하고 성가셔했습니다. 장애인인 그를 차마 내치지는 못하고 마지못해 집 안으로 들여 그의 설명을 들어주었습니다. 그렇지만 빌 포터는 한결 같은 모습으로 고객들을 찾아가 꼼꼼하게 상품을 설명하였고, 어떠한 상황에서도 약속을 지켰습니다. 사람들은 빌 포터의 성실한 태도에 감동하였고, 시간이 지날수록 그를 반갑게 맞아주는 사람들이 늘어났습니다. 이에 따라 그의 영업 실적은 꾸준히 올라갔습니다.

빌 포터는 이렇게 24년 동안이나 영업사원으로 일했습니다. 생활용품은 사람들에게 늘 필요한 물건이었으므로 단골도 점차 늘어갔고, 마침내 왓킨스 사의 미국 서부 지역 최고의 판매왕 자리에 올랐습니다. 그리고 그가 세운 기록은 40년이 넘도록 깨지지 않고 있습니다.

2 고양명(1948~)

다시 태어나도 영업사원이 되겠다고 말하는 고양명은 제주도에서 태어나 성균관대학교 약학과를 졸업했습니다. 원래 의사가 되고 싶었지만 약사의 길로 접어들었고, ROTC 군복무 시절 아버지가 돌아가셔서 유학의 꿈을 접어야만 했습니다. 1973년 제약회사인 한독약품에 학술사원으로 입사하였지만 3년 뒤에 영업부서로 옮겨 놀라운 판매 실적을 올렸습니다. 그 후 33년 동안이나 한독약품의 영업과 마케팅 부서에서 근무하였고, 2005년에는 한독약품 대표이사 사장에 선임되어 2008년까지 활동했습니다.

2009년에는 제약회사인 중외제약에 마케팅 고문으로 초빙되었는데, 그의 나이 61세였습니다. 남들은 정년퇴직할 나이에 다시 다른 회사에 스카우트되어 간 것입니다.

고양명이 이렇게 영업사원으로서 성공할 수 있었던 비결은 끊임없는 노력 덕분입니다. 특히 사회적인 지위가 확보된 이후에도 공부를 계속했습니다. 고양명은 제약회사 업무를 하는 틈틈이 영업과 관련한 책도 쓰고 강연도 하고 있습니다. 고양명은 늘 '영업의 핵심은 사람이다.'라고 주장합니다. '고객의 마음을 사로잡고 제품과 서비스의 가치를 최대화할 수 있는 사람이 일류 영업사원'이라는 것입니다. 또한 영업을 할 수 있다면 이 세상의 어떤 일도 가능하다고 확신하면서 우리나라 대학에도 '영업학과'가 개설되어야 한다고 말합니다. 일류 영업사원은 태어나는 것이 아니라 만들어지기 때문에 취업 준비생부터 자영업자들까지 모두 영업에 대해 공부를 해야 한다고 목소리를 높입니다.

12 이 직업을 가진 사람에게 듣는다

보험&재무 설계사 **배민경** | (주) National F.P 부지점장

'사람'을 돕기 위해서 영업 전선에 뛰어들어
수많은 '고객'을 얻은 배민경 설계사
그녀에게서 듣는 영업의 최고 비법, 사랑

Q1 지금의 일을 하게 된 배경을 설명해 주세요.

저는 대학에서 심리학을 전공했습니다. 심리학 전공을 살리려면 대부분 대학원에 진학해서, 석·박사들이 하는 프로젝트에 참여하게 되어 있습니다. 상담을 하면 자신을 알게 되고, 변화하게 됩니다. 그러나 주변 환경이 변하는 것이 아니므로 현실로 돌아가면 현장은 그대로라 다시 고민하게 됩니다.

사람들이 겪는 고민은 흔히 가족문제, 인간관계, 사회생활의 어려움, 이 셋 중의 하나입니다. 그리고 이런 문제에는 대부분 돈이 관련되어 있습니다. 돈 때문에 싸우고, 돈 때문에 원하지 않는 직업을 갖고, 돈 때문에 계속해서 갈등을 겪게 됩니다.

저는 적극적인 성격이므로 조금 더 적극적인 방법으로 사람들에게 도움을 주고 싶었습니다. 상담보다 좀 더 근본적인 도움을 주고 싶어서 대학원을 준비하다가 아주 우연히 취업을 하게 되었는데, 사람들도 돕고, 사람들을 만나서 거절당하는 영업의 과정도 배워보고 싶어서 시작했습니다. 처음에는 1년 정도만 하고 원래의 전공으로 돌아갈 생각이었습니다.

그런데 사회적으로 강자의 위치에 있는 사람들보다는 무지하고 약자의 위치에 있는 사람들을 만나면서 책임감이 생기고, 그런 분들을 돕고 싶다는 생각에 이 일을 계속하기로 결심했습니다. 돈을 벌기 위해 이 일에 뛰어든 것은 아니지만, 아이러니하게도 제 분야에서 어느 정도의 성과를 이룬 사람이 되었습니다. 성공한 사람들 중 많은 사람이 돈을 쫓지 말고 사람을 쫓으라고 하는데, 이 말은 진리입니다. 돈을 벌기 위해서 뛰어든 사람은 실제로는 많은 돈을 벌지 못합니다. 우리는 은행이나 증권사에 갔을 때 자격증이 제일 많고 제일 똑똑한 사람보다는, 조금 더 나를 위해 주는 사람과 상담하고 싶어 합니다. 가장 중요한 것은 사람들과 호흡하고, 상대방 사람의 마음을 얻는 것입니다. 이처럼 영업이란 사람들과의 관계 속에서 이루어지는 것이므로 돈만 보고 뛰어든 사람들은 성공하기가 어렵습니다.

Q2 하루 일과를 말씀해 주세요.

처음에는 일을 많이 했는데 지금은 많이 줄였습니다. 아침 7시 50분에 출근해서 개인 시간을 갖고, 8시 30분에 지점 전체 회의에 참석합니다. 회의에서는 영업에 필요한 이야기와 바뀐 대책과 법규에 대한 교육 등을 받고, 회의가 끝나면 고객을 만나기 위한 서류를 준비합니다. 보통 점심, 오후, 저녁 이렇게 세 명의 고객을 만난 후에 퇴근합니다.

고객의 사정에 따라 간혹 오전에도 고객을 만날 때도 있고, 밤늦게 만날 때도 있습니다. 이 일의 장점은 자신의 시간을 필요에 따라 조절할 수 있다는 점입니다. 어떤 사람은 일을 빨리 하고 빨리 퇴근할 수도 있고, 어떤 사람은 늦게까지 고객을 만날 수도 있습니다. 저마다 업무시간을 조정해서 일할 수 있습니다. 세상에는 힘들지 않은 일이 없지만, 이 일은 사람과 만나 그들의 이야기를 들어주고, 도움을 주는 과정에서 에너지를 많이 소비하므로 체력 소모가 큰 편입니다.

Q3 요즘은 많은 보험 설계사들이 재무 설계사라는 직함을 사용하는데, 보험 설계사와 재무 설계사의 일은 어떻게 다른가요?

나라마다 직업군에 대한 이미지가 다릅니다. 미국이나 유럽은 세일즈맨을 존경하는데, 우리나라는 보험 판매 등의 영업 일을 다소 무시하는 경향이 있지요. 물론 옛날에는 껌이나 사탕을 주면서 보험을 판매했던 보험 설계사들이 있었지만, 요즘엔 그런 방법으로는 보험을 판매할 수 없습니다. 보험도 자격증이 있어야 판매할 수 있거든요. 보험 설계사로서 보험 상품을 판매하기 위해서는 적어도 세 개의 자격증이 필요합니다.

요즘에는 보험 설계만 하는 사람은 거의 없습니다. 예전에는 은행, 증권, 보험사의 업무가 각각 나뉘어 있었는데 지금은 통합되어 있기 때문입니다. 은행에서도 보험을 판매하고 펀드도 판매하고 있습니다. 그래서 보험만 다루는 보험 설계사보다는 이 모든 것을 같이 관리하고 상담하는 재무 설계사가 훨씬 경쟁력이 있습니다. 물론 여기에는 세금이나 부동산의 영역도 빠질 수 없기 때문에 예전보다 더 넓어지고 복잡해졌습니다.

Q4 지금 독립법인에서 일하고 계신데, 일반 보험회사와 독립법인의 차이점은 뭔가요?

독립법인이 한국에 들어온 지 10년이 넘었습니다. 기존의 회사와 독립법인의 차이점은 예를 들어 S대리점과 H마트의 차이라고 보시면 됩니다. S대리점에 가면 S세탁기와 S냉장고만 살 수 있지만, H마트에 가면 여러 회사의 제품을 비교해 보고 살 수 있습니다. 이처럼 독립법인도 같은 원리입니다.

원래 독립법인은 은행이나 보험, 증권사에 다니던 분들이 만들었는데, 최근에는 큰 회사에서도 만들고 있습니다. 고객들은 기존 보험회사에 비해 독립법인이 다양한 상품을 비교하여 설명해 주고, 자신에 맞는 상품을 객관적으로 선택할 수 있게 도와주기 때문에 만족하고 신뢰하는 것 같습니다.

Q5 보험과 재무 일을 하는 데 필요한 능력은 무엇인가요?

보험이나 재무 모두 돈에 관련된 일이기 때문에 기본적으로 금융이나 회계 쪽에 관심이 있어야 합니다. 우리가 전문적으로 돈을 투자하고 운용하는 직업은 아니므로 애널리스트 같은 전문가가 될 필요는 없지만, 전혀 관심이 없으면 이 일을 하기 힘듭니다.

또 경청의 능력과 고객의 심리를 잘 파악해야 합니다. 이 일을 하다 보면 다양한 직업을 가진 사람들을 많이 만납니다. 지방으로 가면 밥상을 차려놓고 기다리는 어르신도 계시고, 농사짓는 분들도 만납니다. 아니면 강남의 높은 건물에 근무하는 분들도 만나게 됩니다. 우리가 아는 직업, 모르는 직업에 종사하는 분들 모두 다 만나볼 수 있지요.

이때 사람들과 만나서 대화하는 걸 좋아해야 하지만, 그분들의 이야기를 단순히 듣는 것으로 끝나서는 안 됩니다. 이야기를 들으면서 그들이 원하는 것을 잘 파악해야 이 일을 잘할 수 있습니다.

이 일을 하는 사람들은 전공이 모두 다릅니다. 또한 대학교 졸업장 없이 고등학교만 졸업해도 이 일을 할 수 있습니다. 기본적인 자격증은 필요하지만, 특별한 자격증을 요구하는 건 아니기 때문에 입사해서 공부하여 취득할 수도 있습니다. 지금은 과도기라서 진입 장벽이 낮지만 앞으로는 굉장히 높아질 것으로 예상됩니다.

Q6 보험 설계(재무 상담)에 가장 필요한 덕목이나 자질은 무엇일까요?

저는 살면서 오해를 받거나 나쁜 일을 해본 적이 거의 없습니다. 그런데 이 일을 하다 보면 제 말의 의도를 오해하는 경우가 간혹 있어서 마땅히 해야 할 말도 망설여질 때가 있습니다. 보험 설계사나 재무 담당자로서 어떤 것이 옳고, 어떻게 얘기하는 것이 적절한가를 생각하게 되었지요. 그리고 일을 하다 보니 고객이 오해하지 않도록 말하는 대화 방법을 훈련하고 습득할 수 있게 되었습니다.

사실 가장 중요한 덕목은 고객의 입장에서 배려하는 진정성이라고 생각합니다. 부모가 자녀에게 사랑의 표현을 잘 안 해도, 자녀는 부모의 사랑을 느낍니다. 보험이나 재무는 한 번 만나고 끝나는 것이 아니기 때문에 자주 대화하는 과정에서 영업하는 사람의 마음이 고객에게 전달됩니다.

처음엔 모를 수 있지만 고객에 대한 진정성이 없으면 고객도 곧 느끼게 됩니다. 상품에 대해 잘 파악하고, 고객에게 적합한 상품을 권하는 것도 중요하지만 고객의 입장에서 생각하고, 고객을 위하는 마음이 전달되어야 고객도 설계사들을 신뢰할 수 있습니다.

Q7 본인을 업그레이드하기 위해서 특별히 노력하는 일이 있나요?

저는 한 사람이 모든 분야의 전문가가 되는 것은 힘들다고 생각합니다. 회사에 다른 분야의 전문가들이 많기 때문에 고객들이 세무, 부동산 등의 영역에서 정밀한 상담을 원하면 전문가들을 대동합니다.

물론 제가 공부해서 여러 분야의 자격증을 딸 수도 있습니다. 그러나 제가 공부하는 것은 원만한 협업을 위함이지, 모든 분야를 담당하기 위한 것은 아닙니다. 기업의 CEO에게 요구되는 능력은 적절한 인재를 적시 적소에 배치하는 것이지, 모든 분야의 전문가가 될 필요는 없습니다. 마찬가지로 각 분야의 전문가와 협업해서 일하는 것이 모든 분야의 전문가가 되는 것보다 더 합리적이고, 영업하는 데도 도움이 됩니다.

Q8 어떤 사람이 보험&재무 설계사를 만나야 한다고 생각하세요?

현대인은 수명이 길어졌고 다양한 병에 노출되어 있으므로 보험에 가입하는 것은 필수입니다. 돈이 없어서 보험 안 드는 사람이 많은데, 돈이 없기 때문에 더더욱 보험에 들어야 합니다. 자신에게 잘 맞는 보험을 선택하면, 고비용을 들이지 않아도 병에 걸렸을 때 도움을 받을 수 있습니다. 그러므로 신뢰할 만한 보험 설계사를 만나서 상담해야 합니다.

또한 보험을 비롯한 재무 설계는 종합건강검진을 받는 것과 같습니다. 인체의 모든 부분을 정밀 진단하는 것과 같이 한 가정 또는 개인의 재무 상태를 분석하고, 정밀하게 진단해서 맞춤 재무 계획을 수립하는 것입니다. 우리가 살아가는 모든 문제는 돈과 연결되어 있으므로 전문가에게 보험을 포함한 전반적인 재무 설계를 받는 것이 좋습니다. 선진국은 성인이 되면 독립하기 때문에 보통 대학생 때부터 자신의 재무 담당자를 만난다고 합니다.

흔히 재무 상담은 돈이 많은 사람이 받아야 한다고 생각하는데 절대 그렇지 않습니다. 경제적으로 어려운 사람일수록 더더욱 재무 상담을 받아야 합니다.

우리나라는 사회복지제도가 부족하므로 소득이 적으면 살아가기가 힘듭니다. 소득이 부족한 사람들은 사회복지제도를 잘 활용해야 하는데, 이를 위해선 재무 상담이 반드시 필요합니다. 그리고 돈이 많은 사람들은 절세를 위해서 재무 상담을 받아야 합니다.

Q9 이 일을 하면서 가장 힘들 때는 언제인가요?

몸이 힘들 때와 마음이 힘들 때의 두 가지가 있습니다. 고객을 만나기 위해서라면 가까운 곳부터 제주도까지 어디든 가야 합니다. 한 번은 고흥에 출장을 간 적이 있는데 순천까지 다섯 시간 동안 버스를 타고, 한 시간 정도 더 들어가야 하는 곳에 있었습니다. 이렇게 먼 곳으로 출장을 갈 때는 육체적으로 힘듭니다.

또 재정에 관한 문제는 모든 사람에게 예민한 문제이므로 의사소통하는 과정에서 고객들의 불만이 생길 수 있습니다. 모든 사람이 성숙한 것은 아니고, 불만을 표현하거나 해결하는 과정에서 미성숙한 분들도 있습니다. 이럴 때는 마음이 힘듭니다.

Q10 일을 하면서 가장 보람을 느낄 때는 언제인가요?

고객 중에 굉장히 꼼꼼하고 보험을 싫어하는 분이 있었습니다. 열심히 저축하고 공격적이지는 않지만, 원금은 깨지 않는 데서 수익을 내는 고객이었지요. 본인의 미래를 위해 여러 가지 계획도 잘 세우고, 저와 상담해서 저축, 펀드, 연금 등의 분산 투자도 했습니다. 그런데 아무리 권유해도 실비보험은 끝까지 거부했습니다. 저는 담당자로서 실비보험에 가입시키는 것은 의무라고 생각해서 2년 동안 진지하게 설득했는데 계속 거부당했지요.

그러던 중에 고객이 건강검진을 받았는데 자궁과 갑상선에서 이상이 발견되었습니다. 고객은 아픔을 겪고도 보험의 필요성을 못 느끼겠다고 말했습니다. 그러나 제가 권유한다면 가입하겠다면서 보험에 가입했습니다.

저는 대학교 때 부모님 두 분 다 뇌출혈을 겪었기 때문에 한 사람이 아프면 가정이 얼마나 힘들어지는지를 알게 되었습니다. 그래서 고객들이 잘사는 것도 중요하지만, 큰 위험에 노출되지 않고 건강하게 사는 것이 중요하다고 생각해서 몇 년 동안 거절을 당하면서도 권유했던 것입니다. 사소한 부분일 수도 있지만, 저는 진지하게 계속 권했고 고객은 제 진심을 받아들였습니다. 결국 제가 옳았음이 증명되었고 고객이 제 진심을 받아들인 것이 정말 기뻤습니다.

이후로 그 고객은 절대적으로 저를 신뢰하고 계속 상담하고 있습니다. 그 고객이 몇 년 전에 일을 그만두고 대학원에 진학하면서 전체적인 재정을 다시 짰습니다. 대학원 마지막 학기 때 재정 점검을 했는데 2년 동안 수입이 없었고 학비 등의 지출만 있었는데도 오히려 재정이 증가해서 무척 기뻤습니다.

Q11 보험&재무 설계사의 미래 전망은 어떨까요?

이 일은 고객을 발굴하는 것이 주 업무입니다. 어느 회사든 영업 파트가 돈을 제일 많이 법니다. 기업의 직접적인 수익을 창출하는 파트는 영업이고, 모든 CEO는 다 영업을 합니다. 그래서 영업을 잘한다는 것은 굉장한 특권입니다.

저는 이제 자동차, 정수기도 판매할 자신이 있습니다. 고객을 만날 때마다 1~2시간씩 이야기할 내용을 준비하기 때문에 강연도 잘할 수 있을 것 같습니다. 영업은 사람과 모든 방면에서 소통하는 일이기 때문에 제 자식에게도 이 일을 시키고 싶습니다.

보험 설계사나 증권사 PB의 전망은 안 좋을 수도 있습니다. 그러나 재무 설계사나 재무설계사를 겸해서 한다면, 직업적인 전망은 아주 좋다고 생각합니다. 우리나라는 현재 과도기로서 재무 설계사가 되기 위한 진입 장벽이 낮은 편입니다. 그래서 누구나 도전할 수 있습니다. 물론 도전한다고 다 잘되는 것은 아니지만, 어느 정도 이상의 고객 수를 확보하고 고객들의 신뢰를 얻으면 고객들 덕분에 오래오래 일할 수 있습니다. 왜냐하면 고객들이 경제 생활을 잠깐 하는 것이 아니라 평생 하는 것이기 때문에 고객도 성장하고, 본인도 성장할 수 있습니다.

Q12 보험&재무 설계의 영업을 꿈꾸는 학생들에게 조언 부탁드립니다.

저도 학생 때 진로를 놓고 고민을 많이 했습니다. 무언가 할 일을 찾기만 하면 잘할 자신이 있는데 특별히 하고 싶은 것도 없고, 어떤 것을 해야 할지 모르겠고, 나한테 딱 맞는 것이 무엇일지 고민을 많이 했습니다.

저는 수학을 좋아하는 학생이었습니다. 내성적인 성격이라서 많은 사람을 만나는 것을 좋아하지는 않았지만, 소수의 사람과 이야기하는 것은 좋아했습니다. 또한 누구에게 도움을 주는 일은 좋아했지만, 몸으로 하는 일은 힘들었기 때문에 머리로 하는 일을 하고 싶었습니다. 그래서 공부를 열심히 하고 돈을 많이 벌어서, 기존의 제도를 바꾸는 일을 하고 싶었지요.

현재 보험과 재무 상담을 겸하여 일하면서 매일 새로운 고객 3명을 만나 그들의 일상에 대해서 이야기합니다. 건강, 주택 구입, 여행 문제에 대한 고객의 고민을 듣고, 도움을 줍니다.

보험이나 재무 상담 모두 영업의 영역입니다. 영업직을 꿈꾼다면 사람과 소통하는 일을 해보길 권합니다. 주변 사람들을 도와주고, 공동체 생활을 많이 해보기를 바랍니다. 자기의 역량을 키우고 능력을 발휘하는 것도 좋지만, 사람을 알아가고 소통하는 것이 영업의 기본이거든요.

공동체 생활이나 단체운동을 통해서 여러 사람과 어울리다 보면 함께하는 기쁨을 누리게 됩니다. 내가 아닌 다른 사람에 대해서 조금씩 알게 됩니다. 저는 지식보다는 이러한 경험이 영업에 더 많은 도움을 준다고 생각합니다. 지식 습득은 어른이 돼서도 충분히 할 수 있습니다. 이 일을 시작하여 현장에서 배우는 것이 훨씬 많거든요. 하지만 사람의 성품을 만드는 것은 어렵습니다.

이상하게 들리겠지만, 이 직업은 사랑이 없으면 절대 성공할 수 없습니다. 고객에 대한 사랑과 관심은 전혀 없고, 상품 판매에만 열을 올리는 영업사원에게 고객이 계속 많을 수는 없습니다. 타인에 관심이 없는 사람들은 봉사활동 등을 통해서 타인을 향한 관심과 사랑을 키웠으면 좋겠습니다.

대부분의 고객은 실제로 만나면 상품이나 경제지식에는 별로 관심이 없습니다. 고객이 정말로 원하는 것은 자신의 이야기를 들어주는 사람, 그리고 자신을 이해해 주는 사람이 재정의 전반적인 문제를 담당하길 원합니다. 그래서 고객의 마음을 알아주고 정말로 원하는 것이 무엇인지를 파악해서 그에 맞는 대안을 제시하는 것이 중요합니다.

정치가
기업형

POLITICIAN

● 정치가(기업형) ●

대통령, 국회의원, 시장 등과 같이 나랏일에 활발히 참여하거나 관련이 있는 직업을 가진 사람을 정치라고 합니다. 정치인이 된다는 것은 곧 국민의 삶의 질을 높이기 위해 봉사하는 자리에 오른다는 뜻이기도 합니다. 정치는 국가의 이익을 도모하는 한편, 국민 개개인의 복지수준도 끌어올려야 하는 일을 하기 때문입니다. 따라서 정치인은 매사에 국민의 이익을 대변하여 의사를 결정하는 자세가 필요하며, 한쪽으로 치우친 사고가 아닌 공정한 사고와 자세로 업무를 수행해야 합니다.

01 정치가 이야기

1 정치가란?

정치란 국민의 주권을 위임받은 대표자가 그 영토와 국민을 위하여 여러 가지 일을 수행하거나 또는 국가의 권력을 획득·유지·조정·행사하기 위해 다양한 사회적 활동을 수행하는 것을 말합니다. 그리고 이러한 정치를 직업으로 하는 사람을 정치가라고 합니다.

선거를 통해 선출되는 대통령, 국회의원, 지방자치단체장 등은 유권자들과의 소통이 매우 중요합니다. 이들 정치가들은 유권자들로부터 표를 얻기 위해 다양한 활동을 펼치고 있으며, 유권자들은 투표를 통해 특정 정치가에 대한 지지를 표현합니다.

2 정치가의 종류

Tip

정치가는 국가공무원법에서 규정하는 '정무직 공무원'에 해당하는 사람들을 가리킵니다. 선거로 취임하거나 임명할 때 국회의 동의가 필요한 공무원 즉 대통령, 국회의원, 지방자치단체장, 교육감, 국무총리나 국무위원(장관) 등이 정치가에 속합니다.

대표적인 정치가인 대통령은 국가원수이자 행정부의 수반으로서 나라를 대표합니다. 만 40세 이상의 국민이라면 누구나 출마할 수 있고, 5년에 한 번씩 선거를 통해 선출되며, 그 권한이 매우 큽니다.

국회의원은 국민에 의하여 선출된 국민의 대표자로서 국회의 구성원입니다. 주로 국민들의 직접 투표로 뽑히지만, 선호하는 정당에 대한 득표수를 비율로 나타내어 그 비율만큼 정당에서 선출되는 비례대표 국회의원도 있습니다. 임기는 4년이고 만 25세 이상이면 국민 누구나 출마할 수 있습니다. 국회의원은 청렴할 의무와 국가 이익을 우선하여 양심에 따라 직무를 수행해야 할 의무가 있습니다. 법률제정권, 예산심의권, 국정통제권 등의 행사에 참여합니다.

지방자치단체장은 서울특별시, 인천광역시, 경기도 등 각 지방자치단체의 최고 수장으로서의 지위를 갖는 사람입니다. 지방의 모든 행정에 관여하여 지휘할 만큼 막강한 권력을 갖게 되는데, 국회의원과 마찬가지로 직접 투표에 의해 선출됩니다.

교육감은 시·도의 교육에 관한 전반적인 사무를 관리하고 정책을 결정하는 시·도교육청의 수장입니다. 예산안의 편성, 결산서의 작성, 교육규칙의 제정, 학교 및 교육기관의 설치·이전 및 폐지에 관한 사항, 교육과정의 운영에 관한 사항 등 교육정책에 직접적인 영향을 행사합니다.

국무총리는 행정에 관하여 대통령의 뜻에 따라 행정 각부를 총괄하는 대통령의 제1위 보좌관이며, 국회의 동의를 얻어 대통령이 임명합니다. 또한 장관이라고도 불리는 국무위원은 대통령을 보좌하며, 국무회의의 구성원으로서 국정을 심의하는 일을 담당합니다.

3 정치가의 근무 환경

정치가들은 어떤 일을 하느냐에 따라 근무 환경과 하루 일정이 매우 다릅니다. 그러나 대부분 매우 바쁘게 살아간다는 공통점이 있습니다. 정치가들은 예의를 중시하며, 직접 선거를 통해 선출되는 일이 많은 만큼 국민들에게 좋은 이미지를 쌓기 위해 다양한 방법으로 노력합니다.

국회의원의 경우 출퇴근 시간이 일정하게 정해져 있지 않지만, 정기국회·임시국회·국정감사·본회의 등 국정에 중요한 사안을 표결해야 할 경우, 관련 자료를 통해 정확한 내용을 파악해야 하므로 바쁜 일정을 보내는 편입니다. 특히 국정감사는 정부가 국민을 대변하는 국회의원들에게 직무 내용을 보고하는 자리로, 각종 정책과 사업을 감독하는 중요한 업무입니다. 본회의에서는 국가 전체의 재정을 살피는 예산안을 의제로 하는데 이를 통해 교육·복지·의료·국방·문화 등의 분야에 어느 정도의 세금을 투입할 것인지 결정하고, 그에 따라 거둬들일 세금의 총액이 결정됩니다.

> **Tip**
>
> 정치가들은 보수적인 문화 속에서 격식을 중시하는 일이 많습니다. 따라서 공식석상에 참석할 때 보통 정장 차림을 합니다.

4 직업 전망

일정 연령 이상의 우리 국민이라면 누구나 정치가가 될 수 있습니다. 우리나라뿐만 아니라 전 세계적으로 민주주의가 보편적인 제도가 되면서 정치가는 누구나 도전할 수 있는 영역이 되었으며, 문턱이 많이 낮아진 편입니다.

그리고 시민들의 정치 참여가 늘어나면서 정치가의 업무나 지위는 현재보다 상당히 줄어들 수도 있을 것으로 예상됩니다.

Tip

현재 많은 정치가들이
SNS를 통해 시민들과
소통하고 있으며, 이러
한 흐름은 향후 더욱
활발해질 것으로 예상
됩니다.

상대적으로 시민단체 등의 정치적 영향력은 더욱 확대될 것으로 보
입니다. 따라서 앞으로 정치가들에게 보다 필요한 능력은 시민들과의
소통 능력이라 할 수 있습니다. 유권자에 대한 설득 능력 여부가 경쟁
력을 좌우하는 핵심 키워드가 될 것입니다.

02 정치 형태에 따른 정치가

세계 각국의 정치 형태는 권력 구조에 따라 대통령제, 의원내각제 등으로 나뉘는데 이에 따라 다양한 종류의 정치가가 존재합니다.

대통령제는 권력분립의 원리에 기초를 두고 입법부·행정부·사법부, 특히 입법부와 행정부 상호간의 견제와 균형을 통해 권력의 집중을 방지하고, 국민의 자유와 권리를 최대한 보장하는 현대 민주국가의 정부 형태입니다. 의원내각제는 정부의 성립과 존립이 국회의 신임을 필수조건으로 하는 정부 형태입니다. 따라서 국회(의회)의 내각불신임이 있을 때에는 내각은 총사퇴하거나 국회(의회)를 해산하여 국민에게 신임을 묻는 총선거를 실시하고, 그 결과에 따라 진퇴를 결정합니다.

1 대통령

대통령은 우리나라, 미국, 프랑스 등의 행정부 최고 책임자를 가리킵니다. 대통령의 임기는 우리나라의 경우 5년 단임제, 미국은 4년 중임제를 선택하고 있습니다.

대통령은 무엇보다 국민을 보호하고 나라와 영토를 지키고 보존할 책임이 있으며, 국민이 행복하게 살 수 있도록 애씁니다.

이를 위해 대통령은 국가를 대표해 외교 사절을 보내거나 맞이하고, 외국과의 중요한 조약을 체결합니다. 또한 나라를 위해 일할 공무원을 임명하고, 국군의 최고 책임자로서 전쟁이 났을 때 군대를 지휘·통솔하기도 합니다. 만약 천재지변이나 국가에 위급한 일이 생기면, 대통령은 긴급 명령을 내려 국가의 안전과 국민의 생명을 지킬수 있도록 힘씁니다.

2 수상(총리)

의원내각제는 내각의 대표가 의회에서 선출되고, 의회에 대해 정치적 책임을 지는 내각을 중심으로 국정이 운영되는 정부 형태입니다. 내각의 대표를 수상 또는 총리라고 부릅니다. 영국이나 일본 등의 국가가

의원내각제를 택하고 있습니다.

수상은 국회에서 선출되며, 국회의원 중에서 의회의 의결에 의해 임명됩니다. 보통 원내 제1당의 대표가 지명됩니다. 이때 내각은 의회의 신임에 따라 존재할 수 있으며, 내각책임제라는 말 그대로 의회에 대해서 책임을 지게 됩니다. 의회에서 내각 불신임 결의안이 가결될 경우에는 총사퇴하거나, 의회를 해산해 다시 총선거를 치러야 합니다.

3 주지사

주지사는 연방 국가에서 한 주(州)의 행정 사무를 총괄하는 대표를 가리킵니다. 주지사를 두고 있는 미국의 경우, 각 주들이 하나의 독립된 나라라고 볼 수 있을 정도로 주마다 법과 행정이 각각 크게 차이가 있어 우리나라의 지방자치단체장보다 주지사의 권한이 더욱 강력합니다. 예를 들어, 각 주의 주지사는 외교·군사적인 권한을 빼고는 특정한 범죄를 저지른 사람에 대해 죄에 대한 벌을 면제해주는 사면권까지 가지고 있습니다. 이러한 주지사는 미국 외에도 스페인, 브라질, 멕시코 등에서 볼 수 있습니다.

03 역사, 책, 영화 속에서 만나는 정치가

1 정치가들이 일하는 곳

1) 청와대

우리나라 대통령이 머무는 곳으로, 서울 종로구에 위치해 있습니다. 청와대의 구성은 대통령의 집무실·접견실·회의실 및 주거실 등이 있는 본관과 비서실·경

호실·춘추관·영빈관 등 부속 건물로 되어 있습니다. 또한 넓은 정원과 북악산으로 이어지는 후원 및 연못이 있습니다. 본관 건물은 2층 화강암 석조에 지붕을 청기와로 덮었는데, 청와대란 이름은 여기서 유래했습니다.

2) 국회의사당

국회의원들이 주로 활동하는 장소입니다. 국정을 논의하는 본회의장이 있는 곳으로, 위원회 회의실을 비롯해 국회기관인 의장실·부의장실·교섭단체실과 소속기관인 국회사무처·국회도서관이 있으며 부속시설인 의장공관·의원회관 등도 포함합니다.

국회의사당은 현재 서울시 영등포구에 위치해 있습니다. 정면에 의사당 본관이 있고 그 오른쪽으로 국회도서관, 왼쪽에는 의원회관이 자리 잡으며 조화를 이루고 있습니다.

또한 앞으로 통일이 되어 국회의원 정원이 늘어날 수 있으므로 그때를 대비하여 국회 본회의장은 좌석이 이동식으로 되어 있습니다. 최대 400석까지 확장할 수 있는 것이 특징입니다. 이러한 국회의사당에는 현재 국회의원 이외에 의원보좌관·비서·사무처 직원 등 2,200여 명이 근무하고 있습니다.

3) 정부종합청사

정부종합청사는 국무총리, 국무위원(장관)들이 근무하는 곳으로 서울시, 대전시, 과천시, 세종시 등에 위치하고 있습니다. 그 중에서도 정부세종청사는 행정중심복합도시로 출범한 세종특별자치시 내에 건설되어 있으며, 현재 16개 중앙부처와 소속기관 공무원 13,000여 명이 근무하고 있습니다. 국무조정실, 국무총리비서실을 비롯하여 기획재정부 등이 있습니다.

2 관련 책

1) 〈정치의 기술, 정치인이 반드시 알아야 할 4가지〉 김용일 지음. 다비앤존. 2014

이 책은 정치가나 정치가가 되려고 하는 선거 출마자가 알아 두어야 할 사항을 담고 있습니다. 저자는 과거 미국 상원에서 근무하면서 얻은 지식과 경험, 공무원으로서 20여 년 이상을 근무한 경험을 바탕으로 이 책을 썼습니다. 미국의 정치 현실이 많이 수록되어 있는 것이 특징이지

요. 이 책에서 저자는 특히 선거 절차와 과정의 중요성을 강조하고 있습니다. 즉 선거 의미를 이해해야 한다는 것인데, 정치를 잘 했는지 잘 못했는지는 언론이 판단하는 것이 아니라 선거를 통해 국민이 직접 판단하고 보여주는 것이라 지적하고 있습니다. 또한 정보화시대의 미디어와 스마트 인터넷을 바탕으로 한 정치 행위에 대한 이야기도 담고 있습니다. 이처럼 정치 현실에 대한 이해를 높일 수 있도록 다양한 이야기로 구성되어 있어 정치인은 물론 정치 입문자를 위한 지침이 될 수 있습니다.

2) 〈정치인 이미지 메이킹〉 박양신 지음. 새빛에듀넷. 2008

대중과 소통하고 설득하기 위한 하나의 수단으로서 이미지가 중요한 역할을 하는 정치인들을 위한 이미지 메이킹 법을 다룬 책입니다. 스피치 토론을 전공하고, 다양한 기업에서 호감가는 대화법, 조직의 스피치 커뮤니케이션 스킬 등에 관한 이미지 마케팅 전략을 강의하고 있는 저자는 정치인들이 유권자를 사로잡을 수 있는 이미지는 무엇이며, 어떻게 하면 좋은 이미지를 통해 설득력을 높일 수 있는지를 다양한 주제를 통해 이야기하고 있습니다. 대중을 내 편으로 만드는 연설의 기술, 토론법, 유머 활용법, 목소리 연출법, 선거를 위한 이미지 포지셔닝법 등 실용적인 이야기를 많이 다루고 있는 것이 특징입니다.

3) 〈이 땅에서 정치인으로 산다는 것〉 정범구 지음. 삼인. 2011

이 책은 방송 진행자 출신의 16대, 18대 국회의원을 지낸 지은이가 정치인으로서의 행보에 관해 서술한 책입니다. 정치를 하며 느낀 이야

기, 정치인의 의미가 무엇인지에 대한 이야기, 국회의원으로 지내며 부딪힌 현실에 관한 생각 등을 고루 담고 있습니다. 총 2부로 구성되었는데, 1부에는 지은이가 그동안 남긴 글들을 수록하고 있으며, 2부에는 촛불집회를 비롯하여 4대강 공사, 세종시 문제, 통일 문제, 무상급식 등 각종 국가 현안에 대한 자신의 입장을 다루고 있습니다.

이 책을 통해 정치인의 역할이 얼마나 중대한 것인지를 간접적으로 느낄 수 있으며, 정치인이 나아가야 할 방향이 무엇인지 고민해 볼 수 있습니다.

3 관련 영화 및 드라마

1) 〈킹 메이커〉

2011년에 상영된 영화로, 이상주의자가 정치인이 되어 가는 이야기를 담고 있습니다. 이 영화는 정치 스릴러로 마치 탐정극과 같은 이야기 구조를 갖고 있으며, 반전에 반전을 더하는 구성으로 인기를 모았습니다.

스티븐 마이어스는 선거판에 뛰어든 혈기왕성한 젊은 이상주의자입니다. 그는 깨끗한 정치인인 마이크 모리스를 대통령에 당선시키고자 고군분투하는 선거캠프의 뛰어난 전략가이지만, 이내 상대편 진영의 덫에 걸려 도저히 해결할 수 없는 상황에 처하게 됩니다. 설상가상으로, 믿었던 마이크 모리스는 치명적인 비밀을 안고 있는 정치인에 불과하다는 사실을 깨닫게 됩니다. 스티븐 마이어스는 문제를 해결하기 위해 고군분투하지만 결국 자신이 과거 정치판에 있던 정치인과 똑같은 정치인의 모습임을 깨달으며 그도 과거 정치인과 비슷한 정치인이 되어 갑니다. 결말은 제목과 달리 다소 의외지만 현실 정치의 세계를 엿볼 수 있어서 한 번쯤은 볼만한 영화입니다.

2) 〈내 연애의 모든 것〉

서로 다른 정당에 소속돼 있으며, 정치 성향이 정반대인 남녀 국회의원이 벌이는 비밀 연애 이야기를 담은 로맨틱 코미디 드라마입니다. 배우 신하균은 이 드라마에서 까칠하고 허당끼 가득한 정치인으로 안방극장에 색다른 캐릭터를 선보였는데, 판사였다가 정치권을 바꿔보겠다는 굳은 의지로 국회의원이 된, 대한국당 초선의원 김수영으로 연기하였습니다. 정치적 풍자도 과감하게 그리는 한편 노민영 역을 맡은 이민정과의 로맨스도 잘 버무려 색다른 소재와 이야깃거리로 눈길을 끌었습니다.

이 드라마는 이응준 작가의 동명 베스트셀러 소설을 원작으로 하고 있는데, 드라마에서 소설 속 인물과 100% 일치할 정도로 원작의 느낌을 잘 살렸다는 평가를 받았습니다.

3) 〈웨스트 윙〉

미국에서 방영된 정치 드라마로, 미국 대통령과 보좌관들의 일상을 그리고 있습니다. 뉴햄프셔 주지사를 지낸 민주당 제프 바틀렛 대통령의 8년 집권기를 그리고 있으며, 화합의 정치를 이끄는 다양한 에피소드를 담고 있습니다. 웨스트 윙은 백악관 본관 서쪽으로, 미국 대통령과 그의 참모진들이 주 업무를 보는 별관을 가리킵니다.

정치 드라마답게 테러, 재선, 셧다운, 핵문제, 북한 문제 등 정치와 관련된 온갖 에피소드를 포괄하고 있습니다. 이러한 주제로 1999년부터 2006년까지 장장 7년에 걸쳐 방영된 이 드라마는 2006년 시즌 7을 마지막으로 종영되었습니다. 가벼운 에피소드도 아닌 딱딱한 정치물이 시즌 7까지 이어졌다는 건 이례적인 일로 평가받고 있으며, 미국 드라마 사상 최고의 정치 드라마라는 찬사를 받는 등 방송 내내 화제를 모았습니다.

04 정치가가 하는 일

1 대통령이 하는 일

한 나라의 최고 지도자인 대통령은 할 일이 정말 많습니다. 그야말로 눈코 뜰 새 없이 바쁘지요. 대통령이 하는 일을 크게 보면 국가 원수로 서의 역할과 행정부 수반으로서의 역할입니다. 대통령은 국가 원수로 서 나라를 대표하여 국제회의에 참석하고, 다른 나라의 지도자들을 만나며, 외국과의 조약을 체결합니다. 대통령은 나라 살림을 맡아서 하는 행정부의 우두머리로서 행정부를 이끌고, 행정부의 공무원들을 임명할 수 있는 권한을 갖고 있습니다.

지금부터 대통령에게 주어진 권한과 하는 일을 좀 더 자세히 살펴보 겠습니다.

대통령은 나라를 대표해서 외교 활동을 합니다. 그리고 전쟁을 하기 전 다른 나라에 전쟁할 것을 알리는 선전포고를 하며, 나라에 위급한 일이 있을 때는 '긴급명령'을 내리고 '계엄'을 선포합니다. 나라의 중 요한 결정을 할 때는 국민투표를 실시할 수 있으며, 국회에 법을 제안 하거나 국회가 만든 법을 거부할 수도 있습니다. 또한 대법원장, 대법 관·헌법재판소의 재판관 중 일부를 임명하고, 국무총리의 제청을 받 아 각 부처의 장관을 임명합니다. 국무회의를 책임지고 맡아서 처리하 며, 국군을 통솔하는 일을 합니다. 또한 대통령은 내란 또는 외환의 죄 를 범한 경우를 제외하고는 재임 중에 형사상의 재판을 받지 않는 특권 을 지닙니다.

이처럼 대통령은 많은 권한과 특권을 지니고 있습니다. 그렇지만 이 러한 권한과 특권을 아무 때나 자신에게 유리한 방향으로 써도 된다는 것을 뜻하는 것은 아닙니다. 국민들이 뽑은 국민의 대표인 만큼 법과 국민의 뜻을 따라야 합니다.

그래서 대통령이 멋대로 정치를 하지 못하도록 대통령을 견제하는 여러 가지 장치가 마련되어 있습니다. 중요한 일을 결정할 때는 국무회 의의 심의를 거쳐야 하고, 국회의 동의나 승인을 받아야 합니다. 그리

Tip

우리나라의 대통령은 국민이 직접 뽑습니다. 대통령의 임기가 5년 이기 때문에 5년마다 한 번씩 대통령 선거 를 합니다. 임기 만료 전 70일 이후 첫 번째 수요일에 선거가 이루 어집니다. 대통령 후보 는 선거일을 기준으로 5년 이상 국내에 살고 있는 만 40세 이상의 우리나라 국민이어야 합니다. 그리고 대통령 은 같은 사람이 한 번 만 할 수 있는 5년 단 임제입니다. 5년 단임 제는 우리나라 민주주 의의 역사와 깊은 관련 이 있습니다. 오랫동안 군사 독재를 겪으면서 국민의 권리가 많이 침 해되었기 때문에, 독재 를 막기 위해 이런 제 도를 만든 것입니다.

고 대통령이 독재를 하는 등 잘못된 정치를 하면 국회는 대통령에 대한 탄핵소추를 할 수 있습니다.

대통령은 권한을 많이 가진 만큼 그에 대한 의무도 많습니다. 나라의 독립과 영토를 지킬 의무, 헌법을 지킬 의무, 평화 통일을 위해 성실히 노력할 의무 등입니다. 대통령은 취임할 때 이런 의무를 꼭 지키겠다고 선서를 합니다. 대통령의 선서 내용은 다음과 같습니다.

"나는 헌법을 준수하고 국가를 보위하며, 조국의 평화적 통일과 국민의 자유와 복리의 증진 및 민족문화의 창달에 노력하여 대통령으로서의 직책을 성실히 수행할 것을 국민 앞에 엄숙히 선서합니다."

2 서울 시장이 하는 일

서울 시장은 서울특별시 행정의 수장으로서 시에서 일어나는 모든 일에 대한 행정을 총괄하고 감독하는 사람입니다. 민원 처리, 결제, 통제, 감독, 독려 등의 권한이 있고 시에서 발생하는 모든 일에 책임을 져야 합니다. 안전 문제의 경우 특히 신경을 쓰는 것도 그 때문입니다.

또한 서울 시장은 서울 시민의 복지 향상을 위해 노력합니다. 실업률을 줄이기 위해 각종 사업을 실시하고, 교통 문제에도 신경을 쓰며, 서울 시민들의 불만 사항에 관한 민원 처리를 합니다. 또한 올림픽 유치 활동, 체육대회 등의 각종 행사를 유치하는 노력을 통해 시를 홍보하고 알리는 일도 합니다.

이처럼 서울시와 관련된 작은 일에서부터 큰일까지 모든 의사결정이 시장에 달려 있기 때문에 서울 시장의 일과는 빡빡하게 채워져 있습니다. 어떤 스케줄이 잡히느냐에 따라 차이가 있지만, 9시 출근 6시 퇴근의 일정한 근무시간을 갖고 있는 것은 아닙니다.

때에 따라서는 오전 7시 조찬모임부터 각종 행사에 참석하여 밤 9시가 되기까지 수많은 일을 처리하는 등 바쁜 나날을 보내고 있습니다.

서울 시장은 하루에 소화하는 일정만 약 10~15개 정도 되는데, 각종 행사를 통해

서울 시민들을 매주 만나게 됩니다. 이때 시민들이 가장 불편해하는 점이나 가장 해결되기 바라는 점은 무엇인지 시민의 목소리에 귀 기울이며, 시민들이 좀 더 나은 삶의 질을 영위해 나갈 수 있도록 행정적인 뒷받침을 합니다.

3 국회의원이 하는 일

1) 국회의원의 1년

국민의 대표기관인 국회에서는 의원들이 함께 모여 다양한 사안에 대해 회의하고 의결하는 일을 합니다. 법을 만드는 일, 국정 현안을 해결하는 일, 나라 살림 예산을 짜는 일 등을 맡고 있는데, 이러한 국회는 정기국회와 임시국회로 구분되어 운영됩니다.

정기국회는 매년 1회, 9월 1일에 열리며(그 날이 공휴일일 때는 그 다음 날에 열림) 회기(기간)는 100일 이내입니다. 정기국회에서는 법률안 등의 안건을 처리하는 것 외에 매년 정기국회 다음 날부터 20일 동안 소관 상임위원회별로 국정 전반에 관하여 감사를 진행하기도 하는데, 이를 국정감사라고 합니다. 또 예산안과 결산에 대해 소관상임위원 회의 예비 심사와 예산결산특별위원회의 종합 심사가 이루어집니다.

정기국회에서 일을 처리하지 못한 경우 임시국회를 열어 다시 논의합니다. 임시국회는 16대 국회부터 '상시 개원 체제'를 도입하여 2월, 4월, 6월의 1일에 30일 회기로 자동 개회됩니다. 또한 임시국회는 대통령 또는 국회의원 4분의 1 이상이 요구할 때 열리는데, 회기는 30일 이내입니다. 개원국회는 국회의원의 임기가 새로 시작될 때 열리는 것으로 국회법에 따라 임기 개시 후 7일째인 6월 5일 자동 소집됩니다.

국회에서는 민생과 관련한 다양한 이슈에 대해 의결하고 법안을 만드는 등 중요한 업무를 담당하는데, 특히 '본회의'는 국회의 의사를 최종 결정하는 곳으로, 각 상임위원회에서 심사한 안건을 결정합니다. 본회의에서는 의안에 대한 심의와 함께 대통령의 예산안 시정 연설, 각 교섭단체의 대표 연설 및 대정부 질문 등 국정 전반에 대한 토론의 장으로서의 역할을 합니다. 본회의는 재적의원 전원으로 구성되고, 재적의원 5분의 1 이상의 출석으로 개의되며, 헌법 또는 국회법에 특별한 규정이 없는 한 재적의원 과반수의 출석과 출석의원 과반수의 찬성으로 의결합니다. 본회의는 오후 2시(토요일은 오전 10시)에 열리도록 규정하고 있습니다.

또한 국회가 국정 전반에 관해 제대로 운영되고 있는지 확인하는 국정감사의 경우, 상임위원회별로 매년 정기국회 집회일 이전에 감사를 시작한 날로부터 30일 이내의 기간을 정해 실시합니다.

2) 국회의원의 특권

국회의원은 국민의 대표로서 민생에 중요한 법안을 만드는 사람인 만큼 특권도 주어집니다.

(1) 면책특권

국회의원이 국회에서 직무상 행한 발언과 표결에 관하여 국회 밖에서 책임지지 않는 특권(헌법 제45조)으로, '의원의 발언·표결의 자유'라고도 합니다. 국회의원의 발언 및 표결과 관련해 발생한 모든 문제에 대해 민사상 손해배상 책임을 지거나 처벌을 받지 않는다는 것을 의미합니다. 이는 국회, 의사당 밖, 상임위원회 등에서 한 연설이나 국정감사 등을 위해 다른 국가기관을 방문해 활동한 경우도 포함됩니다.

이러한 특권은 국회의원이 자유롭게 자신의 의견을 표현하고 결의함으로써 국민에 대한 대표성을 보장하려는 것입니다. 하지만 오늘날에는 정당에 소속되어 국민을 대표하는 행동을 하기보다는 면책특권을 함부로 이용하는 경우가 빈번하여 면책특권을 제한하는 것이 세계적인 추세입니다.

(2) 불체포 특권

국회의원은 현행범인 경우를 제외하고는 회기 중에 국회의 동의 없이 체포 또는 구금되지 않습니다(헌법 제44조). 또한 회기 전에 체포 또는 구금된 때에도 현행범이 아닌 한 국회의 요구가 있으면 회기 중에는 석방될 수 있습니다. 이는 행정부의 불법적인 억압으로부터 국회의원의 자주적인 활동을 보장하기 위한 제도로서, 회기 중인 의원을 체포 또는 구금하기 위해서는 국회의 동의를 얻어야 합니다. 하지만 회기가 아닌 경우는 현역 의원이라도 불체포 특권이 적용되지 않습니다.

3) 국회의원의 근무 조건

국회의원의 경우 1년 이상 재직 시, 퇴임 후 65세 이상이 되면 평생 월 120만 원의 연금도 받을 수 있습니다. 이러한 연금 제도는 과다한 혜택이라는 사회적 비판 속에 없애거나 최소로 줄여야 한다는 의견이 제기되고 있습니다. 이 밖에도 국회의원은 각종 수당 및 지원금이 연평균 9천 9백만 원, 차량 기름 값 월 110만 원, 차량 유지비 월 35만 원, 가족 수당(배우자 4만 원 등)과 자녀학비보조수당(분기당 44만 원) 지원 등 다양한 경제적 지원 장치가 있어 실제로 얻는 경제적 혜택은 훨씬 더 많습니다.

이에 따라 사회에서는 점차 국회의원의 특권을 축소해야 한다는 목소리가 높습니다. 다른 나라에 비해 우리나라 정치가, 특히 국회의원에 대한 특혜가 지나치게 많기 때문입니다. 실제로 유럽 대부분 국가의 국회의원 세비는 월 500만 원 안팎에 불과하며, 출퇴근은 지하철이나 소형차를 이용합니다. 집무실 역시 우리나라의 절반이거나 공동 집무실을 사용하는 등 특권은 찾아볼 수 없다고 합니다.

미국은 경제 위기로 2년째 국회의원 세비를 동결하고 있으며, 일본은 오히려 세비를 8% 삭감했습니다. 타이완은 여야 합의로 국회의원이 받는 보조금(유류비, 자녀교육비 등)을 절반 수준으로 줄이기로 합의했다고 합니다. 그동안 국회의원들에게 주어지는 혜택이 지나친 특권이라는 국민들의 비판을 수용한 것입니다.

4) 비례대표 의원이란 무엇일까?

국회의원은 지역의 대표 국회의원을 뜻하는 지역구 의원과 각 정당의 득표수에 비례하여 당선자를 결정하는 비례대표 의원으로 나누어집니다. 지역구 의원은 선거로 투표해서 뽑고, 비례대표 의원은 각 정당

Tip

국회의원 재직 기간이 1년 미만이거나, 제명 처분 또는 유죄 확정 판결을 받아 의원직을 상실한 경우에는 연금 혜택을 받을 수 없습니다.

에서 순번을 정해서 명단을 확정하는데 46명까지 추천할 수 있습니다. 그리고 정당의 득표수에 따라 비례대표 국회의원이 선출되므로 국민들의 지지를 많이 받은 정당일수록 비례대표 국회의원의 비율도 높아집니다.

이러한 비례대표 의원은 의원의 전문성을 살리기 위해 도입되었습니다. 직접 투표에 의해서만 국회의원을 뽑으면 그 지역에서 인맥과 세력이 많은 지역 유지들만 당선될 가능성이 큽니다. 이러한 지역 유지들은 국회에서 국방·경제·안전·행정·보건 의료 등 수많은 전문적 지식을 바탕으로 논의하기에는 그 전문성이 떨어지므로 이를 보완하기 위해 비례대표가 필요한 것입니다.

비례대표 의원은 주로 의료인이나 법조인, 군인 출신 등 각 분야에서 전문성을 지닌 사람들로 구성되어 있으며, 이들이 정치에 참여하여 보다 전문적이고 실제적인 논의를 할 수 있다는 점에서 지역구의 문제가 보완될 수 있습니다.

4 지방자치단체

지방자치단체장의 종류와 하는 일을 알기 위해서는 먼저 지방자치단체가 무엇인지 알 필요가 있습니다.

지방자치단체란 지역 사회의 정치와 행정을 중앙 정부로부터 독립된 의사에 따라 처리하기 위해 일정 지역에 거주하는 주민들이 구성한 자치 단체를 말합니다. 각 지역에는 지역의 중요한 일을 의논하고 결정하는 지방의회와 지역의 살림을 맡아 하는 지방자치단체장이 있습니다.

우리나라는 지방자치단체를 광역자치단체와 기초자치단체로 구분하고 있습니다. 그리고 교육위원회 등 특별지방자치단체가 있습니다. 광역자치단체로는 특별시와 광역시 및 도가 있으며, 기초자치단체로는 시·군 및 자치구(특별시 및 광역시의 구)가 있습니다.

그리고 이러한 지방자치단체의 일을 전체적으로 관리하는 사람을 지방자치단체장이라고 합니다. 시의 지방자치단체장은 시장이고, 지방의회는 시의회, 구의 지방자치단체장은 구청장, 지방의회는 구의회입니다. 도의 지방자치단체장은 도지사이고, 지방의회는 도의회, 군의 지방자치단체장은 군수, 지방의회는 군의회입니다. 지방자치단체장은 지방선거를 통해 선출됩니다. 선출된 시장, 구청장, 도지사, 군수, 시의원, 구의원, 도의원, 군의원은 해당 지역의 일을 결정하고 처리합니다.

1) 시장과 도지사가 하는 일

각 시와 도의 중심인 시청과 도청에는 각각 시장과 도지사가 머무르며 일을 합니다. 시청과 도청은 시와 도의 살림을 맡아 하기 때문에 지역 주민들이 찾아오기 쉽게 주로 그 지역 중심지나 교통이 편리한 곳에 있습니다.

시장과 도지사는 주민 생활의 불편한 점을 해결하기 위해 노력합니다. 예를 들면 첫째, 횡단보도의 신호등이 고장 나거나 도로가 파손되면 바로 고쳐 줍니다. 둘째, 지역 발전을 위한 여러 가지 계획을 세우고 실천합니다. 환경을 보전하기 위한 계획, 도로나 주택, 상·하수도 건설 등을 위한 계획, 지역 문화를 발전시키기 위한 계획들입니다. 셋째, 장애인이나 소년소녀 가장, 혼자 사는 노인들에게 보조금을 주는 등 형편이 어려운 주민의 생활을 도와주기도 합니다.

2) 시의원이나 도의원이 하는 일

시의회와 도의회는 지역 주민들이 뽑은 시의원이나 도의원들이 모여 일하는 곳입니다. 시의원이나 도의원도 시청이나 도청 못지않게 중요한 일을 많이 하고 있습니다.

시의원과 도의원이 하는 일을 살펴보면, 첫째, 지역의 중요한 일을 의논하고 결정합니다. 이렇게 결정한 일을 실제로 집행하는 사람은 시장과 도지사입니다. 둘째, 지역의 법인 조례를 만들고, 시청과 도청에서 쓸 돈인 예산을 심의하고 확정합니다. 셋째, 시청과 도청, 지방자치단체장이 일을 잘하는지 감시합니다. 그리고 주민들의 의견에 귀를 기울이고 지역의 문제를 해결하기 위해 노력합니다.

211

05 정치가가 되기 위해 필요한 능력

1 통찰력과 판단력

정치가는 민생 문제를 해결하기 위해 이에 대한 전반적 이해와 예리한 통찰력이 있어야 합니다. 민생은 법, 행정, 경영, 경제, 사회, 문화, 복지, 보건 등 복잡하고 다양한 이슈를 포괄하고 있으며, 입장에 따라 의견과 시각이 국민 간에 첨예하게 대립하고 있는 경우가 많습니다. 따라서 정치가는 문제의 핵심과 본질을 꿰뚫어 볼 수 있는 통찰력이 필요하며, 이는 곧 현실이 어떠한지 정확하게 파악할 수 있는 현실 인식 능력이 요구됩니다. 섣부른 판단은 자칫 어느 한쪽에 큰 고통을 안겨줄 수 있으므로 모든 판단은 다양한 경우의 수를 고려해야 하며, 어떤 결정이 국가와 사회를 위해 필요한 것인지 직시할 수 있어야 합니다.

2 리더십

한 가정이나 개인이 한 달, 일 년, 10년, 20년 후의 계획과 목표를 갖고 노력하듯이 정치가 역시 국가와 사회의 발전을 위해 꿈과 비전을 품고 있어야 합니다. 이를 위해서는 향후 사회의 변화와 흐름을 직시하는 것이 무엇보다 중요합니다. 단순히 눈앞의 문제만 해결하는 데 급급해하기보다는 앞으로 어떤 흐름으로 나아가야 할지 정확하게 바라보고, 그에 대해 국민을 설득하고 이끌 수 있는 리더십이 필요합니다.

끊임없는 긴장과 분열, 대립 속에서는 어떤 사회도 큰 성장과 발전을 이루기 어렵기 때문에 정치가는 국가와 사회를 조화롭고 평화롭게 이끌어 나갈 수 있는 조정 능력과 강력한 리더십을 갖추어야 합니다.

3 책임감과 사명감

정치가의 소신과 판단은 개인적인 것에 그치는 게 아니라 작게는 지역사회, 크게는 국가 전체에 영향을 미치는 것이므로 더욱 큰 책임이 따릅니다. 따라서 대통령, 국회의원, 국무총리, 국무위원, 자치단체장들은 국민의 의견을 대표한다는 책임감과 사명감을 가져야 하며, 다른 구성원들과 서로 소통하고 협력하여 국정을 원만하게 이끌 수 있어야 합니다. 이렇게 철저한 책임감과 사명감이 바탕이 될 때 자신의 권력을 함부로 사용하지 않고 부정한 돈을 받지 않는 청렴성과 도덕성을 갖출 수 있습니다.

4 소통 능력

정치가는 국민을 대표하는 자리로서, 다양한 사회, 경제, 정치적 이슈에 대해 국민들에게 설명하고 이해를 구해야 합니다. 따라서 소통 능력이 무엇보다 중요합니다. 자신의 뜻이 무엇인지, 왜 그러한 결정이 필요한지 설득하고 이해시키는 과정이 생략될 경우 높아진 불신으로 인해 제도나 법 시행 역시 큰 부담이 따르기 때문입니다. 따라서 국민이 원하는 것이 무엇인지 귀를 기울여 진심으로 공감할 수 있어야 하며, 자신의 소신과 철학, 결단에 대해 국민들에게 알기 쉽게 설명하며 동의를 구하는 능력도 필요합니다. 이는 대중과 늘 호흡하며 이끌어가야 하는 정치가에게는 반드시 필요한 능력입니다.

5 끈기

정치가가 갖춰야 할 중요한 덕목은 끈기입니다. 사회적으로 복잡한 문제들은 이해 당사자들 간에 첨예하게 대립되어 의견을 통합시키기 위해 수개월 또는 수년이 걸릴 수도 있습니다. 이때 정치가는 그 문제에 대해 포기하지 않고 인내하며 추진할 수 있는 능력이 있어야 합니다. 반드시 해결해야 할 문제일수록 해결점이 멀리 있는 경우가 많으며, 이에 대해 계속해서 하나씩 실타래를 풀어가듯 전진해 나가는 성실한 자세가 필요합니다.

213

06 정치가의 장단점

1 장점

1) 자부심이 큽니다

  정치가는 교육, 사회, 문화, 정치, 경제 등 다양한 분야에서 의사결정을 내리는 위치에 있는 만큼 우리사회 최고 수준의 지도자라 할 수 있습니다. 따라서 시대와 국가를 이끈다는 자부심을 가지며 일할 수 있습니다.

2) 큰 권한이 주어집니다

  정치가의 판단과 결정이 곧 사회를 변화시키는 법과 규범이 되는 만큼 평소 자신이 원하는 사회, 꿈꾸는 국가를 실현하기 위한 큰 책임과 권한이 주어진다는 점이 무엇보다 큰 장점입니다.

3) 보람이 큽니다

  정치가에게는 이해집단 간 첨예하게 대립하는 갈등을 해결할 때, 사회적 약자의 고통 문제를 해결할 때, 현실과 어긋나거나 크게 잘못된 법을 개정할 때 등 보람을 느낄 수 있는 기회가 자주 찾아옵니다. 얼마나 열심히 뛰느냐, 얼마나 효율적이고 지혜롭게 일하느냐에 따라 그 성과가 달라지므로 성취감을 크게 느낄 수 있습니다.

4) 국민 모두에게 문이 열려 있습니다

  국회의원의 경우 만 25세 이상, 대통령의 경우 만 40세 이상이면 성별과 학력 제한 없이 국민의 투표로 선출될 수 있습니다. 국가를 위해 봉사하고 싶은 의지와 열정을 가진 사람이라면 누구보다 즐겁게 일할 수 있도록 여건이 갖춰져 있습니다. 보좌관과 인턴의 도움을 받으며 정치에 몰입해 일할 수 있는 장점이 있습니다.

2 단점

1) 사생활을 보장받기 힘듭니다

정치가는 항상 언론의 주목을 받으며 일하는 만큼 일거수일투족이 구설수에 오를 수 있습니다. 공직자로서 태도나 언행에 실수라도 발생하면 예기치 않은 타격을 받을 수 있는 만큼 늘 긴장하고 조심해야 합니다. 이는 자신뿐 아니라 가족들에게까지 적용된다는 점에서 일상생활에서 큰 불편이 따를 수 있습니다.

2) 감정 조절이 필요합니다

정치가는 자신의 의사결정에 반대하거나 불만을 가진 사람들을 상대로 계속해서 설득하며 포용할 수 있어야 하고, 때로는 억울한 일도 감수해야 합니다. 감정적으로 대립각을 세우거나 함께 비판할 경우, 더 큰 문제로 비화될 수 있기 때문입니다. 때로는 억울하게 비난을 받는 경우도 생길 수 있는데, 이렇게 갖은 욕설과 비판 속에서도 흔들리지 않고 소신 있게 옳다고 생각하는 문제를 추진하는 것은 결코 쉬운 일이 아닙니다. 갖은 독설과 비난, 오해와 비판 속에서도 중심을 잃지 않는 정신력이 필요합니다.

3) 개인 시간을 갖기 어렵습니다

정치가는 어떤 문제가 생겼을 때 이 문제 해결을 위해 퇴근시간을 초과해서 근무하는 경우가 허다하며, 주말과 휴일에 오히려 주민들과 소통하기 위해 더 부지런히 다녀야 합니다. 그만큼 가정생활은 소홀해질 수가 있는데, 이 점이 가장 큰 단점이라 할 수 있습니다.

07 정치가가 되기 위한 과정

정치가가 되기 위한 교육 과정은 따로 정해져 있지 않습니다. 국회의원의 경우 주로 대졸 이상이 선출되고 있기는 하지만 법적인 제한은 없습니다. 정치가는 성별과 학력에 제한 없이 투표를 통해 선출되어 활동할 수 있습니다.

1 중·고등학교 시절

미래에 정치가가 되기 위해서는 학창시절에 학급 회장이나 전교 학생회장 후보로 출마해 보는 것이 좋습니다. 학교의 임원 선출 방식은 대통령이나 국회의원 선거의 축소판이라 할 수 있으므로 큰 도움이 될 것입니다. 유권자를 향해 자신이 왜 필요한 인재인지 연설하고 설득하는 과정, 그리고 선출된 후 자신의 공약을 실천하는 과정 등이 현실 정치와 흡사하게 진행되며, 현실 정치의 축소판이라 할 만큼 다양한 문제를 경험할 수 있습니다. 특히 최근에는 대학에 진학할 때 리더십을 보는 경우가 많기 때문에 굳이 정치가가 되지 않더라도 출마해 본다면 여러 모로 도움이 될 것입니다. 정치는 누군가 시키는 대로 따라 한다고 해서 배울 수 있는 것이 아니며, 직접 부딪히고 경험해야 비로소 체득되는 것입니다.

또한 책을 많이 읽어야 합니다. 정치의 궁극적인 목표는 많은 사람들이 좀 더 편안하고 행복하게 사는 세상을 만드는 일입니다. 그러자면 다양한 사람들의 삶을 이해하고 세상 돌아가는 이치를 알아야 합니다. 나이 어린 학생들이 가장 쉽고 편리하게 접할 수 있는 것은 독서입니다. 독서를 통해 다양한 삶의 방식을 이해하고, 경제나 사회 전반에 대해 많이 알고 있다면 보다 능력 있는 정치가가 될 수 있을 것입니다.

그리고 시간을 내어 봉사활동에 참여하기를 권합니다. 요즘 중·고등학생들은 학원에 다니느라 주말에도 바쁩니다. 그렇지만 정치가의 기본자세는 국민들을 위해 봉사하는 마음이므로 중·고등학교 시절부터 꾸준한 봉사를 통해 배려와 봉사 정신을 배워야 합니다.

마지막으로 여러 사람들과 잘 지내야 합니다. 정치가는 인맥이 매우 중요하기 때문에 다양한 사람들과 친분을 쌓아 두는 것이 유리합니다.

2 대학교 시절

정치가가 되기 위해 대학에서 특정한 학과를 전공해야 하는 것은 아닙니다. 하지만 정치 · 경제 · 문화 · 행정 · 교육 등 다양한 분야에 대해 전문적인 능력을 펼치려면 그에 관한 지식이 필요합니다.

정치외교학과, 행정학과 등은 나라 전체의 흐름을 익히고 행정적인 상식, 정치의 기본을 익히기 좋은 학과입니다. 특히 정치외교학과는 국가, 사회, 세계의 다양한 정치 사회현상을 보다 전문적인 시각에서 인식할 수 있도록 하는 데에 목표를 두고 있는 만큼 우리 사회의 이상적인 정치제도와 질서 및 변화하는 국제환경과 새롭게 등장하는 이슈들을 이론적으로 고민할 수 있어 정치에 관심을 갖고 있는 학생이라면 도전해볼 만한 학과입니다. 정치외교학과에서는 국제정치학 · 정치과정론 등 기본적인 정치학을 먼저 배우고, 이후 외교정책론 · 외교사 등 좀더 폭넓은 과목을 공부합니다.

이에 비해 행정학과는 민주복지 국가를 만들어가기 위해 사회에서 중추적 역할을 담당하고 국민에게 봉사할 수 있는 행정인 양성을 목표로 하는 학과입니다. 행정학과에서 배우는 과목은 행정개혁론, 지방의회론, 한국행정사, 관리과학론, 정부간관계론, 복지행정론, 지역개발론, 비교관료제론, 정책분석평가론, 지방재정론, 지방공공관리론, 조직행태론 등이 있습니다. 주로 한 국가의 정부를 포함하여 공공부문의 운영과 관리를 연구하고 있지요. 따라서 정치인이 되고자 한다면 정부의 시스템을 익히고 국가가 어떻게 운영되는지 인식할 수 있는 행정학과를 전공하는 것도 도움이 됩니다.

3 법조인이나 고급 공무원으로 출발

정치가가 되려면 변호사, 판사, 검사 등의 법조인이나 5급 이상의 고급 공무원이 되는 것이 유리합니다. 법조인이 되려면 로스쿨에 입학하여 공부해야 하고, 고급 공무원이 되려면 행정고시에 합격해야 합니다. 행정고시에 합격하면 5급 공무원으로 시작하는데, 행정고시는 1차 시험(선택형 필기시험), 2차 시험(논문형 필기시험), 3차 시험(면접시험)의 방법으로 이루어집니다.

그 밖에 박원순 서울 시장처럼 시민단체 등에서 활동하다가 정치에 입문하는 사람들도 있습니다.

4 연설 능력 함양

정치가로 성공하려면 대중에게 자신의 생각을 효과적으로 표현할 수 있는 연설 능력이 필수입니다. 유권자들이 원하는 바가 무엇인지 대화를 나누고, 자신의 의견이 무엇이며 왜 그렇게 추진해야 하는지 설득하기 위해서는 말하기 능력이 반드시 필요합니다.

태어나면서부터 자신의 의견을 술술 말하는 사람은 없으므로 막연히 두려워하지 말고 꾸준히 노력해야 합니다. 정치인이 되고 싶지만 연설에 자신이 없다면, 연설 능력을 향상 시킬수 있는 학원의 도움을 받을 수도 있습니다.

08 정치가의 마인드맵

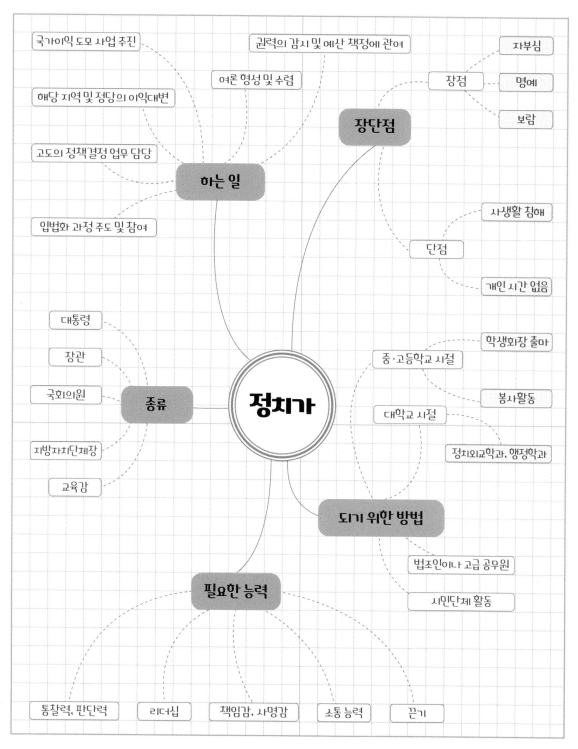

국가이익 도모 사업 추진

권력의 감시 및 예산 책정에 관여

자부심

여론 형성 및 수렴

장점

명예

해당 지역 및 정당의 이익대변

보람

장단점

고도의 정책결정 업무 담당

하는 일

사생활 침해

단점

입법화 과정 주도 및 참여

개인 시간 없음

대통령

학생회장 출마

장관

중·고등학교 시절

정치가

봉사활동

국회의원

종류

대학교 시절

지방자치단체장

정치외교학과, 행정학과

교육감

되기 위한 방법

법조인이나 고급 공무원

필요한 능력

시민단체 활동

통찰력, 판단력   리더십   책임감, 사명감   소통 능력   끈기

219

09 정치가와 관련하여 도움 받을 곳

1 직업 정보를 얻을 수 있는 기관

● 국회(http://www.assembly.go.kr) 선거로 선출된 국회의원들이 모여 법률을 만드는 곳입니다. 국회 안에 있는 모든 시설은 국민 누구에게나 개방되어 있어 언제든 견학할 수 있습니다. 국회의원들이 회의하는 본회의 모습 역시 공개하도록 되어 있어 신청하면 방청할 수 있습니다. 또한 본회의 모습은 인터넷이나 케이블 텔레비전을 통해서도 시청할 수 있습니다.

● 고용노동부 워크넷(http://www.work.go.kr) 한국고용정보원에서 운영하는 사이트로, 무료로 직업 심리 검사를 이용할 수 있습니다. 직업 정보 검색, 직업·진로 자료실, 학과 정보 검색 등의 정보를 제공하며 직업·학과 동영상, 이색 직업, 테마별 직업 여행, 직업인 인터뷰 자료를 볼 수 있습니다. 온라인 진로 상담 서비스도 제공합니다.

● 커리어넷(http://www.career.go.kr) 한국직업능력개발원이 운영하는 사이트로, 초등학생부터 성인, 교사에 이르기까지 대상별로 진로 및 직업 정보를 제공하며, 온라인 상담도 할 수 있습니다. 심리 검사를 무료로 이용할 수 있으며, 학생들이 만든 UCC 자료도 볼 수 있습니다.

2 직업 체험 프로그램

● YNA 전국 중·고교생 모의국회(http://www.ynaorg.co.kr) 청년선진화포럼이 주최하고, YNA 모의국회 조직위원회가 주관하는 행사로 대한민국의 청소년을 대상으로 정치·경제·사회·외교 등 시사적이고 현실적인 이슈를 토론하고 직접 법안을 기획·상정하여 실질적인 국회를 경험하는 형식으로 이뤄집니다.

참가자 전원이 1박2일 동안 모의국회 상임위원회에 참여하여, 각 상임위원회별 소관 행정부처와 연관된 입법 활동을 전개합니다. 또한 중요한 사회적 이슈에 대하여 토의 및 토론활동도 합니다. 전국의 중·고등학생이면 누구나 참가할 수 있으며, 홈페이지를 통해 자세한 정보를 확인할 수 있습니다.

● 국회 인턴 프로그램(http://www.womenvoters.or.kr/young) 한국여성유권자연맹이 해마다 개최하고 있는 국회 인턴 프로그램입니다. 만 19세 이상 대한민국 국적을 가진 재외, 내국인 남녀 청년은 누구나 지원할 수 있으며 미래 대한민국 주역인 청년 유권자의 역할을 모색하고 리더십을 키우기 위해 마련된 캠프입니다. 각 대학 총장과 교수 등이 국회

의원으로서 알아야 할 강의 주제를 가지고 특강을 해주고 있습니다. 조직 관리와 리더십, 글로벌 시대의 리더십, 정책 선거의 중요성, 국회 입법 과정의 특징, 국회의 조직과 기능, 국회의 국정감사 및 조사활동 등 실질적이고 구체적인 이야기가 특강의 주제입니다. 또한 국회의원과의 간담회를 비롯하여 국회보좌관과 함께하는 좌담회 등이 포함되어 있어 국회의원이 되고자 하는 사람들에게 다각도로 좋은 경험이 될 수 있는 프로그램입니다.

● 민주정치 아카데미(http://www.womenvoters.or.kr/young) 한국여성유권자연맹이 중앙선거관리위원회 선거연수원과 함께 운영 중인 프로그램입니다. 이 캠프는 4주간 진행되며 국가·정치·복지·인문학 등에 대한 명사 특강과 함께 자치활동, 현장체험, 토론대회 등이 이어집니다. 이 캠프를 마치면 수료증을 수여하고 우수자 시상도 있습니다. 만 19세~30세까지의 남녀 청년이면 누구나 지원할 수 있습니다. 모집인원은 약 45명으로 주로 여름에 운영됩니다.

●하버드 모의국회 세계 여러 국가에서 온 350명 이상의 우수한 재학생과 함께하는 모의국회입니다. 하버드 재학생들이 행사를 직접 지휘하며, 미국 의회 제도를 기본으로 WTO, WHO, 안전보장이사회, 국제관계, G-15, UN기후변화협약 등을 위원회로 구성해 학생들이 직접 영어 회의를 진행하는 국제적인 행사입니다. 참가자 전원에게는 하버드 대학에서 수여하는 증서가 발급됩니다. 역대 참가한 국내 학생들 중 다수가 수상의 영광을 얻은 바 있으며, 대표 학생단 선발은 모의유엔 및 영어 토론에 자신이 있는 중·고등학생 누구나 지원 가능합니다.

10 유명한 정치인

1 처칠(1874~1965)

영국의 정치가로, 1940~1945년과 1951~1955년에 총리를 지냈습니다. 의회의 아버지라고도 부르며, 제2차 세계대전 당시 연합국의 대표적 지도자로 활동했습니다.

영국 명문가에서 태어난 윈스턴 처칠은 샌드허스트 육군사관학교를 졸업한 후 1895년 육군에 입대했습니다. 1897~1898년에 인도 북부의 파탄족 진압 작전에 참여했으며, 그 뒤 나일 원정에도 참여해 군인이자 종군기자로 참전했습니다. 1899년 보어전쟁이 일어난 뒤 〈모닝 포스트〉지의 특파원으로 파견되어 보어인의 포로가 되었다가 탈출하여 이듬해 7월에 귀환했습니다. 그리고 〈종군기〉를 써서 작가로서 명성을 얻었습니다.

　1900년 보수당원으로서 하원의원에 당선되었으나 당 지도층과 달리 자유무역을 주장하는 등 독자적인 주장을 펴서 1904년에 자유당으로 옮겼습니다. 1906년 하원의원에 당선되었고, 1908년에는 통상장관으로 임명되어 노인연금, 건강보험, 직업소개소 등 사회 개혁을 추진했습니다. 1910년에는 내무장관이 되어 형무소의 생활 조건을 개선하는 개혁안을 제출했습니다. 제1차 세계대전 때는 해군장관으로 활약했으며, 1924년 보수당의 볼드윈 내각에서 재무장관이 되었습니다. 이때 처칠은 파운드화를 금본위제로 바꾸어 디플레이션, 실업, 광부의 파업, 총파업 등을 야기했습니다. 1925년에 다시 보수당에 입당하였고, 보수당 총리가 된 후에 노동당을 포함한 거국 내각을 구성하였습니다. 제2차 세계대전이 발발하자 연합국의 대표적인 지도자로 활약하여 전쟁을 승리로 이끌었습니다. 그리고 그리스에서 공산주의자가 정권을 장악하는 것을 저지하려고 영국의 무력 개입을 승인했습니다.

　그러나 보수적인 정책으로 1945년 선거에서 보수당이 패해 총리직에서 물러났습니다. 1946년에는 유럽위원회 결성을 촉구해 유럽 통일을 꾀했습니다. 1951년 보수당이 재집권했을 때 다시 총리에 올라 외교문제에 관심을 쏟았습니다. 1953년에 기사작위를 받고 〈제2차 세계대전〉이라는 작품으로 노벨문학상을 받았습니다. 또한 화가로서도 명성을 날렸습니다. 1955년에는 건강상의 문제로 총리직을 사임했으며, 1965년 런던에서 세상을 떠났습니다. 장례식은 왕족을 제외하고는 처음으로 국장으로 치러졌습니다.

2 루스벨트(1882~1945)

　미국의 정치가로, 미국에서 처음으로 4번이나 대통령에 당선되어 1933년부터 1945년까지 대통령을 지냈습니다. 세계 경제공황을 타개하고자 뉴딜 정책을 추진했으며, 제2차 세계대전에서 연합국을 주도해 전쟁을 승리로 이끌었습니다.

　프랭클린 루스벨트는 뉴욕 주 하이드파크의 유복한 가정에서 태어났습니다. 어린 시절에는 가정교사에게 배웠으며 14세에 그라턴 기숙학교에 들어갔습니다. 이후 하버드대학을 졸업

하고 컬럼비아 법학대학원을 졸업해 1907년 변호사 사무실을 개업했습니다.

1910년 뉴욕주 민주당 상원의원으로 당선되어 정계에 진출했으며, 해군차관보로 임명되어 제1차 세계대전에서 활약하였고, 베르사유회의에 참석했습니다. 그러나 1921년 39세의 나이에 소아마비에 걸려 신체 일부분이 마비되었습니다. 부인 엘러너의 도움과 불굴의 의지로 이를 극복하고, 1924년 신체 결함을 가진 채 다시 정계에 복귀하였습니다. 1928년 뉴욕 주지사에 당선되어 두 번에 걸친 임기 중 '최고의 지사'라는 찬사를 받으며 뛰어난 업무 수행 능력을 보여 주었습니다.

1932년 민주당 대통령 후보로 지되명었고, 수락연설에서 '뉴딜(New Deal)'을 선언하였습니다. 대통령에 당선된 후 강력한 내각을 조직하고, 경제공황을 극복하기 위하여 정부의 적극적 경제 개입을 골자로 하는 뉴딜 정책을 추진하였습니다. 통화금융제도의 재건과 통제, 노동자의 권리 보장, 테네시 계곡 개발공사(TVA) 등 각종 대규모 공공사업을 추진하였고, 행정의 과감한 개혁 등을 추진해 나갔습니다. 그의 이러한 노력은 1941년의 제2차 세계대전으로 인한 군수 증대 덕에 미국의 경제가 회복되어 실업자가 격감했습니다. 제2차 세계대전 중에는 연합국의 일원으로 전쟁 종결에 많은 노력을 기울였습니다. 1944년 4선 이후 국제연합 구상을 구체화하는 데 노력하였으나, 1945년 4월 12일 독일의 항복을 눈앞에 둔 시점에서 공원을 거닐다가 뇌출혈로 사망했습니다.

루스벨트 사망 이후 미국에서는 대통령 3선 출마금지법으로 조지 워싱턴의 전통이 계승·강화되었습니다. 많은 미국인들은 루스벨트 재임 당시를 미국이 가장 평등했던 기간으로 평가하고 있습니다.

3 메르켈(1954~)

독일의 정치인으로, 2005년에 여성으로는 처음으로 독일 총리에 선출되었습니다.

독일 함부르크에서 기독교 목사의 딸로 태어난 앙겔라 메르켈은 라이프치히 대학에서 물리학을 전공한 후, 베를린 물리화학 중앙연구소 연구원을 지냈습니다. 1989년 동독의 민주화를 주도한 동독 시민단체 '민주주의 새출발'의 대변인으로 나서면서 이름을 알리기 시작했으며, 1990년 동독 최초의 자유총선거에서 탄생한 메지에르 동독 과도정부에서 대변인을 맡아 활약하였습니다. 1990년 기민당에 입당하여 국회의원에 당선되었고, 1991년 여성·청소년부 장관에 오르면서 독일 역사상 최연소 장관이 되었습니다.

1997년 환경장관 재임 때는 핵폐기물 방사능 누출 사건을 은폐하려한 사건 때문에 당시 야당이었던 사민당과 녹색당으로부터 집중 사퇴압력을 받았으나 당시 총리였던 헬무트 콜의 전폭 지지로 고비를 넘겼습니다. 1998년과 2000년 여성 최초로 기민당 사무총장과 당수 자리에 올랐으며, 2005년에는 동독 출신으로서, 또 여성으로서 최초로 독일 총리가 되었습니다.

메르켈 총리는 독일 경제 발전을 이끌었고, 유럽연합에서도 주도적인 역할을 하고 있습니다. 2011년 〈포브스〉에서 선정한 가장 영향력 있는 여성 1위에 오를 정도로 독일이나 유럽은 물론 세계적으로 영향력을 행사하고 있는 인물입니다.

4 박원순(1956~)

민선 5기와 6기(제35, 36대) 서울 시장입니다.

경상남도 창녕에서 태어난 박원순은 1980년 사법시험에 합격한 뒤 1982년 대구지검 검사로 법조인 생활을 시작했습니다. 이듬해 변호사로 개업하여 부천경찰서 성고문 사건, 미국 문화원 점거 사건, 서울대 조교 성희롱 사건 등 굵직한 사건을 맡으며 언론의 주목을 받았습니다. 1991년 8월에 돌연 유학을 떠나 영국과 미국에서 공부했습니다. 특히 미국 하버드 대학에서의 2년여 유학을 통해 다양한 시민참여, 시민운동의 사례들을 경험한 뒤 귀국하였습니다. 1995년에 진보 성향의 시민단체인 '참여연대'를 결성하여 소액주주 권리 찾기 운동과 총선 낙천·낙선 운동 등을 벌이며 사회적으로 또 한 번 주목을 받았습니다.

이후 2002년에는 아름다운 재단과 아름다운 가게, 2006년에는 희망제작소를 만들어 각종 사회운동을 펼치는가 하면, 역사문제연구소 이사장, 한겨레 논설위원, 참여연대 사무처장과 법무법인 산하의 고문변호사를 거치는 등 대한민국의 대표적인 시민운동가로서 다양한 활동을 해 왔습니다.

2011년 9월에는 서울 시장에 출마하여 당시 독보적인 지지율로 서울 시장 후보로 거론되던 안철수와 단일화를 이끌어낸 후, 5%대였던 지지율이 50%대로 뛰는 극적인 변화를 얻어냈습니다. 이에 힘입어, 서울 시장 재보궐 선거에서 53.4%의 지지율을 얻으며, 46.2%의 표를 받은 나경원 의원을 제치고 당선됐습니다. 그 뒤 2014년 6월에 서울 시장에 재출마하여 두 번째로 당선되었습니다.

박원순은 서울 시장으로 당선된 후에 다양한 정책으로 주목을 받았습니다. 그가 당선된 후, 처음 선보인 정책은 무상급식과 반값 등록금의 현실화입니다. 박원순은 친환경 무상급식 예산 지출 서류에 서명함으로써 서울 시내 국·공립 초등학교와 중학교 전 학년의 친환경 무상급식을 실천했습니다. 또한 공약 중 하나였던 서울시립대의 반값등록금을 실현해 서울시립대 한 학기 등록금을 100만 원대로 낮췄습니다. 국공립 어린이집 확충도 대표적인 성과 중 하나입니다. 2011년 말 기준 658개였던 서울의 국공립 어린이집을 2013년 750개로 늘렸습니다. 이는 일반 건물을 사들여 리모델링하는 방식으로 늘린 결과입니다.

특히 박원순은 취임 이후 서울시의 부채 감축과 공공임대주택 8만 호 건설이라는 두 마리 토끼를 잡는 데 성공했다는 평가를 받고 있습니다. 박원순 시장 취임 전 20조 원에 가까웠던 서울시의 빚이 약 16조 4천억 원 정도로 줄어들었습니다.

복지혜택을 확대한 '서울시민 복지기준'도 그의 대표적인 성과입니다. 서울시민 복지기준은 서울의 물가와 소득수준 등에 맞춰 소득, 주거, 돌봄, 건강, 교육 등 5개 영역의 '최저 기준'과 '적정 기준'을 둔 것인데, 이러한 서울시민 복지기준은 해외에서도 인정받아 2013년 '유엔공공행정상'을 수상했습니다.

5 김문수(1951~)

민선 4기와 5기(제32, 33대) 경기 도지사를 지낸 김문수는 정치에 입문하기까지 다양한 인생 경로로 주목을 받았습니다.

경북 영천에서 7남매의 여섯째로 태어난 김문수는 어려운 가정환경 속에서 자랐습니다. 1970년 서울대학교 경영학과에 입학한 후 노동운동에 뛰어들었습니다. 노동자 전태일이 동대문 평화시장에서 분신 자살한 소식을 접하고 서울 구로공단에 노동자로 위장 취업하여 현실을 체험하기도 했고, 1971년에는 부정부패척결 전국 학생시위를 주도하여 서울대학교에서 제적되었습니다. 그 후로도 1985년 전태일 기념사업회 사무국장을 지내는 등 노동자적 시각에서 다양한 사회활동을 펼쳤습니다.

하지만 1980년대 말, 당시 공산주의권 국가들의 몰락을 지켜보며 '좌파적 노동관'을 버리고 온건론으로 그 사상을 급선회했습니다. 1994년 '혁명의 시대는 갔다.'는 말을 남기고 민주자유당에 입당까지 한 그는 1996년 신한국당 공천으로 부천시 소사구에 출마하여 15대 국회의원에 당선되며 우파적 행보를 본격적으로 이어갔습니다.

1998년에는 한나라당 원내 부총무, 한나라당 노동위원회 위원장, '김대중 정권 대북 뒷거래 진상조사위원회 특별위원장' 등을 맡으며 대정부 공격에 앞장서기도 했습니다. 이렇듯 좌에서 우로, 180도 달라진 행보를 보였지만 국회의원으로서의 활동에서는 높은 점수를 받은 편입니다. 국회의원으로 재직할 당시 노동 분야와 환경, 수도권 교통과 아동보육 분야 등에서 주목할 만한 의정 활동을 펼쳤고, 정권 부패 척결과 북한 인권을 위해서도 많은 노력을 기울이며 주목을 받았습니다.

특히 그는 경기 도지사로 그 능력을 인정받았습니다. 2006년 4월 경기 도지사로 당선된 이후, 2009년 한국메니페스토운동본부에서 평가하는 공약 이행도 평가에서 1위를 차지(공약이행 2년차 목표달성 최우수, 주민소통-민관협력 최우수, 웹소통 최우수 평가)할 정도로 높은 점수를 받았습니다. 특히 2009년 1월 27일부터 민생을 둘러보기 위해 매달 한 번 꼴로 휴일을 택해 택시 운전대를 잡는 등 적극적인 모습을 보였습니다.

하지만 재임 당시 큰 비판에 직면한 바 있습니다. 특히 소방서 관등 성명 요구 해프닝은 도민들의 신임을 스스로 추락시키는 계기가 됐습니다. 2011년 암환자 응급 이송 체계를 묻겠다며 남양주 소방서에 직접 긴급전화를 걸어 관등 성명만을 요구했는데, 자신을 알아보지 못하고 자신의 이름과 신분을 밝히지 않은 소방관에 대해 징계성 전보 조치를 내린 것입니다. 이는 개그 프로그램에 패러디 될 정도로 큰 비판에 직면했으며, 여론의 따가운 비판을 받았습니다.

정치가 정은혜 | (현) 새정치민주연합 전국청년위원회 운영위원

100대 1의 경쟁률을 뚫고 청년 비례대표 후보가 된 정은혜 위원
올바른 정책을 세우기 위한
정책 전문가가 되기 위한 그녀의 꿈과 도전들

Q1 청소년 시절을 어떻게 보내셨는지 궁금합니다.

중·고등학교 때 계속 반장을 하고 전교 부회장도 했기 때문에 대학에는 수시 리더십 전형으로 들어갔습니다. 국사, 세계사 등 제가 좋아하는 과목은 열심히 했지만 수학이나 과학에는 흥미가 없는 학생이었지요. 친구들과 어울리는 것을 좋아하고, 고등학교 때는 밴드부를 만들어서 학교에서 공연도 하는 등 즐거운 학창시절을 보냈습니다.

저는 성격이 밝고 친구들도 많았지만, 가정환경은 어려웠습니다. 부모님이 교회를 개척하셔서 2층에는 미혼모 쉼터를 만들고, 가족들은 반지하에서 살았습니다. 28살 때까지 반지하에서 살았는데 힘들기도 했지만 부모님을 통해 많은 것을 배웠습니다.

Q2 정치에 입문하게 된 배경을 말씀해 주세요.

초등학교 때부터 누가 꿈을 물으면 대통령이라고 말했고, 친구들을 이끌고 무엇을 하는 것이 좋아서 계속 반장을 했습니다. 고등학교 때 적성검사에서 정치가가 99.9퍼센트로 나와서 선생님도 놀랄 정도였지요. 고등학교 야간 자율학습시간에는 공부 대신 신문을 읽고 링컨 자서전과 김대중의 옥중서신 등을 읽을 정도로 정치에 관심이 많았습니다.

본격적으로 정치를 해야겠다고 생각한 것은 고등학교 입학할 때였습니다. 당시 정부에서 한 반에서 한 명씩 가정환경이 어려운 사람에게 고등학교 등록금을 면제해 주는 정책을 시행했습니다. 상업학교에 가서 취직을 준비해야 하나 고민할 정도로 집안 환경이 어려웠기 때문에, 신청하기 위해서 교무실에 갔습니다. 선생님은 제가 워낙 성격이 밝고 반장이라서, 저희 집안 사정이 어려운지 전혀 모르셨기 때문에 장난치지 말라고 하실 정도로 당황하셨습니다. 고등학교에 올라가서도 교복 살 돈이 없어서 3학년 언니들이 물려준 교복을 제가 직접 꿰매 입었습니다.

사실 정부 정책으로 반에서 한 명씩 등록금을 지원해 주는 것은 작은 정책입니다. 그러나 그 작은 정책이 제 인생엔 큰 힘이 되었습니다. 제가 계속 공부할 수 있었던 건 국가의 정책 덕분이었습니다. 그래서 저도 나이가 들면 누군가에게 도움을 주고 싶다고 결심했지요.

저는 주변 사람들에게 나눠주는 걸 좋아하지만, 돈을 많이 벌 것 같지는 않았거든요. 그래서 사람들을 돕기 위한 정책을 펼치고 싶어서 대학 전공도 정치 관련 학과로 정했습니다. 대학에 들어가서부터 10년 동안 정당 활동을 했습니다.

Q3 정당에 들어가는 방법이 따로 있나요? 처음 정당에 들어가면 보통 어떤 일을 하나요?

정당은 누구에게나 열려 있어서 원하는 사람이면 누구든지 들어갈 수 있습니다. 하지만 청소년들은 선거법상 정치 활동이 금지되어 있습니다. 대학생이 되면 정당에 당원으로 가입할 수도 있고, 당원이 아니더라도 대학생위원회나 청년위원회에 들어와서 다른 사람들과 교류할 수 있습니다.

사람들이 많이 필요한 선거 때는 여러 사람들을 만날 수 있습니다. 저도 2004년 총선 때 처음으로 정당 활동을 시작했습니다. 선거 유세할 때 뒤에서 율동도 하고, 커피도 타고, 명단 정리 등의 엑셀 작업도 했습니다. 돈을 받고 하는 사람들도 있지만 저는 좋아하는 일이기 때문에 자원봉사로 했습니다. 이런 활동들을 자신이 속한 지역에서 할 수도 있고, 본인이 좋아하는 의원의 지역구에서도 할 수 있습니다. 선거 전후로 알게 된 당 안의 청년들과는 커뮤니티를 만들어서 계속 교류하고 있습니다. 아울러 지역에서 김치 담그기나 치매노인 돕기 등의 정기적인 봉사에도 함께 나가고 있습니다.

Q4 공천을 받아야 정당 소속으로 출마가 가능한데, 공천을 받는 기준이나 가장 중요한 자격은 무엇인가요?

정치는 모두에게 열려 있지만 누구나 정치가가 될 수 있는 건 아닙니다. 정당 소속으로 정치를 하기 위해서는 당에서 후보로 선출되어야 합니다. 그러기 위해선 정당에 있는 사람들과 신뢰를 쌓고 본인의 능력을 보여줘야 합니다.

능력을 보여줄 기회는 많습니다. 선거 때 커피를 타거나 명단 작업 등 자질구레한 일을 하더라도 언젠가는 기회가 옵니다. 제 일을 도와주는 젊은 친구들이 있는데, 그 친구들 중에서 글을 잘 쓰는 친구가 있습니다. 그래서 제가 박원순 시장 선거를 도울 때 그 친구의 글이 박원순 시장 선거에 사용된 적도 있습니다. 실력을 보여줄 기회는 예기치 않게 찾아오므로 평소에 실력을 쌓아 둬야 합니다.

일반적으로 공천은 당마다 규칙과 규정이 있습니다. 일반 공천의 경우에는 지역 대의원들의 투표와 지역 여론조사를 합해서 후보를 선출합니다. 전략 공천의 경우에는 당 대표와 최고위원으로 구성된 당 지도부가, 말 그대로 전략적으로 후보를 선출하는 것을 말합니다. 특정 지역에 당선 가능성이 높은 기획 후보를 내놓거나, 상대편에서 당선이 거의 확실한 고위직 후보가 나오면 아예 신인급의 후보를 내놓는 경우 등이 이에 해당합니다.

Q5 우리나라는 젊었을 때부터 정치를 한 사람보다는 다른 일을 하다가 영입된 분들이 많습니다. 그 이유가 무엇인지 궁금합니다.

우리나라에서 직업정치인이 생기기 어려운 구조는 젊은 시절을 희생해야 하기 때문입니다. 정치가는 정책을 통해서 이 세상을 바꾸고 싶은 사람들이기 때문에, 젊은 시절에 돈이 아니라 열심히 공부하고, 정치 활동을 하고, 봉사활동도 해야 합니다. 그런데 이 시기가 결혼과 아이를 키워야 하는 시기와 맞물리기 때문에 부담이 됩니다.

또 정당 안에서 젊은이들이 하는 일이 제한되어 있습니다. 선거 때만 젊은 사람들을 동원하는 등 허드렛일만 시키는 경우가 많습니다. 이런 구조에서 영국의 토니 블레어처럼 젊었을 때부터 당에서 계속 활동하다가 총리까지 되는 일은 일어나기 힘들지요. 당의 입장에서도 다른 분야에서 성공하여 이름이 알려진 사람들이 당에 들어오는 것이 여러모로 이익입니다.

마지막으로 정치 활동으로 돈을 버는 사람들은 소수입니다. 당이 집권해서 청와대나 행정부에 소속되거나, 국회의원이나 당직자가 되지 않으면 돈을 벌 수 없습니다. 그래서 많은 사람들이 변호사 등의 다른 일을 하면서 정치를 하는 구조가 될 수밖에 없습니다.

Q6 정치인에게 필요한 능력이나 중요한 자질은 무엇이라고 생각하세요?

정치가에게 가장 중요한 것은 공감 능력인데, 이 능력은 다른 사람들의 말을 많이 들어야 생깁니다. 그런데 정치가는 남의 말을 들으면서도, 동시에 본인의 신념도 꺾어서는 안 되기 때문에 중심을 잡기가 힘듭니다.

예를 들어 '나는 미혼모를 도와야겠어. 모든 아이들이 평등하게 교육받는 데 내 평생을 바치겠어.'라고 굳게 결심해도, 정치를 하다 보면 흔들릴 일이 많습니다. 어떠한 상황에서도 흔들리지 않으면서도 때로는 다른 사람들의 말에 반응하는 유연함도 보여야 하는데, 쉬운 일이 아닙니다.

제가 존경하는 선배 정치가가 한 분 있습니다. 그 분은 어떤 분야의 전문가들이 모인 곳에 가서 그분들의 이야기를 다 듣습니다. 사실 전문가의 이야기에는 필요한 정책이 다 들어 있거든요. 전문가의 의견들을 취합하고 선택해서 자신의 정책으로 만드는 것입니다.

지금까지 국민들 위에서 군림하는 정치가도 있었고 아래서 국민들을 섬기겠다는 정치가들도 많았는데, 저는 정치가는 국민 옆에 있어야 한다고 생각합니다. 국민들 옆에서 그들의 이야기를 듣고 그들이 필요한 정치를 해야 합니다.

Q7 질문 6번의 능력과 자질을 갖춘 정치인이 되기 위해 본인은 어떤 노력을 하고 있나요?

정치가는 끊임없이 공부해야 합니다. 사회 운동과 캠페인을 벌이는 것도 중요하지만, 지식이 없는 사회운동은 방향 없이 흔들릴 수 있기 때문입니다.

저는 '다준다(다음 세상을 준비하는 다른 청년정치연구소)' 모임을 통해서 일주일에 한 번씩 다른 젊은이들과 모여서 공부합니다. 많을 때는

30~40명, 적을 때는 10명 정도의 젊은이들이 모여서 사회문제와 관련된 책을 읽고 토론합니다. 국회의원이나 사회적으로 성공한 분들의 강연도 들으면서, 스스로 자극받으려고 노력합니다. 정치가는 끊임없이 공부하고, 사람들과 교류하면서 사회문제에 대해 고민하고 토론하는 것을 계속해야 한다고 생각합니다.

Q8 선거에는 조직과 자금이 많이 필요한데, 부담이 되지는 않으세요? 개선 방법은 없을까요?

선거에 정당하게 사용한 금액은 일정 부분 이상 득표했을 때 돌려받을 수 있습니다. 그런데 선거 때만 돈이 들어가는 게 아니라, 지역을 관리하는 데도 돈이 필요하기 때문에 부담이 되지요. 정치를 하는 사람이 합법적으로 돈을 모을 수 있도록 선거법이 바뀌어야 한다고 생각합니다.

개인적으로는 소수가 많은 돈을 기부하는 것이 아니라, 다수가 적은 돈을 기부하도록 정치문화를 바꾸는 것이 정치가와 국민 모두에게 바람직하다고 생각합니다. 정치가의 입장에서는 국민들의 작은 정성을 헛되게 쓸 수 없는 부담이 생길 것이고, 국민들도 직접 기부를 했기 때문에 정치에 대한 관심이 생길 것입니다.

하지만 저는 가능하면 돈이 없어서 정치가 힘들다는 생각은 안 하려고 합니다. 그보다는 다른 정치가들과 차별을 두기 위해, 국민들에게 도움을 줄 수 있는 방법들을 해내기 위해 노력합니다.

어떤 선배 정치가가 선거에 두 번 나갔는데, 처음에는 집을 팔 정도로 많은 돈을 쓰고도 떨

231

어졌지만, 두 번째는 최소한만 썼는데도 당선이 되었습니다. 처음에는 잘 몰라서 무조건 많이 썼는데, 두 번째는 전략적으로 사용했습니다. 돈을 많이 쓰는 것도 중요하지만, 어떻게 쓰느냐가 더 중요합니다.

그리고 정치에는 자금을 모으는 것만큼이나 조직을 모으는 것도 중요한데, 여성 정치가들은 조금 힘든 부분입니다. 남성 정치가들이 조직을 더 잘 모으기 때문에, 여성 정치가들이 지역구보다는 비례직에 더 많습니다.

하지만 제가 정치를 하면서 느낀 건 강한 사람이 당선되는 것이 아니라 끝까지 버텨서 이겨내는 사람이 강한 사람이고, 결국 당선된다는 사실입니다. 무조건 당선되어서 정치가가 되는 것이 중요한 것이 아니라, 존경받는 정치인이 되어야 합니다.

존경받는 정치인들은 어려운 상황 속에서 당선되고, 그 어떠한 상황에서도 본인의 정책과 소신을 굽히지 않습니다. 브라질의 룰라나 미국의 링컨, 오바마 대통령도 부자는 아니었습니다. 지지자들을 모으고, 그들의 마음을 얻어서 정치를 하는 것이 정치인의 진정한 능력이라고 생각합니다.

Q9 여성으로서 정치하는 데 어떤 어려움이 있나요? 반대로 장점이 있는지도 궁금합니다.

앞에서 말했듯이 정치는 조직의 싸움인데, 여성들은 조직을 구성하는 데 한계가 있다는 점이 어려움입니다. 또 정치인의 80퍼센트가 남성이므로 그들과 어울리는 데에도 한계가 있습니다.

그러나 여성 정치인의 장점도 많습니다. 저는 여성 정치인은 블루오션의 영역이라고 생각합니다. 현재 각 분야에서 여성을 필요로 하는 자리가 많습니다. 세상의 반이 여성인데, 정책을 정하는 곳에 여성들이 많아야 남녀가 어울려서 살 수 있는 정책을 만들 수 있습니다. 현재 여성 정치인이 적기 때문에 기회가 더 많이 주어질 수도 있습니다.

Q10 정당 안에서 이른바 '라인'이라는 것이 존재하고, 라인을 잘 타는 것이 본인의 능력만큼이나 중요한가요?

정당 안엔 분명 계파가 존재합니다. 똑같은 정책을 가지고도 찬성, 반대, 중간의 입장이 있는데 같은 생각을 가진 그룹으로 뭉치는 건 나쁘지 않다고 생각합니다. 다만 계파가 악용되는 경우가 있어서 문제지요. 공천이나 중요 정책을 결정할 때 내 계파가 아니라서 뺀다든지 또는 실력도 없는데 내 계파이기 때문에 넣어서 하향평준화가 되게 하는 경우가 있습니다. 시대가 변하면서 계파나 조직이 옅어지기는 했지만, 공천을 받을 때는 필요한 경우도 있습니다. 본인의 능력이 뛰어나도 계파에 속하지 않으면 당선이 못될 수도 있습니다.

저는 일부러 어디에도 속하지 않으려 노력하고 있으며, 많은 사람들과 두루두루 잘 지내고 있습니다. 하지만 저도 나이가 들면 같은 목소리를 내는 그룹에 속해 있는 것이 어느 정도는 필요할 것 같습니다.

정치가를 꿈꾸는 청소년들은 본인이 왜 정치를 하고 싶은지 진지하게 생각했으면 좋겠습니다. 보스에게 잘 보여서 공천을 받고, 국회의원에 당선될 수도 있지요. 하지만 이런 정치가들은 누구에게도 도움을 줄 수 없습니다.

보스에게 잘 보이지 않고 계파가 없어도, 본인에게 능력이 있으면 쓰임 받을 수 있습니다. 보스나 계파보다 더 중요한 것은 국민과 여론이거든요. 국민이 나를 지지하면, 당도 나를 지지할 수밖에 없습니다. 국민을 가장 높이 생각하고, 본인이 옳다고 생각하는 일을 열심히 하다 보면 분명 기회는 주어집니다.

저는 교수를 하다가 40~50대에 정책전문가로 정치를 할 생각이었습니다. 그런데 2011년에 청년비례대표라는 기회가 왔습니다. 심사하는 의원들 앞에서 면접도 보고, 모의국회, 법안발의 프레젠테이션, 대변인 브리핑 프레젠테이션 등을 했습니다. 심사위원들에게 잘 보이기보다는 제가 가진 역량을 보여주는 데만 신경 썼습니다. 잘 보이려는 마음이 없는 것이 오히려 매력으로 작용해서 결국 100:1의 경쟁률을 뚫고 청년비례대표 후보에 오르게 되었습니다.

Q11 평소 관심을 가지거나, 지금 당장 실행하고 싶은 정책이 있나요?

길게는 저출산과 육아 정책에 관심이 많고, 지금 당장은 미혼모 정책을 바꾸고 싶습니다. 저희 부모님이 미혼모 쉼터를 운영하셔서 어렸을 때부터 미혼모를 많이 봤고, 관심도 많습니다. 우리나라에는 보통 10대부터 30대 후반까지 미혼모가 있는데, 미혼모 아이의 90% 이상이 해외로 입양됩니다. 여러 가지 이유가 있

지만, 저는 잘못된 미혼모 정책도 큰 몫을 한다고 생각합니다.

국내 입양을 하면 정부에서 입양 가정에 매달 15만 원을 주는데, 미혼모가 키우면 5만 원밖에 주지 않습니다. 미혼모 입장에선 자녀가 아버지 없는 자식이라고 놀림 받을 것도 걱정되는데, 경제적인 혜택도 적습니다. 엄마가 자식을 버리는 것이 아니라, 정책이 입양을 선택하게 만듭니다. 아이를 부모가 키울 수 있도록 정책을 마련해야 하는데, 시작부터 잘못된 것이지요. 그런데 이것은 빙산의 일각으로 그 밖에도 잘못된 정책이 너무 많습니다. 저는 정책 분야의 전문가가 돼서 국민들에게 도움이 되는 정책을 많이 만들고 싶습니다.

Q12 국민들과 소통하기 위해서 특별히 노력하는 부분이 있나요?

최고의 대화는 경청이기 때문에 많이 들으려고 노력합니다. 일부러 말을 많이 안 하고, 사람들이 말할 때 '내가 이 사람이라면 어떨까?' 하면서 감정이입을 합니다. 듣지 않으면 진심을 알 수 없습니다. 듣지 않으면 그들에게 진짜 필요한 것이 무엇인지도 알 수 없지요.

예를 들어 장애인들을 위한 정책으로 한 달에 얼마 이상의 돈을 주면 그들이 행복해할까요?

그들은 사회에 나와서 비장애인들과 함께 생활하고 싶어 합니다. 많은 돈을 주기보다는 그들이 교육받을 수 있고, 함께 어울릴 수 있는 곳을 만들어 줘야 합니다. 또 휠체어가 어디든 쉽게 갈 수 있도록 도로와 건물에 시설을 만들고, 버스나 기차 등의 대중교통을 쉽게 이

용할 수 있도록 도와줘야 합니다.

저는 평소에 하얀 도화지 같은 정치가가 되고 싶다는 이야기를 많이 합니다. 백지처럼 하얘야 다양한 사람의 의견이 들어가서 아름다운 작품이 만들어지거든요. 국민들의 의견을 경청해서 그들의 진의를 파악하고, 필요한 정책을 마련하는 정치가가 되고 싶습니다.

Q13 젊은 정치인으로서 일하는데, 일할 때의 장단점을 말씀해 주세요.

'젊은 정치인은 양복 입으면 건방지고, 청바지를 입으면 버릇없다.'는 말을 듣습니다. 조금만 잘못해도 오해를 사기 쉽기 때문에 무조건 인사 많이 하고 겸손한 자세를 지녀야 합니다.

하지만 젊음이 장점으로 작용되기도 합니다. 나이 많은 의원들에게 카톡이나 문자 등을 스스럼없이 보내기도 하고, 원래 약속을 잡고 정식으로 방문해야 하는 의원들의 방에, 저는 '의원님, 저 놀러왔습니다.' 하며 가볍게 들어가서 이야기를 나눕니다. 청년들의 관심사나 문제 등을 이야기하면서 자연스럽게 소통할 수 있는 것이 장점이지요.

Q14 정치인으로서 정치의 매력은 무엇이라고 생각하세요?

정치인은 봉사활동도 마음대로 할 수 있고, 많은 사람들에게 친절해야 하고, 또 사람들의 이야기에 경청해야 합니다. 저는 이거야말로 정치인의 특권이라고 생각합니다. 더군다나 다양한 계층의 사람들을 만날 수 있는 것도 정말 재미있습니다. 정치인은 다양한 계층의 사람들을 만나서 그들의 상황과 마음을 헤아리고, 그들이 하나가 될 수 있도록 갈등을 조정할 수 있는 직업이라는 점도 매력적입니다.

저는 매주 한 번씩 독거노인들을 만납니다. 강연 때문에 학생들도 만나고, 예술가들을 만날 때도 있고 정말 다양한 계층의 사람들을 만나서 대화를 나눕니다. 앞서 말했듯이 정치는 한 계층만 대변하는 것이 아니라, 대한민국 국민 전체를 대변하고 대한민국을 하나 되게 만들어야 합니다.

이런 면에서 정치가는 케이크를 만드는 사람과 같습니다. 누가 만들고, 어떤 재료를 어떻게 배합하느냐에 따라 맛이 달라지기 때문입니다. 생크림, 소금, 밀가루 등의 재료는 사회적 요구와 같습니다. 사회적 요구를 어떻게 조화롭게 배합하느냐에 따라 정치도 다양해지는 것이지요. 이런 점에서 정치는 로맨틱한 직업이라고 생각합니다.

Q15 정치인으로서 활동하면서 기쁠 때와 힘들 때를 말씀해 주세요.

기쁠 때는 저를 보고 한 사람이라도 정치에 관심을 갖고 투표해 줄 때입니다. 실제로 지난 총선 전날, 제가 연설을 했는데 모르는 사람에게 연락이 왔습니다. 자신의 아버지가 원래 투표를 안 하려고 했는데, 제 연설을 듣고 감동해서 투표를 했다고 말하는데 정말 기뻤습니다.

힘들 때는 진심이 제대로 전달되지 않을 때입니다. 정치인이면 무조건 색안경을 쓰고 보려는 사람이 많거든요. 저는 일부러 봉사활동 모습 등을 페이스북 등에 올리지 않는데, 그러면 사람들은 왜 정치가가 봉사도 안 하냐고 말합니다. 그래서 봉사하는 모습을 올리면 칭찬받으려고 올린다고 비난하지요.

진심을 전달하는 것도 정치인의 능력이라고 생각해서 선한 일을 하고 비난을 받더라도 상대방을 탓하지 않으려고 노력합니다. 정치는 잘 해야 본전입니다. 중간만 해서는 아무도 기억하지 못합니다. 우리나라 국회의원이 300명인데, 정치인의 이름을 말하라고 하면 아이돌이나 배우들보다 기억하지 못합니다. 정치에 관심을 가지기 어려운 상황이기도 하지만, 여러 가지로 아쉽고 정치인으로서 더 열심히 해야겠다고 결심하게 됩니다.

Q16 정치인으로서 앞으로의 계획이나 비전을 말씀해 주세요.

크게는 정책 전문가가 되고 싶기 때문에 계속 공부하고 싶습니다. 앞서 말했듯이 저는 부모님 영향으로 미혼모 법안에 관심이 많고, 석사학위는 북한 관련학을 전공했습니다. 미래를 내다봤을 때, 정치가로서 안보, 통일에 관해 전문성을 쌓는 것이 필요하다고 생각했기 때문입니다. 정치가에게도 전문 분야가 있어야 합니다. 전문 분야 없이 그저 권력을 잡기 위해 정치를 하고 싶은 사람은 '정치꾼'이라고 생각합니다.

요즘 젊은 정치가들은 통일, 복지 등의 석사학위 정도는 받을 정도로 공부를 열심히 합니다. 또 제 나이 또래의 사람들은 지금은 정치를 안 하지만, 다른 일을 하면서 정치를 준비하는 친구들도 많습니다. 그들은 각자의 분야에서 전문성을 쌓으면서 미래를 준비하고 있는 것입니다.

단순한 정치인이 아닌 정책 전문가로서 초심을 잃지 않고 마음으로 정치를 하는 것이 제 목표입니다.

Q17 정치인을 꿈꾸는 학생들에게 조언 부탁드립니다.

정치인이 꿈이라면 첫째, 기본적으로 권력에 대한 욕심이 있어야 합니다. 저는 국회에서 생활하면서 좋은 정책이 없는 것이 아니라는 것을 깨달았습니다. 이미 좋은 정책은 많이 나왔고, 계류 중인 법안도 많습니다. 다만 국회 안의 권력관계 때문에 통과되지 못하고 있을 뿐입니다. 권력관계와 권력을 잡은 자의 법안을 통과시키려는 의지와 능력의 유무에 따라, 법안이 통과되느냐 통과되지 않느냐가 결정되는 것이지요. 착하게만 살고 싶으면 사회활동이나 봉사활동을 하면서 지내면 됩니다. 그러나 정치는 다릅니다. 정치는 싸움에 이겨서 권력을 쟁취해야 하고, 좋은 법안이 있으면, 통과시킬 수 있는 능력도 있어야 합니다. 권력에 대한 욕심은 힘이 아니라 사람의 마음을 움직일 수 있는 능력입니다. 의원들을 설득하고 내편으로 만들어서 법안을 통과시킬 수 있는 능력을 가진 사람이 권력을 가질 수 있고, 지킬 수 있습니다.

둘째, 본인이 어떤 정치인이 돼서, 어떤 것을 바꾸고 싶고, 어떤 정책을 하고 싶은지 생각해 봐야 합니다. 청소년 시절에는 세세한 것까지는 생각할 순 없지만, 정치가가 꿈이라면 큰 그림은 그려 놓는 것이 좋습니다.

셋째, 경험은 많이 해볼수록 좋습니다. 4년 동안의 대학공부보다 한 달간의 유럽여행에서 더 많은 것을 배울 수 있습니다. 어릴 때부터 부딪치고 깨지는 것을 반복하면서, 어떠한 상황에서도 살아남을 수 있는 본인만의 방법을 찾을 것을 권합니다.

마지막으로 정치가는 무조건 용서하는 사람이 돼야 합니다. 정치를 하다 보면 정말 이상한 경우나, 이상한 사람들을 많이 만나게 됩니다. 나의 진심을 알아주지 않고 왜곡하고, 나는 물론 부모님 등 내 가족까지 비방당하는 경우도 많습니다. 하지만 그들을 미워해서는 안 됩니다. 정치가는 권력을 가진 사람이기 때문에 미움은 정치적인 보복으로 발전할 수 있습니다. 그래서 정치를 하는 사람들은 무조건 용서하고, 포용해 주고, 사랑으로 사람을 대해야 합니다.

기업형 출처

공통 출처

- 〈한 권으로 보는 그림 직업 백과〉: 조은주 · 유수정 글. 진선아이. 2011
- 〈직업 옆에 직업 옆에 직업〉: 파트리시아 올 지음. 미세기. 2009
- 〈21세기 웅진학습백과사전〉
- 〈2013 직종별 직업사전〉
- 고용노동부 워크넷(http://www.work.go.kr)
- 커리어넷(http://www.career.go.kr)

변호사

- 〈궁금해요! 변호사가 사는 세상〉: 금태섭 지음. 창비. 2009
- 〈판사 · 검사 · 변호사가 말하는 법조인〉: 15명의 법조인 지음. 부키. 2012
- 〈변호사 해? 말어?〉: 이규진 · 이병관 · 이재철 지음. (주)고려원북스. 2005
- 〈리틀 로스쿨〉: 이재만 지음. 동아일보사. 2007

외교관

- 〈외교관 / 국회의원〉: 와이즈멘토 글. 주니어김영사. 2013
- 〈5학년 2반 오마리 외교관 되다〉: 김유리 글. 주니어김영사. 2011
- 〈나의 직업 외교관〉: 청소년 행복연구실 지음. 동천출판. 2014
- 〈반기문, 나는 일하는 사무총장입니다〉: 남정호 지음. 김영사. 2014

사업가

- 〈사회적 부를 창출하는 경영인〉: 이태진 지음. 다산교육. 2008
- 〈당신은 사업가입니까〉: 캐럴 로스 지음. 알에이치코리아. 2014
- 〈꼬마 사업가 그레그〉: 앤드루 클레먼츠 지음. 비룡소. 2006

영업사원

- 〈마지막 도넛은 먹지 마라〉: 주디스 바우먼 지음. 꿈엔비즈. 2009
- 〈영업의 핵심〉: 고양명 지음. 리드리드출판. 2008
- 〈거절당한 순간 영업은 시작된다〉: 엘머 레터만 지음. 북스넛. 2003

정치가

- 〈정치의 기술. 정치인이 반드시 알아야 할 4가지〉: 김용일 지음. 다비앤존. 2014
- 〈정치인 이미지 메이킹〉: 박양신 지음. 새빛에듀넷. 2008
- 〈이 땅에서 정치인으로 산다는 것(정범구의 세상 읽기 그 세 번째 이야기)〉: 정범구 지음. 삼인. 2011
- 대한민국국회(http://www.assembly.go.kr)
- 한국여성유권자연맹(http://www.womenvoters.or.kr)

10대를 위한 **직업의 세계**
05 기업형 (E)

초판 1쇄 발행   2015년   5월 20일
　　 5쇄 발행   2019년 12월 20일

저　　자 | 스토리텔링연구소
발 행 인 | 신재석
발 행 처 | (주)삼양미디어
등록번호 | 제10-2285호
주　　소 | 서울시 마포구 양화로 6길 9-28
전　　화 | 02 335 3030
팩　　스 | 02 335 2070
홈페이지 | www.samyang𝓜.com

I S B N | 978-89-5897-302-7 (44370)
　　　　　 978-89-5897-297-6 (6권 세트)